トレルチにおける歴史と共同体

トレルチにおける歴史と共同体

小柳敦史著

知泉書館

凡　例

一，トレルチ著作集およびエルンスト・トレルチ改訂版全集については，以下の略号を用いる。引用に際しては，原則として脚注に参照箇所を記したが，同一テクストからの引用が続く場合などには本文中に（略号, ページ数）という仕方で表記した。

GS1: *Die Soziallehren der christlichen Kirchen und Gruppen. Gesammelte Schriften I*, J.C.B.Mohr (Paul Siebeck), 1912.
GS2: *Zur religiöse Lage, Religionsphilosophie und Ethik, Gesammelte Schriften II*, J.C.B.Mohr (Paul Siebeck), 1913.
GS3: *Der Historismus und seine Probleme. Erstes Buch: Das logische Problem der Geschichtsphilosophie, Gesammelte Schriften III*, J.C.B.Mohr (Paul Siebeck), 1922.
GS4: *Aufsätze zur Geistesgeschichte und Religionssoziologie, Gesammelte Schriften IV*, Hans Baron (Hrsg.), J.C.B.Mohr (Paul Siebeck), 1925.

KGA5: *Absolutheit des Chrsitentums und die Religionsgeschichte(1902/ 1912). Kritische Gesamtausgabe 5*, Walter de Gruyter, 1998.
KGA8: *Schriften zur Bedeutung des Protestantismus für die moderne Welt(1906- 1913). Kritische Gesamtausgabe 8*, Walter de Gruyter, 2001.
KGA13: *Rezensionen und Kritiken(1915- 1923). Kritische Gesamtausgabe 13*, de Gruyter, 2010.
KGA15: *Schriften zur Politik und Kulturphilosophie(1918- 1923). Kritische Gesamtausgabe 15*, Walter de Gruyter, 2002.
KGA16-1, KGA16-2: *Der Historismus und seine Probleme(1922). Kritische Gesamtausgabe 16(1/2),* Walter de Gruyter, 2008.
KGA17: *Fünf Vorträge zu Religion und Geschichtsphilosophie für England und Schottland. Kritische Gesamtausgabe 17*, Walter de Gruyter, 2006.

二，トレルチの著作，その他の引用文献に関して邦訳のあるものはできる限り参照し，それらを最大限に活用させていただいた。邦訳リストは参考文献表に記載した。ただし，訳文については適宜変更した部分があることをお断りする。邦訳のみに依拠した場合には，訳書における該当ページ数のみを脚注に記した。

三，引用文中の〔　〕は筆者による補足を表す。また，原文の強調等は傍点にし，筆者が引用に傍点を付した場合にはその旨を脚注に記した。

目　次

凡　例 …………………………………………………………………… v

序　論 …………………………………………………………………… 3
　1. エルンスト・トレルチという人物 ………………………………… 3
　2. 研究史概観および本研究の課題 …………………………………… 9
　　2-1. 国際的な研究状況 ……………………………………………… 9
　　2-2. 日本国内の研究状況 …………………………………………… 13
　　2-3. 本書の課題 ……………………………………………………… 16
　3. 本書の方法論──「神学史」について …………………………… 18
　　3-1. はじめに ………………………………………………………… 18
　　3-2. 宗教教育における「神学史」 ………………………………… 20
　　3-3. 包括的な歴史的神学分野としての「神学史」 ……………… 21
　　3-4. 個別専門研究の方法論としての「神学史」 ………………… 22
　　3-5. 研究プログラムとしての「神学史」 ………………………… 25
　　3-6. 「神学史」の課題 ……………………………………………… 28
　　3-7. 本書における「神学史」 ……………………………………… 30
　4. 本書の構成 …………………………………………………………… 32

第Ⅰ部　歴史に開かれた本質探究を目指して
──トレルチ思想の体系と展開──

第1章　人格性を救うために──世紀転換期のドイツ・プロテスタンティズム ……………………………………………………………… 39
　1. 世紀転換期のドイツ・プロテスタンティズムにおける「前衛」としての宗教史学派 ………………………………………………… 39

2．人格性の危機……………………………………………………42
　　3．人格性を救うために……………………………………………44
　　4．歴史的思考と人格性……………………………………………47

第2章　「倫理学の根本問題」とトレルチの思想体系……………51
　　1．はじめに ──「倫理学の根本問題」の意義…………………51
　　2．キリスト教倫理と近代…………………………………………54
　　3．ヘルマンの倫理学に対する批判………………………………57
　　4．倫理学と歴史哲学………………………………………………60
　　5．「倫理学の根本問題」における体系……………………………63

第3章　トレルチの思想展開における「本質」概念の意味………65
　　1．はじめに…………………………………………………………65
　　2．本質論とトレルチの思想体系…………………………………66
　　3．素地と原理 ── 本質論の原型として……………………………70
　　4．本質から総合へ？………………………………………………73
　　5．トレルチ思想における本質論の意義…………………………76

第4章　共同体論の基礎としての宗教的アプリオリ………………79
　　1．はじめに…………………………………………………………79
　　2．トレルチにおける「宗教的アプリオリ」の意味……………80
　　3．「宗教的アプリオリ」をめぐる論争状況………………………82
　　4．宗教的アプリオリの形而上学的根拠…………………………85
　　5．『社会教説』における3類型と「宗教的アプリオリ」………87
　　6．「自由キリスト教」の構想における国家と個人，および民族性…89

第Ⅱ部　第一次世界大戦とエルンスト・トレルチ

第5章　リベラル・ナショナリストとしてのトレルチ……………99
　　1．はじめに ──「リベラル・ナショナリズム」という視点…99
　　2．自由の類型論 ── ドイツ的自由の意義…………………………101
　　3．自由の形而上学…………………………………………………105

4. 全体への献身としての自由 …………………………………… 108

第6章 「学問における革命」に対する期待と懸念 ………………… 111
  1. はじめに ── 学問の危機，あるいは学問の革命 ……………… 111
  2. マックス・ヴェーバーの学問観 ………………………………… 114
  3. ゲオルゲ・クライスによる「学問における革命」の要求 …… 116
  4. 「学問における革命」に対するトレルチの評価 ……………… 119
  5. 「学問における革命」とプロテスタンティズム批判 ………… 122
  6. おわりに ── 生の営みとしての学問 ………………………… 124

第7章 第一次大戦と新たな神学の動向──キリスト教思想における前衛と後衛 …………………………………………………………… 129
  1. 神学的前衛（アヴァンギャルド）への関心 …………………… 129
  2. 「後衛」という視点 ……………………………………………… 132
  3. 神学的後衛としてのトレルチ …………………………………… 135
  4. 後衛戦におけるブセットとトレルチの共闘 …………………… 136
  5. おわりに ──「後衛」の可能性 ………………………………… 142

第Ⅲ部 未来へと向かうための歴史的思考

第8章 保守革命とトレルチ ……………………………………………… 149
  1. はじめに ………………………………………………………… 149
  2. ヴェルナー・ゾンバルトの保守革命論 ………………………… 150
    2-1. 近代資本主義の終焉？ ……………………………………… 150
    2-2. ドイツ社会主義 ……………………………………………… 155
  3. 保守革命という視点 …………………………………………… 157
    3-1. 分析概念としての「保守革命」 …………………………… 157
    3-2. トレルチにおける「保守革命」の用法 …………………… 159
  4. トレルチのシュペングラー批判 ………………………………… 160
    4-1. 『西洋の没落』第1巻への書評（1919年）………………… 160
    4-2. 『西洋の没落』第2巻への書評（1923年）………………… 162
  5. 保守革命に抗するために ……………………………………… 164

5-1. 歴史主義の危機とシュペングラー………………………164
　　5-2. 歴史主義と共同体論……………………………………166
　6. おわりに………………………………………………………168

第9章　コンサヴァティヴとリベラル……………………………171
　1. はじめに………………………………………………………171
　2. 「コンサヴァティヴとリベラル」の概要……………………172
　　2-1. 社会主義と共産主義……………………………………172
　　2-2. ゲゼルシャフトとゲマインシャフト…………………175
　　2-3. 非合理主義の意味するもの……………………………177
　　2-4. ユダヤ教におけるコンサヴァティヴとリベラル……180
　　2-5. 合理主義の必要性とその限界…………………………183
　　2-6. 神学と宣教………………………………………………186
　3. 歴史主義との関係……………………………………………187
　　3-1. 「3つの重要な認識」と「歴史による歴史の克服」…187
　　3-2. ヨーロッパ主義…………………………………………190
　4. おわりに………………………………………………………192

第10章　未来へと向かうための歴史的思考──トレルチの「構成」の
　　　　理念…………………………………………………………195
　1. はじめに………………………………………………………195
　2. 「歴史によって歴史を克服する」というスローガン………196
　3. 「3つの重要な認識」とAufbauの理念……………………199
　4. 現在的文化総合，普遍史，構成の理念……………………201
　5. 歴史哲学における「構成」の意味…………………………204
　6. 歴史的思考と未来形成──歴史哲学の二面性………………206

終　章………………………………………………………………213

あとがき……………………………………………………………221
参考文献……………………………………………………………225
索引（人名・事項）………………………………………………235

トレルチにおける歴史と共同体

序　論

1. エルンスト・トレルチという人物

　突然の訃報がいつでもそうであるように，その死の第一報は簡潔なものであった。

　「校了直前に，ショッキングな知らせが飛び込んできた。ベルリン大学の卓越した哲学者である，枢密顧問官エルンスト・トレルチ教授が今朝亡くなった。我々はすでに数日前，枢密顧問官トレルチの病気について伝えた。肺塞栓症であった。2，3日前に医師は，回復の傾向があると断言していた。しかし，その傾向は残念ながら長続きしなかった。トレルチは56歳（原文ママ）であった。エルンスト・トレルチを失ったことで，ドイツの哲学はその指導的な代表者を失った。その名前は，ドイツ国境の彼方まで，宗教哲学研究の分野における卓越した著述家の一人として高らかに鳴り響いていた。トレルチの下には最近，オックスフォード大学からの招待が届いており，当地で一連の講演を行う予定であった。トレルチは政治家でもあり，文部次官を務めた。トレルチは決して，単なる学者であったわけではない。彼はいつも，この人生のあらゆる事柄に情熱と温かさをもって関わる一人の人間であった」（ベルリン日報，1923年2月1日，夕刊）[1]

---

　　1)　Berliner Tageblatt Nr. 54, 1. Februar 1923, Abend-Ausgabe, S. 3, in: *Ernst Troeltsch in Nachrufen. Troeltsch- Studien Bd. 12*, Graf, F. W. (Hrsg Gütersloh, 2002, S. 177.

58歳で亡くなった故人の享年を間違えるほどに急いで書かれた最初の知らせに続き，ドイツ内外のさまざまな新聞・雑誌に数多くの訃報が掲載された。さらには，この思想家の知的遺産を紹介し，時には継承，時には対決しようとする追悼文が次々と著された。訃報・追悼文を合わせて，その数は現在残っているだけでも180本に上る。その著者にはアドルフ・フォン・ハルナックやフリードリヒ・マイネッケなどの同世代の知識人だけではなく，パウル・ティリッヒやマックス・シェーラーなど，次世代を担う思想家の名前も見出される[2]。生前すでに「宗教世界におけるアインシュタイン」と呼ばれ[3]，ハルナックによる追悼文においては「ヘーゲル以降で最も偉大な歴史哲学者」[4]と称えられたトレルチの突然の死は，この時代に思索をする者に大きな衝撃を持って受け止められた。この，20世紀初頭を代表する思想家であったエルンスト・トレルチが本書の研究対象である。本書は，第一次世界大戦の敗戦を一つのハイライトとする，ヴィルヘルム帝政期末からヴァイマール期にかけての激動の時代のドイツで，キリスト教神学，宗教哲学，歴史哲学，宗教社会学など複数の領域にまたがる業績を遺したエルンスト・トレルチの思想を，その思想が構築された時代状況を考慮に入れながら読み解くことを試みるものである。

　本書は評伝ではないので，本論においてトレルチの人生の全体像を描くことはできない。そこで，この序論において若干の伝記的事実と共にその生涯を簡単に紹介しておくこととしたい。「トレルチ（Troeltsch）」という，ドイツでもあまりポピュラーとは言えない姓が初めてドイツ国内の資料に確認されるのは，西暦1400年頃のこと，現在のザクセン州に位置する，シュナイデンバッハという町においてである[5]。どうやら，ボヘミア地方から移住してきた鉱夫の一族で，そのルーツはさらにポー

　2）　これらの訃報および追悼文は，上記の *Ernst Troeltsch in Nachrufen. Troeltsch- Studien Bd. 12* に収録されている。

　3）　Bouquet, A. C.: *Is Christianity the Final Religion?*, Macmillan, 1921, p. 241. トレルチ自身によるこの記述への参照が（KGA16-1, 413）に確認できる。

　4）　Harnack, A. v.: Rede am Sarge Ernst Troeltschs, in: *Ernst Troeltsch in Nachrufen. Troeltsch- Studien Bd. 12,* S. 268f.

　5）　トレルチ一族についての情報は，以下の私家本による。Troeltsch H. A.: *Beiträge zur Geschichte der Familien Troeltsch*, Privatdruck Passau, 1973.

ランドにあったようだ。当初は「Troeltzsch」とその姓を綴っていた一族の一部が18世紀にアウクスブルクに移住し、「Troeltsch」という綴りを使用するようになる。この家系に、医者の長男として1865年に生まれたのが、私たちの考察対象であるエルンスト・トレルチであった。

　アウクスブルクは「帝国都市」の名を冠する、伝統ある商業都市である。世界史上、「アウクスブルクの宗教和議」で有名なこの街は、南ドイツの他の地域と同様にカトリックが圧倒的多数を占めているが、プロテスタントにも寛容な雰囲気があり、マイノリティーであるプロテスタント（ルター派）の家庭に育ったトレルチも特に周囲との軋轢を感じることなく成長したようである。トレルチの家庭はキリスト教的道徳に満ちてはいたものの、それは決して教条主義的なものでも敬虔主義的なものでもなく、トレルチは幼い時から自然科学的世界観に親しんでいた。息子にも医者になってもらうことを望む両親が、「骸骨、解剖図、電気の機械、植物の本、結晶の本」[6]などを与えていたからである。トレルチにとって、自然科学に基づく近代的な世界観はキリスト教的価値観と対立するものではなく、キリスト教的な生を送る上での前提であった。

　アウクスブルクの聖アンナ教会付属ギムナジウムを卒業後、一年間の兵役に就いたが、この期間にトレルチは医者になって欲しいという両親の願いに従うかどうか、自分の関心はどこにあるのかを熟慮したようである[7]。結果として、1884年にエアランゲン大学に入学後、神学を専攻することを決断した。「神学は当時、歴史的神学として最も興味深く、最も緊張に富み、最も革命的な学問の1つ」[8]として若きトレルチの心を惹きつけた。しかし、エアランゲンの神学教授たちにはさほど魅力を感じなかったようである。むしろ、エアランゲン時代を彩ったのは、生涯の友となるヴィルヘルム・ブセットと共に過ごした、きままな学生生活であった。

　セメスター単位で学びの場を変えることが珍しくないドイツの学生の例に漏れず、エアランゲンで知り合った二人の若き神学者も、1885年

---

[6]　Troeltsch, E.: Meine Bücher (1922), in: GS3, S. 3f.（「私の著書」『私の著書』荒木康彦訳、創元社、1982年、5頁。）

[7]　Drescher, H.-G.: *Ernst Troeltsch. Leben und Werk*, Vandenhoeck, 1991, S. 27.

[8]　GS3, S. 4.（「私の著書」、7頁。）

の冬学期には早くもこの地を離れた。トレルチはベルリンへ，ブセットはライプツィヒへと移ったのである。しかしまた程なく，トレルチの提案により彼らは同じ街で学生生活を送ることとなる。二人が選んだのはゲッティンゲンだった。それは，ゲッティンゲンを，いや，当時のドイツを代表する神学者であるアルブレヒト・リッチュルの魅力によるものであった。この後，試験や副牧師職のために一時的に離れることはあるにせよ，最終的には1891年にトレルチは26歳でゲッティンゲンにて教授資格を取得することとなる[9]。1890年前後にゲッティンゲンで教授資格を取得した神学者たちのうちの一群は，当初は彼らを惹きつけたリッチュルの神学思想に対して批判的な態度を共有するようになっていた。彼らは後に「宗教史学派」と呼ばれるグループを形成する。リッチュルの思想を継承しようとする「リッチュル学派」と，それに異を唱える「宗教史学派」の対立は，19世紀末から20世紀初頭のドイツ・プロテスタント神学思想史の主要な枠組みの一つである。トレルチはブセットとともに，宗教史学派の代表者として活躍していくこととなる。教授資格申請論文『ヨーハン・ゲルハルトとメランヒトンにおける理性と啓示』(1891年)，「宗教の自立性」(1895年)，『キリスト教の絶対性と宗教史』(1902年) をはじめとする，トレルチの神学的・宗教哲学的テクストにおいても，リッチュル学派への批判は主要な論題を構成している。さらには1910年代にもなお，リッリュル学派と宗教史学派の対立が続いていることを，「宗教的アプリオリ」という概念を巡る論争において，私たちは確認することになろう。

　アカデミズムの世界において安定した職を得ることは，若手の研究者にとっては今も昔も，そして日本でもドイツでも易しいことではないが，トレルチは同年代の神学者たちと比べても異例の速さで職を得ることができた。教授資格取得後わずか1年後の1892年にボン大学の員外教授に，さらには1894年には29歳の若さでハイデルベルク大学神学部の正教授に就任する。これは，ブセットが就職に恵まれず，長年の私講師生活の後で，やっと1916年にギーセン大学で正教授職に就いたのとは対照的であった。若くして大学にポストを得たトレルチは，大学行

---

9) 正確にはトレルチなどこの時代の神学者が取得したのは，いわゆる教授資格の取得 (Habilitation) と同等とされる「得業士」(Lizentiat) である。

政においても早くから学長代理やバーデン州議会の大学代表などの要職を受け持つ一方で，数多くの論考を発表し，充実した学究生活を送る。ハイデルベルクにおけるトレルチの生産性を刺激する要因の一つは，マックス・ヴェーバーという巨大な人物の存在であった。

　ヴェーバーが1896年にハイデルベルク大学に招聘される前から二人は面識を持っていたようだが，同じ大学の同僚となったことでその交流は密接な友情関係へと深められていった。二人の著作を読めば，お互いの未公刊の論文や構想途上にあった著作について知っていたことが確認できる[10]。1904年にヴェーバー夫妻とトレルチが5週間の期間を共にしたアメリカ旅行の最中には，実にさまざまな議論が交わされたことだろう。なにより二人の交際のハイライトとなるのは，1910年にトレルチ夫妻がヴェーバー夫妻の所有する住宅の三階に転居して以降の日々である。トレルチは当時を回顧し，「数年にわたり，日々の付き合いの中で，私はこの人の無制限に刺激的な力を経験した」と記している[11]。ネッカー川にかかる旧橋からほど近くに位置する，トレルチ夫妻とヴェーバー夫妻が共に暮らした建物は現在ハイデルベルク大学の施設となっているが，ヴェーバー夫妻が暮らした二階の部屋は当時の雰囲気のままに保存されている。

　トレルチとヴェーバーの友情関係は住居を同じくするほどに濃密なものであったが，トレルチとブセット，あるいはヴェーバーとパウル・ゲーレとの間に存在したような，素朴な感情に根差した友情とは質を異にしていた。それは，共通のザッハリヒな関心に媒介された「専門家どうしの友情」[12]であった。二人の知識人を結びつけた共通の関心事を厳密に特定することは困難だが，西洋近代的社会の成立と現状に対する宗教社会学的関心がその中心部に位置することは間違いない。ヴェーバー

　　10）　Graf. F. W.: Fachmenschenfreundschaft. Bemerkungen zu, Max Weber und Ernst Troeltsch', in: *Fachmenschenfreundschaft. Studien zu Troeltsch und Weber (Troeltsch-Studien Neue Folge 3)*, Walter de Gruyter, 2014, S. 273.

　　11）　Troeltsch, E.: Max Weber, in: *Deutscher Geist und Westeuropa. Gesammelte kulturphilosophische Aufsätze und Reden*, hrsg. von H. Baron, J. C.B.Mohr (Paul Siebeck), 1925, S. 249.

　　12）　Graf: Fachmenschenfreundschaft. Bemerkungen zu, Max Weber und Ernst Troeltsch' を参照。

の「プロテスタンティズムの倫理と資本主義の精神」とそれに連なる一連の著作，トレルチの『キリスト教会と諸集団の社会教説』などの宗教社会学的著作は両者の協力関係から生み出された成果であった。

豊かな成果を生んだ「専門家同士の友情」は，専門的な知的交流とは違う要因によって終焉を迎えることになる。第一次世界大戦が始まると，ヴェーバーとトレルチは共に，陸軍病院の監察将校の任にあたることになった。そこでのフランス兵の見舞いにアルザス人の同僚が訪れた際に，トレルチは規則に従って軍人を一人付き添わせたが，そういった扱いは人道に反すると考えるヴェーバーが激高し，絶交に至ってしまったのである。トレルチはヴェーバーとの友人関係を回復することなく，1915年の春にハイデルベルクを離れ，ベルリン大学へと移ることになる。

ハイデルベルク大学の組織神学講座の教授からベルリン大学の哲学講座の教授への転身は，かつては神学者としてのトレルチの限界を露呈するものと解釈されたこともあった。しかし，ベルリン大学への招聘の内情についてかなり詳細に分かっている現在では，そのような見方はもはや支持されえない。神学講座ではなく，哲学講座に招聘されたのは，当時のプロイセンの教会政治および大学行政の事情によるものであり，トレルチはベルリン大学でもキリスト教の信仰論を講義していた。

ただしそのことは，ベルリン時代のトレルチの主著が，歴史哲学の問題に取り組んだ『歴史主義とその諸問題』であるという評価を覆すものではない。この大著には，ベルリン大学の哲学講座における講義やゼミナールの成果が結集されている。そしてそこには，フリードリヒ・マイネッケなど，ベルリンで新たに交際を深めた知識人たちから受けた刺激も反映されている。さらに重要なことは，第一次世界大戦の勃発と敗戦，それに続くドイツ帝国の終焉とヴァイマール共和国の成立という波乱の時代を見据えながら深められた思索がそこに刻まれていることだろう。トレルチが下す時代診断と彼の思想の関連は，本書の後半で論じられる。

敗戦後のドイツ社会の状況はトレルチの思想に影響を及ぼしたのみならず，不況とインフレは実生活の困窮をもたらした。トレルチは1920年に亡くなったブセットの追悼文において，その死は「戦争による食糧

難の犠牲」[13]であると述べたが，トレルチもまた非常に厳しい生活を余儀なくされ，その結果もたらされたのが1923年の突然の死であった。彼の体には病気に抵抗するだけの力が残っていなかったのである。

　トレルチの墓石はベルリンのインヴァリーデン墓地で現在でも確認することができる。しかし実は，この墓石の下にトレルチの亡きがらが眠っているわけではない。インヴァリーデン墓地はベルリンが東西に分割された時に，ちょうどその境界線上に位置し，境界警備の障害となる墓石は全て撤去されてしまい，もともとの位置が分からなくなってしまったからである。現在の墓石は東西ドイツ統一後，かつての埋葬地と推定される場所に改めて設置されたものである。その生涯と著作と同様，トレルチの墓所もまたドイツ社会の変転に巻き込まれたのだった。

2. 研究史概観および本書の課題

2-1. 国際的な研究状況

　トレルチの思想に対する注目は1980年代に高まり，その活況は現在でもなお続いている。本書もまたこの研究動向に掉さしながら，トレルチの思想の解明を目指すものである。そこで，まず現在に至るまでの研究史を概観しておきたい。ただし，以下の叙述は，国際的な研究史についても，国内の研究史についても，網羅的なものではない。

　通常，研究史に数え入れられることはないが，トレルチの存命中から，トレルチの思想は研究対象とされていた。具体的には，W・ギュンターの著作[14]やH・ズュースキントの論文[15]などが挙げられる。こうした研究からは，同時代的なトレルチへの関心や評価を知ることができるため，それ自体がトレルチ研究のための資料的価値を持っている。

　こうした同時代的な評価と，後代の研究者による批判的研究の中間に

---

　13) Troeltsch, E.: Die „kleine Göttinger Fakultät" von 1890, in: *Christliche Welt* 34 (1920), Sp. 283.（「1890年の「ゲッティンゲン小教授団」」（『私の著書』，49頁。）

　14) Günther, W.: *Die Grundlagen der Religionsphilosophie Ernst Troeltschs*, Quelle & Meyer, 1914.

　15) Süskind, H.: Zur Theologie Troeltschs, in: *Theologische Rundschau* 17 (1914), S. 1-13; S. 53-62.

位置づけられるものとして，トレルチの友人だったW・ケーラーによる1941年の著作がある[16]。ここでケーラーは，トレルチ思想の意義を，当時支配的であったいわゆる弁証法神学とは違う方向性が含まれていることに見ている[17]。時代はまさに弁証法神学の最盛期であり，ケーラーの著作以降しばらく，トレルチに対する積極的な関心が高まることはなかった。

弁証法神学の支配的な影響は長らく続くが，その影響の下にある研究として代表的なものが1959年のW・ボーデンシュタインの研究だろう[18]。この研究はトレルチの思索の発展をたどることを課題としているが，その結論は，トレルチは「挫折した神学者」[19]であるという否定的なものであった。

このような状況から1980年代におけるトレルチ研究の本格化に至るまでには，二つの先駆的な研究動向が存在した。一つは，カトリックの研究者アプフェルバッハーによる著作『敬虔と学問』（1978年）である[20]。カトリックに対しても開かれた態度をとっていたトレルチに対しては，早くからカトリックの神学者からも関心が寄せられていた[21]。アプフェルバッハーの研究は未公刊の書簡など新たな資料を豊富に用いながら，トレルチ思想の解明を目指すもので，主として出版されたテクストの解釈にのみ依存していた従来の研究とは一線を画すものであった。

もう一つの重要な動向は，アメリカからもたらされた。アメリカには，ドイツ本国ではトレルチに否定的な視線が向けられている間でも，ニーバー兄弟など，エルンスト・トレルチの思想を自らの神学思想の積極的な源泉の一つとする神学者がいたのである[22]。そのような土壌を背

---

16) Kähler, W.: *Ernst Troeltsch*, J. C. B. Mohr (Paul Siebeck), 1941.

17) Ibid. S. VI

18) Bodenstein, W.: *Neige des Historismus. Ernst Troeltschs Entwicklungsgang*, Gütersloh, 1959.

19) Ibid., S. 207.

20) Apfelbacher, K-E., *Frömmigkeit und Wissenschaft. Ernst Troeltsch und sein theologisches Programm*, Schöningh, 1978.

21) Spieß, E.: *Die Religionstheorie von Ernst Troeltsch*, Schöningh, 1927.

22) ニーバー兄弟に対するトレルチの影響については以下の文献を参照：安酸敏眞「ニーバーと「エルンスト・トレルチの影」」『聖学院大学総合研究所紀要』No. 48, 2010年, 137 - 199頁。

景にJ・P・クレイトン編集で出版されたのが『エルンスト・トレルチと神学の未来』(1976年)である[23]。この論集に収録された論文の多くでは、トレルチの神学思想の現代的意義が論じられている。特に、M・パイの論考「エルンスト・トレルチと「他」宗教問題の終わり」は、宗教間対話に対するトレルチ思想の意義を論じており、この後、宗教間対話や宗教多元主義に関する議論の中でトレルチの名前が頻繁に見られるようになった。

　以上のような、ドイツ国内外でのトレルチの思想に対する再評価の流れを決定づけたのが、1981年にドイツで「エルンスト・トレルチ協会」(Ernst-Troeltsch-Gesellschaft) が設立されたことであった。トレルチ研究は1981年を境としてそれ以前とそれ以降に分かれる。「トレルチ・ルネサンス」とも呼ばれるトレルチ思想の再評価の動きが確固たるものとなったのである。エルンスト・トレルチ協会はその紀要(Mitteilungen)の他、研究雑誌『トレルチ研究』(Troeltsch-Studien) を刊行し、資料の集成と研究成果の蓄積にあたってきた。資料については、1981年時点で整理できるものについてはグラーフとルッディースの編集による『エルンスト・トレルチ文献目録』にまとめられ[24]、その後発見されたものについては随時『エルンスト・トレルチ協会紀要』に報告されている。また、エルンスト・トレルチ協会の多くのメンバーが参加して、de Gruyter社から『エルンスト・トレルチ改訂版全集』(*Ernst Troeltsch Kritische Gesamtausgabe*) が刊行されている。この改訂版全集の刊行により、これまで入手困難であった未公刊のテクストなどについても、厳密なクリティークを経た形でアプローチ可能になりつつある。

　さまざまな研究成果も、『エルンスト・トレルチ協会紀要』および『トレルチ研究』において発表されてきた。『エルンスト・トレルチ協会紀要』は2015年までに22号(一部合併号あり)が、『トレルチ研究』は第1期が全12号、新シリーズが現在までに5号まで刊行されている(第4号は未完)。また、一部はこうした雑誌に掲載されたものと重なるが、学位論文の主題としてトレルチを扱ったものも1980年代以降急増

---

23)　Clayton, J. P.(ed.): *Ernst Troeltsch and the future of theology*, Cambridge University Press, 1976.

24)　Graf, F. W. und Ruddies, H. (hrsg.): *Ernst Troeltsch Bibliographie*, Mohr Siebeck, 1982.

し，その全貌は見通し難いほどである。本書では基本的に，以上のような1980年代以降の新たなトレルチ研究の中で生み出されてきた成果を先行研究として参照し，批判の対象とする。それらの一つ一つについては本論中で適宜紹介するので，ここで論評する必要はないだろうが，現在のトレルチ研究の全般的な特徴を指摘しておきたい。それは，厳密な歴史的＝実証的研究および特定の主題への集中である。これは，研究状況が成熟してきたことと表裏一体の関係にある事態であるが，未公刊の資料の発掘によるこれまで知られていなかった――場合によっては非常に些末な――事実の確定や，特定の思想家との比較[25]および特定の主題領域におけるトレルチの位置づけ[26]に議論を集中するものが多く，トレルチ思想の全体的な評価や，思想史的意義は把握しにくくなっている。このような状況にあって異彩を放つのが，H‐G・ドレッシャーによる評伝である。ドレッシャーは1950年代からトレルチ研究に携わってきた数少ない研究者の一人であるが，1980年代以降の新たな研究結果も反映して書き上げた『エルンスト・トレルチ　生涯と著作』（1991年）[27]は，刊行から20年以上を経た現在でもなお，最もまとまったトレルチの評伝としてその価値を失っていない。

　また，「トレルチ・ルネサンス」の立役者の一人であり，エルンスト・トレルチ協会の現代表であるミュンヘン大学のF・W・グラーフを中心として，近代の神学思想を社会史的‐文化史的な文脈から読み解こうとする「神学史」的方法による研究プロジェクトが推進されており，このグループの雑誌『近代神学史雑誌』（Journal for the History of Modern Theology/ Zeitschrift für Neuere Theologiegeschichte）の中でもトレルチ研究は比較的大きなウェイトを占めている。わが国では深井智朗がこの

---

25)　例えば，以下のような研究があり，それぞれ「コーエンとトレルチ」，「ジェームズとトレルチ」，「ヘルマンとトレルチ」を論じている：Dietrich, W. S.: *Cohen and Troeltsch. Ethical Monotheitic Religion and Theory of Culture*, Scholars Press, 1986; Hadley M. A.: *Religious Thinking in an Age of Disillusionment: William James and Ernst Troeltsch on the Possibilities of a Science of Religion*, (dissertation) Brown University, 1995; Sockness B. W.: *Against False Apologetics. Wilhelm Herrmann and Ernst Troeltsch in Conflict*, J. C. B. Mohr, 1998.

26)　例えば，イエスの解釈という問題領域でのトレルチの意義を論じたものとして以下の研究がある：Claussen J. H.: *Die Jesus-Deutung von Ernst Troeltsch im Kontext der liberalen Theologie*, Mohr Siebeck, 1997.

27)　Drescher H.- G.: *Ernst Troeltsch. Leben und Werk*, Vandenhoeck, 1991.

方法論を採用し，ドイツにおける神学史的研究の成果に依拠しつつ，特に神学者の言説の政治的機能を明らかにする研究を発表している[28]。深井の著書においてもトレルチは重要な分析対象となっている。

2-2. 日本国内の研究状況

わが国におけるトレルチ研究としては，1920年代の有賀鐵太郎による，キリスト教の本質をめぐる論考[29]が最初期のものであるが，研究書として出版されたものとしては，熊野義孝による『トレルチ』(1944年)[30]が初めてのものである。現在では先行研究として参照されることはほとんどないが，トレルチを「西洋文化の内在的批判」[31]の優れた案内人として評価する態度は，本書の関心と大きく異なるものではない。

トレルチの神学思想に踏み込み，その全容に迫ろうとした研究書としては大林浩の『トレルチと現代神学 歴史主義的神学とその現代的意義』(1972年)[32]がわが国の研究史においては画期を成すものである。上述した通り，1970年代はドイツ本国でもまだトレルチ思想研究が本格化する前の段階であるが，大林の研究は，歴史主義と格闘するトレルチの神学の意義を肯定的かつ説得的に論じており，同時期の欧米の研究と比較して全く劣るものではない。ただし，「キリスト教の絶対性」のモチーフにさまざまな論点を結びつけるのはやや狭隘な解釈であると思われる。

京都大学文学部キリスト教学研究室には，波多野精一による設立以来，トレルチの問題意識に学ぶ伝統がある[33]。この伝統の上に立ち，さらにはアメリカとドイツで生じつつあった新たなトレルチ研究の動向を

---

28) 深井智朗『十九世紀のドイツ・プロテスタンティズム』教文館，2009年；同『ヴァイマールの聖なる政治的精神』岩波書店，2012年。
29) 有賀鐵太郎「トレルチに於ける基督教本質論」『基督教研究』第2巻第2号，1925年，265-279頁；第2巻第3号，1926年，375-416頁。
30) 熊野義孝『トレルチ』鮎書房，1944年。
31) 同書331頁。
32) 大林浩『トレルチと現代神学 歴史主義的神学とその現代的意義』日本基督教団出版局，1972年。
33) トレルチの神学思想と，京都大学文学部キリスト教学で追究されてきたキリスト教学の理念の関係については以下の論考を参照：安酸敏眞「トレルチと「キリスト教学」の理念」『基督教学研究』25号，京都大学基督教学会，2005年，191-212頁。

受けて発表されたのが安酸敏眞の英語による著作『エルンスト・トレルチ　徹底的歴史主義の組織神学者』(1986年)[34]である。この著作において安酸は，徹底した歴史的思考に立脚しながら，規範的価値の獲得を求めるトレルチの思索の深まりを丹念にたどり，そうした思索を支えているトレルチ思想の体系性を論じる。その際に，次に紹介する近藤勝彦の研究成果に基づきながら著者が導きの糸とするのが，トレルチにおける「形成」(Gestaltung) という概念である。本書が，歴史的思考の意味の主題化，ならびに「形成」という概念の重視という決定的な点において，安酸の問題設定から示唆を得ていることをここに明記しておきたい。本書は安酸の問題設定を引き受けた上で，「形成」という概念がトレルチの歴史的思考にとってどのような意味があるのか，そしてそれがどのような歴史的状況で主張されてきたのかを明らかにしようとするものである。

　安酸に大きな影響を与えた近藤勝彦の学位論文（ドイツ語）は1977年に提出されているが，日本語の著作としては『トレルチ研究』[35]として1996年に出版された。近藤の研究では，トレルチの著作の初出論文と後年の編集における加筆修正の比較など，実に綿密な論証がなされており，1980年代以降のトレルチ研究を先取りする水準にある。近藤がトレルチにおける「形成」の問題を，教会の形成に引き付けて解釈する点には，トレルチの意図を限定しすぎているきらいがあるが，それは，トレルチ思想における「形成」概念の重要性の発見という成果を損なうものではない。また，近藤が1980年代以降のドイツの新たな研究動向の，「極めて詳細な実証的研究に入っていく傾向」に対して，「これは日本の研究者には，資料的にフォローするのに容易でない方向と言わなければならない」と抱く懸念[36]は，わが国でトレルチ研究に携わる者として，今日でもなお無視できないものである。

　一方，1980年代以降のドイツにおける新たなトレルチ研究の現場に身を置き，まさしく極めて詳細な実証的研究を遂行してその成果をまと

---

[34] Yasukata, T.: *Ernst Troeltsch: Systematic Theologian of Radical Historicality*, Scholars Press, 1986.
[35] 近藤勝彦，『トレルチ研究　上・下』教文館，1996年。
[36] 近藤勝彦『トレルチ研究　上』，7頁。

めたのが，佐藤真一の『トレルチとその時代』(1997年)[37]である。ここに収められた論考の一部は『エルンスト・トレルチ協会紀要』に発表されており，1980年代以降の世界的なトレルチ研究の動向の一部と言えるものである。しかし，それゆえに，国外の研究状況に対する不満と同じものを本書にも感じざるをえない。佐藤が結論として述べるのは，「近代精神の批判的受容」がトレルチの思索の特徴だということである[38]。これは，350頁以上にもわたる詳細な議論の結論としてはいささか物足りないものである。佐藤の著書から，トレルチの生きた時代背景と，それに対するトレルチの反応についてさまざまな情報を得ることができるが，そこからトレルチ思想の全体的な評価として何が明らかになるのか十分に考察されているとは言い難い。とはいえ，「これまでの研究は理論的な色彩が強く，具体的な時代状況との関連でトレルチの思想を捉えようとする試みが乏しかった」という佐藤の指摘[39]もまた無視しえない。エルンスト・トレルチ協会が設立され，国際的な研究のネットワークが整備された今日において，もはや国内の研究動向と，国際的な研究動向を分けて考えることはできず，自ら遂行できないまでも，歴史的＝実証的研究への目配りは，今後のトレルチ研究に必須の要件となるだろう。

　実際，近年わが国で提出された，トレルチを対象とする博士学位論文も国際的な研究動向を反映したものとなっている。内藤幹子の『エルンスト・トレルチにおける「キリスト教共同体」論』[40]は，19世紀後半から20世紀の始めに盛んに議論された，「国民教会」(Volkskirche) という概念をめぐる言説についてトレルチの意義を考察するものである。また，高野晃兆の『E・トレルチの『キリスト教の諸教会と諸集団の社会教説』について：《社会学的基本図式》から見て』[41]は，トレルチの宗教

---

37)　佐藤真一『トレルチとその時代』創文社，1997年。
38)　同書372頁。
39)　同書27頁。
40)　内藤幹子『エルンスト・トレルチにおける「キリスト教共同体」論』(博士学位論文：立教大学 (神学))，立教大学文学研究科，2008年。
41)　高野晃兆『E・トレルチの『キリスト教の諸教会と諸集団の社会教説』について：《社会学的基本図式》から見て』(博士学位論文：京都大学（文学))，京都大学大学院文学研究科，2008年。

社会学における主著である『キリスト教の諸教会と諸集団の社会教説』における「社会学的基本図式」という概念に焦点を絞った研究である。いずれも，特定の主題領域におけるトレルチの評価を研究課題としており，その意味で，国際的な研究動向と足並みをそろえるものとなっている。

2-3. 本書の課題

　以上の研究動向を受けて，本書では次のように目標を置く。まず，近年のトレルチ研究と同様に，トレルチの活動した歴史的状況やテクストが公表された論争状況に対して可能な限り目を配る。テクストは，それが生成してきた文脈においてこそ，本来の意味を明らかにするものと考えるからである。しかし他方で，本書は，テクストの精密な読解による内在的解釈も放棄しない。テクストをとりまく歴史的コンテクストを重視することは，歴史的コンテクストにテクストを還元することを意味しない。歴史的コンテクストを念頭に置くことでテクストの正確な意味を取り出すことができる一方で，テクストの正確な解釈は，歴史的コンテクストの解明に資するものでもあるだろう。本書ではトレルチのテクストを，彼を取り巻く状況との対話として読み解くことで，トレルチの思想に迫ると同時に，トレルチが活躍した時代の文化的・精神的状況の解明に貢献することも目指している。

　また，トレルチ思想研究としては，個別のテクストの解釈とそのテクストの置かれたコンテクストの解明に終始することなく，トレルチ思想の全体を視野に収め，評価することのできる視点を追究する。この関心は，現在の，詳細な歴史的・実証的研究に集中するトレルチ研究の現状において最も欠けているものである。1980年代初頭にトレルチ研究が大きな転換を遂げて以来，すでに30年が経過した。その間に個別的な研究成果は数多く生み出されたが，トレルチという思想家の全体像を──例えば近藤や安酸の注目した「形成」の概念のように──語りうる新たな視点が提出されているとは言い難い。細分化していくトレルチ研究の現状に対して共通の議論の土台を提供するためにも，トレルチの思想全体を語りうる視点が求められている。もちろん，筆者の力量では，文字通りにトレルチの思想全体を語る視点を議論することはできず，本

研究の課題はかなり限定せざるをえない。しかし，その課題は範囲を拡大した議論と検証に開かれている。

このような目標を達成するために，本書の具体的な課題は次のように設定される。まず，トレルチのテクストを時代的コンテクストへの応答として読み解くために，すでに名前を挙げた，F・W・グラーフの提唱する「神学史」的方法を方法論として採用する。そして，この方法論により，1910年代から晩年（1923年）までのトレルチの思索の歩みを，特に「歴史的思考」の意味を中心に検討する。

年代を1910年代以降に設定するのには，二つ理由がある。一つは，資料的制約である。若きトレルチの思想の発展をたどるのに必要な資料はまだ十分に整理されておらず，利用が困難な上，信頼できる二次文献も限られている。専門研究としては，未公刊の一次資料を発掘し，トレルチ思想の生成過程を明らかにすることも，当然必要な課題ではあるが，本書ではそれよりも，ある程度広い射程でトレルチの思想を捉えたい。その為には，利用可能な資料が揃い，二次文献も豊富な時期を扱うことが望ましい。そういった資料的制約よりも大事な第二の理由は，1910年代および20年代という時代が思想史的に非常に重要な時期だからである。1914年の開戦から100周年を迎えた第一次世界大戦については，近代の矛盾を明らかにし，現代につながる問題が生み出された契機として，その意義を再検討する機運が高まっている。トレルチのテクストは，その激動の時代の貴重なドキュメントであり，トレルチのテクストに反映されている時代の動き，そうした動向に応答するトレルチの思想の解明は，共に狭義のトレルチ研究を超える意義を持っている。特にわが国では，第一次世界大戦期の思想史的・文化史的研究の中でも宗教思想に関する研究は手薄であり，本書が果たすべき役割は少なくない。

「歴史的思考」という主題の設定は，トレルチ研究としては決して突飛なものではない。むしろ，研究史において確認した通り，非常にオーソドックスな主題であるとさえ言える。しかし，オーソドックスなものであるとは言え，語られるべきことが全て語りつくされたわけではない。特に不十分だと思われるのは，トレルチが「歴史的に物事を考える」ことの重要性を主張する際にその発言が持っている，歴史的コンテ

クストにおける意味合いの分析である。結論を先取りして言えば,「歴史的思考」に関するトレルチの思想は,本書で対象とする時間的範囲の中では基本的に変わらない内容を持っている。しかし,時代状況への応答の仕方として,アクセントの置かれ方に違いがある。もしも,時代状況を無視してトレルチの議論の構造だけに注目すれば,トレルチの思想は(少なくとも1910年代以降は)一貫したものと見える。他方,発言内容だけを取り出せば,時期によってかなりの違いがあり,トレルチの思想は変化を遂げたように見えるだろう。トレルチの思想発展を貫く統一性があるのか,トレルチの思想には転換点があるのか,という問いへの答えにも,「歴史的思考」を主題とすることである程度の道筋をつけることができるはずである。本書では時代状況の変化に応じた,トレルチの姿勢の変化を,同時代の芸術・精神的運動との並行関係を意識しつつ,「前衛」から「後衛」への変化として考察したい。これは本書独自の新たな試みである。

　トレルチにおける「歴史的思考」の意味を探求していくと,この問題が常に,望ましい共同体形成はいかにして可能であるのかという問いと密接に関連していることが明らかになってくる。トレルチの思想における「歴史的思考」の意味を主題化することは,トレルチの共同体論を主題化することも要求するのである。かくして本書は『トレルチにおける歴史と共同体』というタイトルを持つことになった。

　以上より,本書のタイトルについてはある程度明らかになったと思われる。しかし,「神学史」という方法については,さらに説明を要するだろう。なぜなら,わが国ではその意義や歴史的背景が一般に知られているとは言い難いからである。そこで次節では,「神学史」の概念史と,本書で採用する「神学史」的方法の特徴を述べておきたい。

3. 本書の方法論──「神学史」について

3-1. はじめに

　神学的言説を時間軸にしたがって論述しようとする際,何気なく「神学史」という言葉が用いられることはおそらく珍しいことではない。た

だしその際に,「神学史(„Theologiegeschichte")」を巡ってドイツにおいて1970年代以来議論が重ねられてきたこと,そしてその中でこの概念にどのような地位や意味が与えられてきたのかが意識されていることはほとんどないだろう[42]。しかし,「神学史」をめぐる議論においては,規範と歴史の関係,教育と研究の関係,近代的知とキリスト教の関係といった重要な問題との関連の中で,神学の歴史を叙述することの意味が問われていた[43]。

大まかに言って「神学史」についての議論には,神学教育における位置づけを再検討する方向と,研究上の方法論ないしプログラムとして反省を深める方向の二つの方向性があった。この二重性を,例えばW・パネンベルクの『ドイツにおける近代プロテスタント神学の問題史 □Problemgeschichte der neueren evangelischen Theologie in Deutschland)』の序文に認めることができる。

「講義で近代神学史を論じることがドイツでは慣習的に,組織神学の教授資格をとった講師の最初の任務の一部である。(中略)大抵の場合,若い神学者たちの博士論文はすでに近代神学史の中の特定の人物に捧げられている。しかし,この歴史の過程について講義するという課題は,視野を拡げ,そこで考慮に入れるべき著述家たちのすべての著作を正確に読解することを強いる。これはとても大変だけれども,ためになる骨折りだ。」[44]

---

42) ただし,ドイツ語の „Theologiegeschichte" も完全に術語化しているわけではなく,日本語と同様に神学的な営為の歴史という一般的な意味で用いられることも多い。

43) 高森昭の以下の論考はわが国でドイツでの議論と同時代的に為された貴重な例外である。高森昭「近代神学史への視座」,『神学研究』第40号,関西学院大学神学研究会,1993年,143-167頁。なお,この論文は1991年の日本基督教学会近畿支部会での講演が基になっている。また,近年では深井智朗や佐藤貴史が研究方法論としての „Theologiegeschichte" を,その内容上の特徴を反映した「神学＝社会史」,あるいは「神学／社会の歴史」という訳語により紹介している。(深井智朗『19世紀のドイツ・プロテスタンティズム』38頁；佐藤貴史「越境する歴史叙述――方法論をめぐる一断片」,『聖学院大学総合研究所 newsletter』第19号,2009年,22頁。)「神学＝社会史」,「神学／社会の歴史」という訳語は両者が念頭においているF・W・グラーフの „Theologiegeschichte" 理解に対しては適当なものであると思われるが,本研究では „Theologiegeschichte" をめぐる論争状況全般を視野に入れて,直訳である「神学史」という訳語を用いる。

44) Pannenberg, W.: Problemgeschichte der neueren evangelischen Theologie in

ここに書かれているように,「(近代) 神学史」とは組織神学内部での科目の名称であり,一人の教師が近代の神学全体について講じることが想定されている。またそれと同時に,その教師は自らの専門としてある特定のキリスト教神学者の思想研究に携わっており,それが「神学史」の一部を成す。「神学史」のどちらの面を重視するかによって議論の方向性が大きく異なることになるが,まずは前者,すなわち「神学史」の教育的意義についての反省から「神学史」を巡る議論が始まった。

3-2. 宗教教育における「神学史」

教会史や教義史と区別される「神学史」は 1750 年から 1850 年の「鞍の時代 (Sattelzeit)」(コゼレック) に成立し[45],19 世紀末に組織神学内で,近代における神学的営為を扱う教育活動,あるいは講義として定着した[46]とされる。したがって,単に「神学史」と言う場合でも,通常は「近代の神学史」という意味が含意されている。

このように,ある時期から大学神学部に「神学史」は存在しており,論者それぞれが「教会史」や「教義史」との違いを意識しながら「神学史」を記述していたが,その位置づけや意義を問いなおす,今日的な議論が始まったのは,『福音主義教育者 (Der Evangelische Erzieher)』1978 年度第 5 分冊における「神学史の重要性」と題する特集であったようである。編集者による巻頭言において次のように言われている。

「私の見方が正しければ,この分冊のテーマによって私たちは未開の地へと足を踏み入れている。宗教教育や科目教授学,授業そのものにとっての神学史の意義は,私の知識によればこれまで,一般に開かれた反省の対象とはまったくなっていなかった。」[47]

ここでは大学神学部における教育にとどまらず,宗教教育全般にとっ

Deutschland, Vandenhoeck & Ruprecht, 1997, S. 5.

45) Murrmann-Kahl, M.: (Artik.) Theologiegeschichte/ Theologiegeschichtsschreibung, in: *Theologische Realenzyklopädie*, Walter de Gruyter.

46) Köpf, U.: (Artik.) Theologiegeschichte/ Theologiegeschichtsschreibung, in: *Religion in Geschichte und Gegenwart(4. Auflage)*, Mohr Siebeck.

47) Schröer, H.: Zur diesem Heft, in: *Der evangelische Erzieher* 30, 1978, S. 307.

ての「神学史」の意義が主題となっている。「神学史」についての問題提起はまず，授業において語られるべきものとして，その位置づけと意義を反省する教育上の関心に基づいて開始された。この特集号の巻頭論文を書いたJ・メールハウゼンは，「神学史」を記述する際に求められる「三つの指導的観点」を提示した。それは，①「神学的な伝統と新たな企図のあいだを解釈しながら媒介する試みを担う，学科横断的で学際的な活動性」，②「その都度前提されている，あるいは用いられている神学概念の厳格なコントロール」，③「神学的な諸命題の成立と定式化に際しての，非神学的な要因に対する根本的な開放性」である[48]。メールハウゼンは神学史に，神学についての歴史的研究と現在の組織神学的問いを総合する役割を期待しており，そこに神学史の持つ，高度に発達した聖書学などの成果を今日的な宗教教育へと還元する教育的意義を認めているものと思われる。ただし，その総合を可能にするための視点は神学が与えるものとされており，この限りでは歴史叙述に対する神学の優位が与えられている。しかしまた，さまざまな神学概念の成立に際して働いている，非神学的な要因も神学史叙述においては正当に評価されねばならないというのである。

3-3. 包括的な歴史的神学分野としての「神学史」

メールハウゼンにおいては，前提となる神学的立場を中心に置きつつ，従来の教義史よりも包括的な観点から神学の営みの歴史を叙述する科目として「神学史」が位置づけられる。この規定をさらに包括的な方向に進めたのがU・ケープフの議論である。ケープフは「神学史」と教義史を対置し，「神学史は神学的な営為をその全体的な広がりにおいて把握する。他方，教義史は特定の教説上の問題をめぐる議論にとって重要な著作の領域に目を向けるにすぎない」[49]と述べる。ケープフにとって教義史の対象とは「宗教的共同体の同一性がそこに基づいてい

---

　48) Mehlhausen, J.: Die Bedeutung der Theologiegeschichte für den Religionsunterricht, in: *Der evangelische Erzieher* 30, 1978, S. 313f.
　49) Köpf, U.: Dogmengeschichte oder Theologiegeschichte?, in: *Zeitschrift für Theologie und Kirche* 85, 1988, S. 467.

るようなものの見方と教説」[50]に限られる。一方の「神学史」は政治史，社会史，一般文化史，教育史といった神学外の観点が神学に対して持つ意義を考慮しつつ，教義史や教会史に収まらない「敬虔の歴史（Frömmigkeitsgeschichte）」をも含んだ神学的営為の全体を扱うものとされる。

ここから，ケープフは「神学史」叙述の課題を以下のようにまとめる。

> 「神学史の全体的な叙述は，①上述のすべての観点をその都度相応しいしかたで考慮し，②新約聖書におけるキリスト教神学の始まりから現代にいたる歴史経過の全体を把握し，③地理的広がりの全体および，多くの逸脱的な方向性や集団を含めたさまざまな教会的ならびに教派的諸特徴におけるキリスト教の全範囲を視野に入れなければならない。」[51]

ケープフが「神学史」に対して極めて包括的な性格を与えていることは明白であろう。そうすると「神学史」はさまざまな個別研究の成果をまとめたものとなる。この総合をケープフは「重要なものの選択」と「個別的なものと全体に対する判断」においてなされると述べる[52]。視点が多様化したことにより，全体に統一を与える関心を一概に設定することは困難にならざるをえない。メールハウゼンにおいては神学概念に与えられていた役割が，ケープフにおいては個人の判断に任されることになった。

3-4. 個別専門研究の方法論としての「神学史」

ケープフの議論と同時期に，F・ヴァーグナーによりまったく異なる「神学史」理解が提出された。ヴァーグナーは，「神学史」を歴史に関す

---

50) Ibid. S. 472.
51) Köpf, U.: (Artik.) Theologiegeschichte/ Theologiegeschichtsschreibung. なお，課題1. 中の「上述のすべての観点」には本文で挙げたものの他にも「問題史」や「理念史」的な考察なども含む。
52) Ibid.

る他の神学分野とどう関係づけるかを問題にするのではなく，「神学史」と組織神学との関係を論じる。そして，組織神学の名の下になされる個別研究が——少なくとも当時のドイツにおいては——過去の（近代の）神学思想についての研究である以上，組織神学の学問性は歴史的研究によって担われてきたと考える。ヴァーグナーは「組織神学はその特異性をあらわす添え名が仄めかしているように思われるものとは違い，本質的に歴史学的な学問分野である」[53]と断言するのである。それゆえ，組織神学における歴史的考察に与えられてきた「神学史」という名称を体現しているのは，個別的な専門研究であると主張されることになる。

　このような認識に基づき，ヴァーグナーは過去20年（1964‐1985年）に出版された専門研究書を神学史的著作として論評していく。メールハウゼンやケープフが「神学史」として念頭に置いているのは，名の通った組織神学者が講義の結果として著した通史的な著作であるが，若い研究者が博士論文や教授資格申請論文としてまとめた専門研究を考察の対象とするところにヴァーグナーの特徴が現れている。

　ヴァーグナーはこの論評に際していくつかの類型を提示しているが[54]，その中で評価が低いのは「主題志向的（themaorientiert）」と呼ばれる類型である。この類型は，既存の概念や枠組みを無批判に研究対象に当てはめている場合に用いられている[55]。一方，最も優れたものとして挙げられているのが「立場生成的（positionsgenetisch）」と呼ばれる類型である[56]。この類型においてなされる「神学史叙述」がどのような

　53）　Wagner, F.: Zur Theologiegeschichte des 19. und 20. Jahrhunderts, in: *Theologische Rundschau* 53, 1988, S. 113.

　54）　ヴァーグナーの論文に登場する順に列挙すると，以下のような類型が挙げられる：「主題志向的取り扱い方法 (eine themaorientierte Vorgehensweise)」，「発展史的取り扱い (das entwicklungsgeschichtliche Vorgehen)」，「立場生成的神学史叙述 (eine positionsgenetische Theologiegeschichtsschreibung)」，「著作内在的解釈および批判 (eine werkimmanente Interpretation und Kritik)」，「精神史的依存研究 (die geistesgeschichtliche Dependenzforschung)」，「問題志向的神学史研究 (eine problemorientierte Theologiegeschichtsforschung)」，「伝記的取り扱い方法 (die biographische Vorgehensweise)」。

　ただしヴァーグナーは必ずしもこれらの類型をきちんと定義づけて議論しているわけではなく，そこに込められた意味や評価が明白でないものもある。

　55）　例えば，Sandberger のシュトラウス研究に対する批判（Ibid. S. 121）や，Quapp のヘルマン研究に対する批判（Ibid., S. 144）を見よ。

　56）　その典型とされるのが Graf のシュトラウス研究である。(Ibid., S. 123.)

ものなのかをヴァーグナーは次のように説明する。

> 「この立場生成的取り扱い方法にとってなされるべきこととは，ある神学的立場の生成と構築の再構成である。それは伝記的―発展史的，著作内在的，主題志向的な取り扱い方法と解釈方法の統合を手段として，すなわち精神史的諸連関や依存関係，そして内在的かつ／あるいは問題志向的な批判を手段としてなされる。」[57]

　したがって立場生成的な方法は，特定の研究対象についての多様な視点からなされる考察の総合であると言える。目指されるべき「神学史」叙述が総合的なものであるという点について言えば，これまで見た二者と共通していると言える。しかし，ヴァーグナーにおいて視点の総合の指導原理となるのは神学概念でもなければ研究者個人の選択でもない。「神学史」，ひいては組織神学の学問性をその歴史学としての性質に見るヴァーグナーにとって，「神学史に携わる研究や論述は，客観的な歴史学の理念に対して義務を負わざるをえない」[58]ものなのである。

　それでは「神学史」叙述は組織神学のもう一つの課題――ヴァーグナーはこれも認める――である規範的な問題意識，すなわち神学理論の妥当性要求についての考察とは無関係になってしまうのだろうか。これに対するヴァーグナーの答えは，「然り，かつ否」と言えるものである。

> 「再構成と根拠づけ，すなわち歴史記述と組織的説明との区別により，神学史叙述は組織神学の隠された「裏庭」へと押しやられるわけでは決してない。むしろ神学史叙述には，おそらくはきちんと支払いのすんでいないもの（Unabgegoltenes）をそれが思い出させるということによって，組織神学にとっての刷新的な力が認められるのだ。」[59]

　「神学史」による歴史記述は現在の組織神学的枠組みから区別されね

---

57) Ibid., S. 196f.
58) Ibid., S. 197.
59) Ibid., S. 200.

ばならない。しかし，だからこそ，現在の神学理論が成立してくるまでに忘れ去られてしまった問題や立場に光を当てることができ，それを通して組織神学に対する批判力を発揮することが可能になるというのである。

以上のように「神学史」のあり方を分析したヴァーグナーであったが，彼自身がこの立場からまとまった「神学史」叙述を展開することはなかった。ヴァーグナーの思想を受け継ぎながら，自らの研究プログラムとして「神学史」を実際に遂行・主導しているのがF・W・グラーフである。

3-5. 研究プログラムとしての「神学史」

グラーフはみずからの「神学史」構想に基づき，実際に「神学史」叙述を主導しているが，彼は個別専門研究に「神学史」叙述の場を認めたヴァーグナーの考えを引き継いでいるため，そこでは一人の著者が近代神学史の全体を描くことは放棄され，『近代プロテスタンティズムのプロフィール（*Profile des neuzeitlichen Protestantismus*）』全3巻（1990-93年）などの論文集や『近代神学史雑誌（*Zeitschrift für neuere Theologiegeschichte*）』（1994年 - ）といった専門雑誌に複数の研究者が研究成果を持ち寄り，蓄積していくという形をとることになった。

この雑誌の創刊号の「編集者のことば（Editorial）」においてグラーフは，彼の立場からすると「神学史」が「教会史」や「教義史」とどう異なるかを説明している[60]。グラーフはまず「教会史」を，「教義史」および「神学史」から区別する。「教会史」が「「キリスト教の宗教史」の分野の一部分」であるのに対し，「教義史」と「神学史」は「キリスト教という宗教の「内面」を述べる」ものである[61]。そしてさらに「教義史」と「神学史」がその対象の性格によって区別される。「教義史」が教会において正典化された教説に関わる一方で，「神学史」は「「学識

---

60) この文章は編集者三人（Richard Crouter, Friedrich Wilhelm Graf, Günter Meckenstock）の連名によるものであるが，本節ではグラーフの思想が反映されているものとして扱う。

61) Crouter, R./Graf, F. W./Meckenstock, G.: Editorial, in: *Journal for the History of Modern Theology/ Zeitschrift für Neuere Theologiegeschichte* 1, 1994, S.2.

の歴史（Geschichte der Gelehrsamkeit）」の一部を構成するものであり，それゆえ本質的には，学問的な神学の歴史，つまり神学的な諸学問の歴史」なのである[62]。グラーフにおいては「神学史」の「学」という要素により重点が置かれていることが理解される[63]。

このような「神学史」理解に基づき，『近代神学史雑誌』は以下の方針を掲げる。

　「本誌の論文は第一に，18世紀初頭から現代に至るまでの政治的‐社会的変動のプロセスにおいてその都度神学をとりまいてきた文化的環境と神学とのさまざまな相互関係を探求する。」
　「本誌の論文は第二に，特殊に科学史的（wissenschaftsgeschichtlich）な性質，つまり諸学科の歴史（disziplinengeschichtlich）という性質を持つ。」
　「本誌の論文は第三に，近代の個々の神学者，そのもくろみ，文献上の著作を叙述する。」[64]

　近代的な学問あるいは学識としての神学を社会史的・文化史的な観点から分析することが第一の課題として挙げられている。ここからグラーフの立場を「神学＝社会史的方法」と呼ぶこともできるだろう。ただし，第三に挙げられているように，テクスト内在的な研究の意義も失われてはいないことも忘れられてはならない。歴史的研究というと未公刊の草稿や書簡を用いた研究が思い浮かべられがちであるが，公刊された著作も重要な資料であることに変わりはない。この意味でグラーフにおいては，「立場生成的」方法のみに優位を認めたヴァーグナーよりもテクスト内在的な研究の意義が回復されているように思われる。

　もちろん，テクストに一定の意義が認められているとはいえ，グラーフの第一の主眼が神学を社会史的な観点から分析することにあることは

---

　62) Ibid.
　63) ただし，このように「神学史」の対象を，キリスト教の内面的な展開の中でも「教会史」では記述できない，聖典化されていない部分に設定する視点は，「敬虔の歴史」に注目したケープフの発想と通じるものがあるようにも思われる。
　64) Crouter, R./Graf, F. W./Meckenstock, G.: Editorial, S. 7.

疑いがない。しかしこのような方向が強調されると，「神学史」は神学的な資料を用いる点にのみ特徴を持つ，社会史の一部にすぎなくなってしまうのではないだろうか。この疑念に対してグラーフは次のように反論する。

「近代神学史の研究において，近代市民社会についての社会史的研究の問題設定を取り入れるという要求は，異なる学問の指導的問いを無批判に受け入れるということを意味しない。そのような結びつきがうまくいくならばむしろそれは，神学史研究という特定の視点により，市民社会とそのさまざまな集団化についての近代的社会史的研究における特定の隘路（Verengung）を主題とするための媒体となりえるのだ。」[65]

グラーフは「神学史」が社会史的研究の一部ではないと主張することはしない。むしろ反対に，「神学史」は社会史的研究の中に確固とした位置を持つべきだというのである。神学者はキリスト教についての専門家として，近代の社会史研究に独自な貢献ができる。教会的な形式に限定されない広い意味での宗教が，少なくとも「18世紀終わりから19世紀のドイツ市民社会をとても強く刻印していた」[66]と考えるグラーフにとって「神学史」の視点は，社会史的研究に含まれるいくつもある視点のうちの一つという以上の意味を持っている。

西欧近代のなかで宗教がどれほどの意味を担ってきたのかは，さまざまな評価がありうる。しかし少なくとも，それが無視できるほどに小さくないとすれば，神学史には近代の社会史や文化史の中での存在価値が認められるだろう。おそらく，他ならない「歴史的方法」をめぐるキリスト教神学における論争が近代的知の全体に与えた影響を考えることは，その一例となる。なぜならそれは「神学に特殊な問題についてなされたものではなく，それをはるかに越えた我々の知的文化全体におよぶ問いについてなされて」いながらも，「それはプロテスタント神学に由

---

65) Graf, F. W.: Vorwort, in: F. W. Graf, (hrsg.): *Profile des neuzeitlichen Protestantismus.* Band 1, Gütersloh, 1990, S. 13f.

66) Ibid., 14.

来する」[67]からである。近代的知を特徴づける潮流の一つである歴史的思考や歴史主義の由来について考える際，プロテスタント神学を中心として交わされた議論は重要な情報源となるのである。

ヴァーグナーにとって，「神学史」が組織神学的な問題意識から独立を保ち歴史的な学問であることは，それによって組織神学への批判的視点を得ることができるという，逆説的ではあるにしろ組織神学への貢献を可能にするための要求であった。グラーフも同じく「神学史」に歴史学としての地位を与えるものの，グラーフによって社会史の一部に位置づけられた「神学史」は，組織神学よりもむしろ社会史に対する貢献が期待されている。

3-6.「神学史」の課題

グラーフが自らのプログラムとしての「神学史」の性質として挙げていたもののうち，一つ目と三つ目についてはすでに確認したので，第二のものについて考えたい。それは，「科学史」としての「神学史」というものであった。しかしその内容は，諸学科の成立やその相互関係といったもので，「科学史」というにはやや素朴な印象を与える[68]。「科学史」としての「神学史」という視点について一歩踏みこんだ考察をしているのは，基本的な理解をグラーフと共有するM・ムアマン＝カールである。

神学の営みに対する社会史的影響を重視するグラーフの立場から予想できることではあるが，ムアマン＝カールはT・クーンの「(社会的)パラダイム」や「専門母体（disziplinäre Matrix）」といった概念を，「神学史」の展開に援用することを提案する。その利点とは，「クーンの述語を採用することにより，神学の意識における理論の変革や変化を，叙述を踏み越えた特定の神学の価値評価を含意すること無く，例えばパラダイム転換のように記述することが可能になる」[69]ことであると述べる。

---

67) Rendtorff, T.: Hat der Sauerteig der historischen Methode alles verwandelt? Ein Rückblick auf Ernst Troeltsch: Über historische und dogmatische Methode, in: *Mitteilungen der Ernst- Troeltsch- Gesellschaft 20/21*, 2008, S. 12.

68) したがって，グラーフの述べる „wissenschaftsgeschichtlich" は「学問史的」と訳す方が実態に合っているかもしれない。

69) Murrmann-Kahl , M.: *Die entzauberte Heilsgeschichte. Der Historismus erobert die*

しかし，何が神学におけるパラダイムや専門母体に相当するのか，という分析が十分になされているとは言い難い。「これは神学的知が具体化される際の枠組みの変化を表示するのに便利な概念であるが，しかし，そもそも神学という知的作業に厳密な意味における「パラダイム」概念が適用できるかはきわめて疑問である」[70]という見解に，ムアマン＝カールの議論も十分な回答を与えるものとはなっていない。

　『近代神学史雑誌』が創刊されて以降，20年に渡り研究成果が蓄積されてきた。しかし，創刊号の「編集者のことば」以来，「神学史」に対する理論的検討はなされていない。個別研究の成果を踏まえて，「神学史」叙述の方法と意味についての反省がなされて然るべきであろう。そしてその際，「科学史」との関係は考察が深められるべき点の一つであるように思われる。

　以上の課題はグラーフおよび『近代神学史雑誌』の「神学史」理解にしたがった際の内在的な問題であるが，もちろん「神学史」のあり方がこの類型に限定されるわけではない。本節の最初にみたパネンベルクの『問題史』への序文において，次のように言われている。

　　「さまざまな神学者とその著作を文化的，政治的な展開との関連で叙述すること，――それはフリードリヒ・ヴィルヘルム・グラーフが編集した3巻本の論文集『近代プロテスタンティズムのプロフィール』のなかで最近なされたことだけれども――，はとても説明力がある。（中略）しかし，そこに名を連ねる個々の神学者たちがそれぞれの方法で骨を折っている，神学に特有の事柄というのは，そういったものとはまた違う何かなのだ。」[71]

　この「何か」をパネンベルクは「問題」とよび，神学者が諸問題と取り組んだ歴史＝「問題史」として彼なりの「(近代)神学史」を講義していく。パネンベルクによるこのような意見表明は，歴史的研究プログ

Theologie 1880-1920, Gütersloh, 1992, S. 288.
　70) 芦名定道『ティリッヒと弁証神学の挑戦』創文社，1995年，159頁。
　71) Pannenberg: *Problemgeschichte der neueren evangelischen Theologie in Deutschland*, S. 6.

ラムとして先鋭化していき，神学ではなく歴史学への貢献を標榜するにいたった「神学史」理解に対する，神学固有の問題を認める立場からの反論である。そしてこの反論は，近代神学史を問題史という視点から一人の神学者が単独で講義し，論述する実践と結びついている。この意味でパネンベルクの立場はメールハウゼンやケープフに連なるものであり，社会史的な研究からは取り逃がされてしまう神学固有の問題があるという問題意識がより明確になっている。

　こうして，組織神学内の歴史分野として成立した「神学史」に対する反省は，それを歴史学的な研究プログラムとして洗練させる方向と，神学の固有の歴史をひとまとまりのものとして叙述することの意味について考察する方向の両面で深化した。しかし統一的な見解は与えられておらず，「神学史」の理解には歴史研究と神学の関係についてのそれぞれの立場が反映されている[72]。おそらく，最終的な解決が与えられるという性質のものではなく，どのような場で，何に貢献すべく「神学史」が叙述されるのかによって，適切な「神学史」叙述のあり方は変わらざるをえないだろう。

3-7. 本書における「神学史」

　本書ではすでに宣言した通り，グラーフの提案する意味での「神学史」の方法を用いる。それはまず，トレルチのように多岐に渡る学問分野を横断して発言した人物について，その発言が置かれたコンテクストにおいて考察するためには，神学に内在的な問題に歴史を描く際の主導的な位置を与え，そういった問題の展開を描くことを主眼とするメールハウゼン，ケープフ，パネンベルクらの構想する「神学史」の方法は適当なものではないからである。本書の目標は，一般的な社会史・文化史との対等な共同作業を目指すヴァーグナーとグラーフに一致する。両者のうちでもグラーフの構想においては，テクストとコンテクストの相互分析により社会史に貢献していくという姿勢が明確であり，本研究で採

　72）　この不統一は例えば，*Theologische Realenzyklopädie* と *Religion in Geschichte und Gegenwart*(4. Auflage) という二つの代表的な辞典が „Theologiegeschichte/Theologiegeschichtsschreibung" という同一の項目について与えている説明の違いにも現れている。前者では当該項目をムアマン＝カールが，後者ではケープフが執筆している。

トレルチ思想研究に「神学史」の方法を適用する，さらに積極的な理由を述べれば，グラーフが提案する「神学史」の方法は，グラーフがトレルチの思考方法から学びつつ練り上げてきたものであり，トレルチ自身の思考方法と別のものではないと思われるからである[73]。トレルチは「宗教史学派」の一員として，キリスト教に歴史的方法を適用することを主張したが，その試みをキリスト教についての「文化史」と呼んでいた[74]。その意図するところがもっとも明確に表現されているのは以下の箇所だろう。

「宗教史的方法は，およそ歴史生活がその現象全体にわたって十分に知られる場合ならばつねに，社会史的方法を取り入れた文化史的方法でなければならない。」[75]

ここでトレルチが自らの方法として提示している「文化史」的方法と，本書で採用する「神学史」的方法は，基本的に同一のものであると考えている。しかし，「文化史」という概念は非常に幅が広く，さらには近年のカルチュラル・スタディーズの隆盛もあり，その対象も方法論も不鮮明になっている。そこで本研究では，グラーフによって新たに設定された方法論の名称として，「神学史」を採用したわけである。それゆえ，本書の試みはトレルチ自身の方法により，トレルチを理解しようとするものであり，本書が一定の成果を挙げたならば，そのこと自体が，トレルチ思想が今なおアクチュアリティを持っていることを例証す

[73] 安酸はこのようなトレルチからグラーフに引き継がれた「キリスト教の文化科学」という構想が，わが国で京都大学のキリスト教学研究室を中心に遂行されてきた「キリスト教学」と通じるものであると指摘している。安酸敏眞「トレルチと「キリスト教学」の理念」，208頁。

[74] トレルチにおける「文化史」の用例については，グラーフによる以下の論考の註14を参照のこと。Graf, F. W.: Religion und Individualität. Bemerkung zu einem Grundproblem der Religionstheorie Ernst Troeltschs, in: *Troeltsch-Studien, Bd. 3*, Gütersloh, 1984, S. 207-230. (「宗教と個性」『トレルチとドイツ文化プロテスタンティズム』安酸敏眞訳，聖学院大学出版会，2001年，193-228頁。)

[75] Troeltsch, E.: *Augustin, die christliche Antike und das Mittelalter. Im Anschluß an die Schrift »De Civitate Dei«*, Oldenbourg, 1915, S. V. (西村貞二訳『アウグスティヌス キリスト教的古代と中世』新教新書，1965年，2頁。)

るものとなるだろう。

4．本書の構成

　本書は以下のような構成にしたがって議論が進められる。まず第Ⅰ部では，時代的コンテクストへとトレルチの思想を開くための準備となる議論が行われる。第1章では，トレルチがアカデミズムに登場し，その思想を体系的なものとして構想していく時期，すなわち，世紀転換期から1910年代前半のドイツ・プロテスタンティズムの状況と，そこでのトレルチの位置について確認する。続く第2章では，この時期のトレルチの思想体系の特徴を明らかにし，第3章でこの体系を再構成するとともに，その手がかりとなる「本質」概念の意義について考察する。その上で第4章では，トレルチの思想体系の中心に位置し，かつ当時の神学における論争概念であった「宗教的アプリオリ」という概念について検討する。
　第Ⅱ部では，第一次世界大戦と，それがもたらした知の変動というコンテクストの中で，トレルチの思想を分析する。第5章では，「リベラル・ナショナリスト」と呼びうるトレルチの政治的姿勢を，彼の宗教思想や歴史哲学との関連から分析する。第6章では，M・ヴェーバーの『職業としての学問』に端を発する，若い世代からの「学問における革命」を求める要求に対するトレルチの議論を考察する。第7章では，プロテスタント神学内部での改革を求める要求に対するトレルチの姿勢を考察し，「後衛」という概念を導入する。
　第Ⅲ部では，晩年の大著『歴史主義とその諸問題』に結実する，歴史主義をめぐるトレルチの格闘の跡をたどる。第8章で扱われるのは「保守革命」と呼ばれる知的動向である。保守革命的言説における歴史の利用と対照することで，トレルチにおける歴史的思考の意味が明確になるだろう。第9章では，トレルチによる時代診断的論考である「コンサヴァティヴとリベラル」の議論から，「後衛」としてのトレルチの思想の特徴を考察する。第10章では『歴史主義とその諸問題』の結論部で提示される「構成の理念」について検討することで，激動の時代との対

話の中からトレルチが到達した地平を見定める．

　終章ではこれまでの議論を振り返った上で，本書全体として，歴史的思考を擁護し，その意味を探究し続けたトレルチの思索について，結論を示すことができるだろう．

第Ⅰ部

歴史に開かれた本質探究を目指して
——トレルチ思想の体系と展開——

第Ⅰ部では1910年代初頭までのトレルチの思想に，主としてテクスト内在的な考察により迫っていく。第Ⅱ部以下では，1914年に始まった第一次世界大戦を契機とする激動の時代への応答を通して自身の思索を深めていくトレルチの格闘を考察の対象とするが，歴史的コンテクストに開かれた考察をする前に，そういった歴史的コンテクストとの対話を始めんとするトレルチの思想がどのようなものであったのかを，第Ⅰ部で明らかにしておきたい。1910年初頭を考察の足場とすることは，第一次世界大戦という外的な要因によるものでもあるが，トレルチ思想の内的な展開からしても不自然なものではない。この時期はトレルチ思想の「中期」から「後期」への転換期と見なされているからである[1]。そしてまたこの時期には宗教社会学分野での代表作『キリスト教会と諸集団の社会教説』ならびに，宗教哲学・倫理学に関する諸論文が「著作集」として刊行されており[2]，トレルチ自身が自らの思想の体系性を意識しながら著作を展開していた時期でもある。そこで，その後のトレルチ思想の展開を考察するためには，1910年代初頭のトレルチの思想体系を再構成し，その内容を分析することは有効かつ必要な作業となろう。

　もちろん，1910年代初頭のトレルチの思想体系をテクスト内在的に考察すると言っても，この体系が時代状況と無関係に成立してきたわけではない。この時期のトレルチ思想もまた，同時代の，あるいはそれ以

　1）　トレルチの思想発展については，学生時代以来の研究の集大成と目される『キリスト教の絶対性と宗教史』(*Die Absolutheit des Christentums und die Religionsgeschichte*) が刊行された1902年までを初期，1903年からトレルチがベルリン大学に移籍する1915年までを中期，そこから1923年のトレルチの死までを後期とする見方が一般的である。(Cf. Yasukata, T.: *Ernst Troeltsch: Systematic Theologian of Radical Historicality*, Scholars Press, 1986, p. xxi) ただし，近年ではトレルチの思想に一貫性を認める研究が多く，明確な時代区分を示さず，「ゲッティンゲン時代」，「ハイデルベルク時代」，「ベルリン時代」など，その時期の居住地によって時代区分に代えることが多い。本書もこの立場に立つ。

　なお，以下で明らかになるが，本書では第一次世界大戦をトレルチの発言を読み解くための大きな重要なメルクマールと見なしている。ただし，それはトレルチが応答すべき時代状況の変化を示すものであって，第一次世界大戦によってトレルチの思想そのものが本質的に変化したと考えているわけではない。

　2）　1912年に『キリスト教会と諸集団の社会教説』(*Die Soziallehren der christlichen Kirchen und Gruppen*) が著作集第一巻（GS1）として，1913年には神学や宗教哲学，倫理学に関する諸論文が『宗教状況，宗教哲学，倫理学について』と題され，著作集第2巻（GS2）として出版された。

前の歴史的状況との応答の中から成立してきたものに他ならず，その独自性や意義を評価しようとするなら，歴史的コンテクストを念頭に置いた考察がなされなければならない。テクストと時代的コンテクストの循環関係は果てしないものであり，議論の出発点は常に暫定的なものとならざるをえない。本書では，直接的には 1910 年代初頭のトレルチの思想体系を考察するための，さらにはその後の変わりゆく時代状況の中でのトレルチの知的格闘を考察するための暫定的な出発点として，19 世紀から 20 世紀への世紀転換期における，ドイツのプロテスタンティズムの状況とそこに共通して認識されていた課題を概観し，その課題に対して「前衛」的な解決策を提示した神学者の一群である，いわゆる「宗教史学派」の一員としてアカデミズムに登場するトレルチの問題意識を整理したい。これが第 1 章の課題である。ここには，以下本書で扱うさまざまな主題が登場することになるため，本書全体の案内役ともなるだろう。

　第 2 章では，トレルチの論考「倫理学の根本問題」の論述をもとに，トレルチ思想の体系性にアプローチする。ただし，トレルチ自身の，そこには「全体的な体系」が含まれるという言葉とはうらはらに，「倫理学の根本問題」から再構成できる体系は断片的なものである。そこで第 2 章では，まずはトレルチの思想体系を概略的に描き出し，その体系がどのような性質を持つものなのかを明らかにすることを課題とする。

　続く第 3 章において，トレルチにおける「本質」概念を手掛かりに，第 2 章で素描したトレルチの思想体系をより厳密に再構成する。その上で，トレルチの体系を支える「本質」概念の，歴史的思考へと開かれた動的な性質を指摘し，「本質」概念に注目することがトレルチ思想の研究に対してどのような意義を有するか考察する。

　第 4 章では，前章までで考察してきたトレルチの思想体系の中心に位置する「宗教的アプリオリ」という概念に注目する。この概念はトレルチの議論をきっかけとして，20 世紀初頭のプロテスタント神学に一大流行を巻き起こした。第 4 章ではその当時の論争状況を整理し，その中でのトレルチの位置づけを明確にした上で，トレルチの宗教的アプリオリ論が抽象的な宗教的認識論にとどまるものではなく，共同体形成のための基礎論と呼ぶべき性質のものであったことを明らかにする。

第1章

人格性を救うために
――世紀転換期のドイツ・プロテスタンティズム――

----

1. 世紀転換期のドイツ・プロテスタンティズムにおける「前衛」としての宗教史学派

　エルンスト・トレルチは晩年に，かつて学問の道を志した日のことを振り返り，医学や法学，あるいは哲学といった選択肢の中から自分が選んだ神学という学問は「もっとも興味深く，もっとも緊張に富み，もっとも革命的な学問の一つだった」と述べている[1]。このような認識は，トレルチだけのものではなかった。1900年前後のプロテスタント神学者たちにとって，「プロテスタント神学は，自然と対置される精神や文化に携わる諸学問のうちで，構成的かつ中心的な要素である」ということは共通の確信だったのである[2]。そしてその確信の裏側には，近代の進行と共に人間の精神や文化が圧迫され，生命力を失っているという危機感があった。

　ドイツの神学における主流はプロテスタントのルター派であるが，19世紀から20世紀への世紀転換期にはその内部が，領邦教会体制を前提とする「保守的ルター派」，大学の神学部に所属する神学者によるアカデミックな学派である「リッチュル学派」，およびリッチュル学派から離反する形で生まれてきた「宗教史学派」の3つの主要な陣営に分か

----

　1)　GS3, S. 4.（『私の著書』，7頁）
　2)　Graf F. W.: Rettung der Persönlichkeit, in: Bruch, R. v., Graf, F. W. und Hübinger, G. (hrsg.), *Kultur und Kulturwissenschaften um 1900*, Stuttgart, 1989, S. 103.

れていた。3つの陣営のうち，「リッチュル学派」は「保守的ルター派」と「宗教史学派」の間の広い中間領域を形成する，実に幅広い立場を包含していた。この時代の神学部で学んだ神学者は多かれ少なかれアルブレヒト・リッチュルの影響を受けており，そこには「保守的ルター派」に近い立場から，領邦ではなく統一されたドイツ帝国の単位でのキリスト教社会の形成を考える立場，あるいは宗教史学派に近い立場までさまざまな神学者が含まれるのである。そもそも，宗教史学派もゲッティンゲンでリッチュルの下に学びながら，師の教えに飽き足らない若き神学者の集団から生まれたのだった[3]。そこで，この時期のドイツ・プロテスタンティズムが持っていた思想の幅を確認するには，「保守的ルター派」と「宗教史学派」を比較対照するのが良いだろう。この両陣営の一致点と対立点について，グラーフは次のようにまとめている。

> 「しかしながら宗教史学派は，近代の根深い危機の認識においては，その神学的および教会政治的対抗者，すなわち保守的ルター派の「積極的神学者たち」と一致していた。宗教史学派はその対抗者たちと，危機を克服する戦略において異なっていた。（中略）宗教史学派は教会という機構に権威を置くのではなく，宗教的にリベラルなプロテスタントの教養市民による自由な連合に，ならびに教会外の敬虔を，開かれた，すなわち多元的な国民教会（Volkskirche）へと統合することに置くのである。保守的な文化ルター派によって確実なものとされていた，社会に対する教会の倫理的権威要求は，前衛的な概念によって解消された。それは，社会の発展の新たな倫理

---

3) それゆえ，リッチュル学派と宗教史学派の境界も確固としたものではなく，誰が宗教史学派のメンバーなのかという共通見解は存在しない。例えば，E・レッシングは，ヨハネス・ヴァイスを宗教史学派の中心メンバーに数え入れるが（Lessing, E.: *Geschichte der deutschsprachigen evangelischen Theologie von Albrecht Ritschl bis zur Gegenwart. Bd. 1. 1870 bis 1918*, Vandenhoeck & Ruprecht, 2000, S. 282ff.），F・W・グラーフは，少なくとも宗教史学派成立初期にあって，ヴァイスはリッチュルに近い位置にいたと見なしている（Graf, F. W.: Der »Systematiker« der »Kleinen Göttinger Fakultät«. Ernst Troeltschs Promotionsthesen und ihr Göttinger Kontext, in: Renz, H. u. Graf, F. W. (hrsg.), *Troeltsch- Studien Bd. 1: Untersuchungen zur Biographie und Werkgeschichte*, Gütersloh, 1982, S. 282. (「《ゲッティンゲンの小学部》の《体系家》——エルンスト・トレルチの学位取得の諸テーゼとこの諸テーゼのゲッティンゲンでの［社会的・文化的］文脈」『トレルチとドイツ文化プロテスタンティズム』高野晃兆訳，聖学院大学出版会，2001年，161頁))。

的舵取りの主体となりうるのは，自身のキリスト教的良心に責任を負う個々のキリスト者と，キリスト教的「人格性」の自由な集団であるというものである。」[4]

既存の領邦教会を前提とせず，個人的な宗教的確信と良心によって形成される「国民教会」という発想とそれを支える「自由」理解については，第5章で検討するが，それはキリスト教的な共同体形成の原理としては非常に「前衛」的なものだった。そして，この前衛性は，「保守的ルター派」との比較において際立っているばかりではなく，大学の神学部において主流だったリッチュル学派と比較しても明らかなものだった。したがって，いわゆる「宗教史学派」の組織神学者であったトレルチは「アカデミズムにおいて支配的な神学者の代表者ではなく，むしろそれに対する批判の代表者」[5]と見なされていたのである。そしてまた，それは彼らの自己理解でもあった。「「宗教史学派」の人々は，自分たちを一つの新しい批判的な神学概念を敢行する前衛として理解していた」[6]のである。ヴァルター・ケーラーが伝える若き日のトレルチのエピソードは，「前衛」としての彼の姿を印象的に描き出している。それは1896年の『キリスト教世界』の読者大会でのことだった。ユリウス・カフタンの「いくらかスコラ的な」講演が終わるとトレルチは演台に駆け上がり，「皆さん，すべては揺らいでいます」と宣言し，それに対するリッチュル学派の神学者からの非難に対しては，大きな音を立てて扉をたたきつけ，会場から出ていくことで応えたのだった[7]。

---

4) Graf: Rettung der Persönlichkeit. 114f.
5) Rendtorff: Hat der Sauerteig der historischen Methode alles verwandelt?, S. 4.
6) Graf, F. W.: Max Weber und die protestantische Theologie seiner Zeit, in: *Zeitschrift für Religions- und Geistesgeschichte* 39 (1987), S. 125.（「マックス・ヴェーバーとその時代のプロテスタント神学」『トレルチとドイツ文化プロテスタンティズム』近藤勝彦訳，聖学院大学出版会，2001年，269頁。）
7) Kähler: *Ernst Troeltsch*, S. 1.

2. 人格性の危機

　宗教史学派が世紀転換期のドイツ・プロテスタンティズムにおける前衛たる所以は，徹底した歴史的研究方法の採用にあった。トレルチの表現を用いれば，歴史的研究方法は，「すべてを一変させ，ついには神学的方法のこれまでの形式すべてを破裂させるパン種」[8]であり，従来の教義学的方法において認められてきた真理を揺らがせるのである。それでは，そのような歴史的方法によるキリスト教理解は，どのように近代の危機に立ち向かうのだろうか。

　それについて考えるためには，近代における文化や精神の危機をキリスト教という宗教によって救うことができるという，当時のプロテスタント神学に共通する信念と，その基盤に位置する，「人格性」という概念に目を向ける必要がある。グラーフによれば，先に挙げた三陣営とも同じく，「道徳的な自立性においてその行為を宗教的＝人倫的理念へと向ける人格性だけが，伝承されてきた文化価値の結びつきを強め，あるいはむしろ新しい文化価値の信憑性を基礎づけ，それによって真なる文化の内容を保証することができる」と考えており，「人格の形成のための最も重要な媒介として妥当するものが，プロテスタントの神学者にとっては宗教だった」のである[9]。近代社会に生きる個人が人格として存在すること，すなわち，個人が他の何ものかによって存在を保証されるような依存性や，他の何ものかにとっての目的とされるような利用可能性から守られた存在であるために，「宗教は経験的世界に対する人格性の原理的な超越」[10]を切り開くものとして，卓越した文化的意義を有するものと考えられたのである。そして，「人格性」に対する注目が生じ，その擁護の必要性が語られたことは，「人格性」が危機に瀕しているという認識の裏返しであった。宗教が卓越した文化的意義を持つと言

　8） Troeltsch, E.: Über historische und dogmatische Methode in der Theologie, in: GS2, S. 730.（『著作集 第2巻』9頁）
　9） Graf: Rettung der Persönlichkeit, S. 123.
　10） Ibid., S. 126.

うのなら，宗教には現在危機に瀕している人格性を救出する力があることを主張しなければならない。

このような，宗教に最高度の文化的意義を認める発想は，トレルチの盟友であり，宗教史学派の新約学者であるW・ブセットの発言にもはっきりと確認することができる。ブセットは，「文化力としての宗教」という題目を与えられた講演で次のように述べる[11]。

> 「そのような停滞や誤った方向へと向かう文化に人間の内的生は反対します。そして，宗教的生は，それが健全であるなら，最も力強く反対するものです。なぜなら，人間の他の全ての内的生は，その反対を貫徹するだけの力を持たないからです。」[12]

この発言において注目すべきは，ブセットが宗教の役割を，「誤った方向に向かう文化」に対する「反対」に見ていることである。ブセットによれば，宗教が有するのは，「批判的な力」なのである。

> 「この批判は全くもって消極的なものです。宗教はなにか積極的に新しいものを生み出すことはありません。宗教は，人間の文化的営為に対してこう叫ぶだけです。その道を進んではいけない！ 他の道を探しなさい！」[13]

このブセットの発言に示されているような，宗教と他の文化的営為を緊張関係において捉える見方に，リッチュル学派と宗教史学派の相違点があった。リッチュル学派は，文化や世俗的道徳と宗教を親和的なものと考え，宗教に，文化的・倫理的実践を後押しする役割を与えていた。それと同時にキリスト教こそが，そしてキリスト教だけが「真なる宗教」であると見なされ，キリスト教の絶対性も保証された。宗教史学派はこのようなリッチュル学派の見解に反対したのである。リッチュル学

---

11) Bousset, W.: Religion als Kulturmacht, in: *25. Deutscher Protestantentag 4. bis 6. Oktober 1911 in Berlin. Reden und Debatten*, Protestantischer Schriftenvertrieb, 1911, S. 21-34.
12) Ibid., S. 125f.
13) Ibid.

派を代表していたW・ヘルマンに対するトレルチからの批判については第2章で詳述することになるが，宗教史学派は他の文化的価値や倫理から自立したものとして宗教を理解し，しかもそれをキリスト教に限定されない形で人間理性の構造に基礎づけた。ここから，いわゆる「宗教的アプリオリ」という概念が生まれてくる。

> 「1890年代以降の哲学や組織神学において交わされた，部分的には新カント派的な，またある部分ではネオ・イデアリスムス的な宗教言説の中心には，人間の生のその他の機能に対する宗教的意識の原理的な自立性を把握することが位置していた。すなわち，宗教に特殊なアプリオリの探究である。」[14]

ここでグラーフが述べているような，倫理などに回収されない宗教独自のアプリオリを認めつつ，それをキリスト教に限定しない戦略が宗教史学派を特徴づける。宗教史学派というと，キリスト教を一般宗教史の中に置く，歴史的思考の適用ということが特徴として挙げられがちであるが，そのような方法が可能であるためには，キリスト教を他の宗教と比較可能なものとするような普遍的な宗教の「本質」，あるいは「原理」が要求されたのである。トレルチの宗教理論における「本質」概念については第3章で，「宗教的アプリオリ」論については第4章で考察することになる。またそこでは，宗教的アプリオリの理解をめぐって宗教史学派の内部でも意見の相違があったことを確認できるだろう。

3. 人格性を救うために

宗教を人間理性の普遍的な構造に基礎づける時，その個別的な現れであるキリスト教の意義はどのように主張されるのだろうか。もはやそれは，普遍的な絶対性の主張ではありえない。人格性の危機に抗する力をキリスト教に求めようとするなら，近代ヨーロッパという個別的な歴史

---

14) Graf: Rettung der Persönlichkeit, S. 125f.

的形成物の内に生きる人格性に対するキリスト教の関係という，歴史的文脈を考慮した議論が必要とされる。このような理論的要請の故に，近代における人格性の危機についての宗教史学派の考察は，他のプロテスタントの陣営と比べてより透徹したものとなった。なかでも，聖書学者が多かった宗教史学派にあって数少ない組織神学者であったトレルチは，近代ヨーロッパという時代状況のなかで人格性を擁護する意味を追究した。ここでは，論考「近代世界の成立にたいするプロテスタンティズムの意義」[15]から，近代ヨーロッパ社会における人格性とキリスト教の結びつきについての，トレルチの理解を確認したい。

　トレルチが根本的な認識として提示するのは，キリスト教（ならびにキリスト教に先立つ預言者宗教）に由来する人格主義が，近代ヨーロッパ人の生の源泉となっているということである。「預言者宗教とキリスト教とが我々に接種した宗教的人格主義がなかったならば，自律・進歩にたいする信仰，いっさいを包括する精神共同体，我々の生への確信や労働への衝動の不滅性と力などは，まったく不可能であった」(KGA8, S. 222)とトレルチは考えるのである。もちろん，近代社会のあらゆる要素がキリスト教，あるいはプロテスタンティズムに由来するというような乱暴な図式をトレルチは提示するわけではない。プロテスタンティズムが「単純には近代世界の創造者ではなかったということ」は認めざるをえない（KGA8, S. 297)。宗教は世俗的な価値と相互に独立したものであるため，近代世界の諸要素をプロテスタンティズムが直接的にもたらすことはない。しかし，近代世界の担い手である近代的人格性はプロテスタンティズムによってもたらされたというのである。個々の諸要素ではなく，近代人が近代的文化の担い手である自分たちを自由な人格として理解していることこそが，プロテスタンティズムの遺産なのである。そして，そのように近代文化を特徴づける「自由思想ならびに人格思想の途方もない広がりと強烈さ」に，「近代文化の最善の内容」が認められる（KGA8, S. 314)。

　しかし，まさに今や，このような文化的基盤としての人格性が危機に

---

15) Troeltsch, E.: Die Bedeutung des Protestantismus für die Entstehung der modernen Welt (1906/1911), in: KGA 8, S. 183-316.（「近代世界の成立にたいするプロテスタンティズムの意義」『トレルチ著作集　第8巻』堀孝彦訳，5-163頁。）

瀕していた。「近代世界の成立にたいするプロテスタンティズムの意義」の最後に述べられている言葉から，「人格性」の危機をめぐるトレルチの時代認識を知ることができる。少し長くなるが引用したい。

「我々の経済的発展は，むしろ新たな従属に向けて舵をとっており，我々の強大な軍事国家ならびに行政国家は，どれだけの議会をもってしても自由の精神にとって好都合ではない。専門家主義に堕しつつある我々の科学，あらゆる立場の性急な吟味によって疲れ果てた我々の哲学，そして超感覚性を培いつつある我々の芸術が，自由の精神にとって好都合であるのかどうか，疑っても当然であろう。自由の抑圧と後退との来るべき将来に残されているものは，とりわけ全建築にみずからその力の大部分を与えたところのもの，すなわち自由の，そして人格的信仰の確信の宗教的形而上学である。このような宗教的形而上学は，あまりに人間的すぎる人間性が滅ぼすことのできないものの上に，すなわち自由と人格性とを我々に与える力としての神への信仰の上に，自由を築きあげるのである。それが，プロテスタンティズムである。それゆえ，少なくとも私自身の個人的な状況把握にしたがって，こう結論してよいだろう。我々は自由の宗教的・形而上学的根拠を持ち続けよう。さもないと，自由と人格性はあっという間に駄目になってしまうだろう。たとえ我々が自由と人格性を，そしてそれらへの進歩を，声高に褒め称えるとしても。」(KGA8, S. 315f.)

　近代社会のさまざまな要素が，人格性を抑圧する要素として働いているという認識が示された上で，その危機から人格性を救い出す方策が提案される。その方策とは，プロテスタンティズムの保持である。西洋近代に人格性という概念をもたらした，プロテスタンティズムという土台が失われてしまえば，もはや近代社会は人格性の危機に抗う足場を持たないことになってしまう。しかし，人格性を救出するために，リッチュル学派のようにキリスト教の超歴史的な絶対性を基にした主張をしてももはや説得力がない。それでは，現に生じつつある西洋近代社会における人格性の危機という歴史的現象から遊離した議論となる。歴史的現象

としての人格性の危機に立ち向かうには，人格性の危機の正体を見極める正確な時代診断と，人格性に基盤を提供した，歴史的現象としてのキリスト教，すなわちプロテスタンティズムの意義の考察がなされねばならない。この，近現代においてもなおプロテスタンティズムを保持することが，自由と人格性を擁護するために有効な手段であることが積極的に主張される必要があるのである。第Ⅰ部第2章以下で論じる，トレルチの思想体系の構想は，危機にさらされる自由と人格性を救うための，そのような試みとして理解できる。また，第一次世界大戦をきっかけとするさまざまな知的・社会的動向は，近代的な人間観に対して，世紀転換期よりもさらに深刻な危機をもたらした。私たちは本書第Ⅱ部以下で，第一次大戦以降の危機の時代においてもなお，近代のプロテスタンティズムがもたらした遺産の意義を考察するトレルチの姿を見ていくことになる。

4．歴史的思考と人格性

　トレルチは，西洋近代社会を支える人格性という概念とプロテスタンティズムの結びつきを，歴史的思考により考察したが，この歴史的思考がどのようなものであるのかを反省してみると，トレルチにおいてはすでに，人格性という概念がその中心的な役割を担っていたことが明らかになる。その点について確認するには，トレルチの初期から中期にかけての主著と目される『キリスト教の絶対性と宗教史』（1902年）[16]の記述を参照するのが良いだろう。この論考は，宗教史におけるキリスト教の絶対性を素朴に論じるものではなく，そもそも歴史的にキリスト教の絶対性を論じるということはどういう事態なのか，というメタレベルの考察に相当の紙幅がとられている。その結果，トレルチ自身が選び取ったのは，「相対主義と絶対主義の二者択一ではなく，両者の混合，つまり絶対的な目標の方向が，相対的なものから出てくること」を「歴史の問

---

[16] Troeltsch, E.: *Absolutheit des Chrsitentums und die Religionsgeschichte*(, 1902), in: KGA5, 1998.（『キリスト教の絶対性と宗教史』『現代キリスト教思想叢書　2』高野晃兆訳，白水社，1974年，7-160頁。）

題」として受けとめる立場だった（KGA5, S. 171）。この立場を可能にするのが，歴史的思考方法を用いる主体を「人格性」の担い手として捉える見方である。トレルチによると歴史的方法による考察の核心は，過去の出来事について仮説を立て，その価値や意義を感得（Anempfindung）することにあり，それ自体としてはどの対象にも開かれた公平な思考態度である。しかしこの公平さは相対主義へと達するものではなく，むしろ，歴史的思考を遂行する主体による価値判断を可能にすると述べるのである。

　「結局のところ，仮説的な感得と歴史学的な公平さは，目的なき無意味な相対主義を根拠づけるのに，最も相応しくないものである。なぜなら，他ならぬこの感得と公平さが，すべての人間は小宇宙であることを証明するからである。この小宇宙は自分とは関係のないように思われる状態の意味と本質を，一種の類比によって追理解できるのである。そしてまたそれゆえに，この感得と公平さは人類のさまざまな価値形成が共通なものを有していることも証明する。この共通なものは内的必然性によって，諸価値をたがいに比較考量し，そこで得られた確信によって，自分自身の人格性と同じように，人間の歴史を規範化し判定するよう強いるのである。」（KGA5, S. 168ff.）

　歴史的主体が自らを人格性の担い手と理解しているからこそ，歴史現象に価値を見出すことが可能になる。歴史的思考の対象には共通性があり，類比が可能なものなので，それ自体としては相対的なものである。しかしそうした対象を，なんらかの規範にしたがって自らを律している人格が思考の対象とすることで，価値を考察することが可能になる。したがって，歴史現象の価値の基準は「人格的な確信の事柄」（KGA5, S. 177）となる。ここにトレルチは「絶対的な目標の方向」を認めようとするのだが，はたして，なぜ個々の人格に委ねられた確信の事柄が，「絶対的なもの」へと向かう方向を指し示すと言えるのかという疑問が生じるだろう。なぜ，人格性をもとにして，歴史において絶対的なものへと向かう方向を感得することができるのか。

第1章　人格性を救うために

　この記述からは二つの方向へと議論を展開することができるように思える。一つは，「人格性」という西洋近代の背景を持つ歴史的方法の歴史性を問い返すという方向である。歴史的方法に基づいて人間に関する事象を考察しようとする歴史的思考態度もまた，西洋近代において育まれてきた，特定の歴史的現象である。まさに，歴史的方法は「すべてを破裂させるパン種」であって，歴史的思考方法自身もその射程から逃れることはできない。すると，ここでアポリアが生じる。人格性を救うために歴史的方法による考察を導入したにも関わらず，救出されるべき人格性が，歴史的方法の前提となっている。人格性の意義が否定されれば，歴史的方法は力を失ってしまう。したがって，人格性の危機は，歴史的方法を用いようとする思考態度の危機でもあるのだ。しかし，1910年代前半までのトレルチにとって，歴史的思考の危機は意識されていないわけではないにしろ，中心的な主題として扱われはしない。むしろ，教義学的方法への批判を伴いながら，歴史的思考方法の必要性が主張されている。歴史的思考が軽んじられる状況に対する危機意識が顕在化してくるのは，「精神的世界についての我々のあらゆる知と感覚の歴史化」[17]としての歴史主義に本格的に取り組んでいく1910年代後半以降であり，それは「歴史主義の危機」への抵抗という形態をとった。歴史主義に対する異議申し立てに対する応答や，誤れる歴史的思考への批判を通して，歴史的思考の積極的な意義を擁護するトレルチの格闘については，本書第Ⅲ部で扱うことにする。

　『キリスト教の絶対性と宗教史』の論述から可能なもう一つの方向は，人格性という「小宇宙」が他の歴史現象という，別の「小宇宙」を類比的に理解することが可能であるのみならず，歴史全体についての判定も可能であると言えるのは何故なのかを，トレルチの議論から明らかにすることである。すなわち，人格性が歴史的方法という手段を用いる妥当性を問うことである。この問いに答えるためには，経験的な学問的手続きから形而上学的認識へと進む，トレルチの思想体系全体を考察する必要がある。これが次章以下の課題である。

---

17)　Troeltsch, E.: Die Krisis des Historismus, in: KGA15, S. 437.

第2章
「倫理学の根本問題」とトレルチの思想体系

_____

1. はじめに ──「倫理学の根本問題」の意義

　多岐にわたる学問領域で業績を残した思想家について，それらの業績をつなぐ体系性を想定し，その思想体系を解明することは，後の研究者の中心的な課題であるだろう。思想家自身が自らの思想の体系性をほのめかしながら，それを明確に論述することが無かった場合にはなおさらである。
　エルンスト・トレルチはまさにそのような思想家の一人であり，トレルチの思想に一貫するモチーフとは何なのか，といういわゆる「トレルチ問題 Troeltsch problem」[1]はいまだに研究者が取り組むべき課題であり続けている。本章ではこの問題に取り組む出発点として，トレルチの論文「倫理学の根本問題」[2]を中心にトレルチ思想の体系性について検討したい。
　「倫理学の根本問題」は，『キリスト教の絶対性と宗教史』，『キリスト教会と諸集団の社会教説』，『歴史主義とその諸問題』といったトレルチの主著と目される著作と比べれば言及されることの少ない論文である。この状況は「倫理学の根本問題」発表時（1902年）においても同様だった。トレルチはイギリスの知人，フォン・ヒューゲルに宛てた書簡において，同年に出版された『キリスト教の絶対性と宗教史』が大きな反響

_____

1) Yasukata: *Ernst Troeltsch: Systematic Theologian of Radical Historicality*, p. xiv.
2) Troeltsch, E.: *Grundprobleme der Ethik*, in GS2, S. 552-672.

を呼んだ一方で「倫理学の根本問題」には注目が払われていないことに不満を述べる。

> 「そういうわけで私は，私の「倫理学の根本問題」についてまだ何も耳にしていないのです。これは実際のところ全体的な体系を含んでいるのですが。」[3]

ここでトレルチは「倫理学の根本問題」に自らの思想体系が含まれることを明言している。この発言を受け，以下では「倫理学の根本問題」の分析を通して，そこにはどのような体系が含まれているのかを検討する。

しかしその前にあらかじめ，本章で用いるテクストについて述べておかねばならない。本章では著作集第2巻に収められたテクストを用いる。しかし現在の――具体的には1980年代以降の――トレルチ研究においては，著作集所収の論文使用は避けられることが多い。というのは，トレルチは自らの論文を著作集に収める際に多くの加筆・修正を加えているからである。したがって，著作集第2巻所収の「倫理学の根本問題」を用いて，先程の書簡に記された「体系」を素朴に論じることはできないのである。それにも関わらず本章で著作集第2巻所収のテクストを用いるのには理由がある。それは，著作集第2巻に収められた他の論考によって「倫理学の根本問題」に含まれる体系を再構成することができるからである。本章の結論を先取りすれば，「倫理学の根本問題」に含まれる「体系」は断片的なものであり，その体系性を十分に考察す

---

3) Troeltsch, E.: *Briefe an Friedrich von Hügel 1901-1923,* mit einer Einleitung herausgegeben von Karl-Ernst Apfelbacher und Peter Neuner, Verlag Bonifacius, 1974. S.62f.
　トレルチ思想の研究において倫理学は主要な主題の一つであって，ここで取り上げた書簡の文言も注目されてきた。しかし，Gayhartのように『キリスト教の絶対性と宗教史』に対する「倫理学の根本問題」の優位性を一面的に強調することは，トレルチの思想発展を考慮に入れる際の障害になるように思う。というのも，トレルチは後年『私の著書』において，『キリスト教の絶対性と宗教史』を自分の思想展開すべての「芽Keim」と呼び (GS4, S.9)，歴史と規範を巡る思索の出発点として『キリスト教の絶対性と宗教史』を評価しているからである。従って重要な問題は，「芽」が「体系」にどのように根ざしているか，つまり，歴史と規範を巡る問いが，「倫理学の根本問題」に含まれるトレルチの思想体系全体とどのような関係にあるのかを考察することであるだろう。Cf. Gayhart, B. A.: *The Ethics of Ernst Troeltsch : A Commitment to Relevancy,* The Edwin Mellen Press 1990, Chapter Ⅳ．

第 2 章 「倫理学の根本問題」とトレルチの思想体系

るためには他の論考を参照する必要があるのである。

　トレルチは著作集第 2 巻全体の序文においても，自らの思想に体系性があることを明言している[4]。著作集第 2 巻に加筆・修正されて収められたさまざまな論文を結びつける体系的思考があると言うのである。近年は軽視されがちな著作集所収のテクストであるが，著作集編集時のトレルチ思想の体系的理解と言う観点からすれば，むしろ積極的な意義を見出すことが可能である。つまり，同じ時期に加筆・修正を受けていることから，初出年代はさまざまな論文を同一の体系内に位置づけられるものとして理解できるのである。もちろん，著作集第 2 巻に含まれているという「体系」と，先の書簡で述べられていた「体系」を同じものであると言うことはできず，厳密に言えば，本章で論じる「体系」は 1913 年当時の体系というべきものではある。しかし本書では，個々の論文の記述には時として大きな修正があるものの，体系構想という観点から見て大きな差異があるとは考えない。フォン・ヒューゲルへの書簡でほのめかされた体系が，著作集第 2 巻に含まれているものと見なす。

　ではこの体系はどのようなものなのか。先程見た書簡でトレルチはこう続ける。

　　「2 つのものから，つまり宗教心理学および宗教の認識論と宗教の歴史哲学から私は宗教哲学を組み立てるつもりです。この宗教哲学においては思弁的な形而上学はただ控えめな脇役を演ずるに過ぎないでしょう。」[5]

　ここでトレルチが宗教哲学を宗教心理学・宗教認識論，宗教の歴史哲学，（控えめな役回りではあるが）形而上学から構成されるものとして構想していることが見て取れる。そのように構成される宗教哲学が「倫理学の根本問題」にどのように含まれるのかという点に留意しながら，以下で「倫理学の根本問題」の論述を追っていきたい。

---

4) Troeltsch, E.: *Vorwort*, in GS2, S.VII.
5) Troeltsch: *Briefe an Friedrich von Hügel 1901-1923*, S.62.

2. キリスト教倫理と近代

「倫理学の根本問題」は副題「ヘルマンの倫理学をきっかけとして論ずる」に明らかなように，ヴィルヘルム・ヘルマンの著書『倫理学』[6]を批判対象とすることで自らの考察を展開している。そこで私たちも，トレルチによるヘルマン批判を手がかりとしてトレルチの思想に迫りたい。ヘルマンはリッチュル学派を代表する神学者であり，ヘルマンへの批判を通してトレルチ思想の特徴が明確になることが期待される。なお，トレルチからの批判に対してヘルマンからも若干の応答はあったが，両者の議論は必ずしもかみ合ったものではなかった。そこで本章では，トレルチのヘルマン理解が正当なものであるかどうかという問題はさしあたり留保し，ヘルマン批判を通してトレルチが自らの考えをどのように展開しているのかを考察する[7]。

まずトレルチは，キリスト教倫理学の歴史を概観した上でヘルマンの倫理学の歴史的意義を論ずる。この議論から，トレルチがヘルマンの倫理学の特徴をどこに見ているのかが明らかになる。トレルチは古代から論述を始めるが，トレルチとヘルマンの差異を明確化するためには，近代以降のキリスト教教義学と倫理学の関連についての議論を確認すれば

---

6) Herrmann, W.: *Ethik*, J.C.B.Mohr, 1901.

7) 先の書簡の中でヘルマンからの再批判をトレルチは期待していたが，10年経っても期待したような本格的な反論は無かったようである。それまでに公にされたヘルマンのコメントはトレルチの意図を完全に汲み取ったものではなかった。(GS2, S. 624)

一方，トレルチは「倫理学の根本問題」の初版から七年後の論文の中で，「私はこれまでのところ，ヘルマンの著作の全体をその関連において正しく理解できていない。〔中略〕このように，私はヘルマンをあらゆる誤解の可能性と共に理解する。」と告白している。(Troeltsch, E.: *Zur Frage des religiösen Apriori*, in GS2, S.765f.) つまり，ヘルマンとトレルチは互いの思想体系を完全に理解したうえで論争をしたのではなかった。この，両者が互いの立場を理解できなかったという事実が，両者がある根本的な差異を有していたことを示しているように思う。ソックネスは両者の差異を正しい弁証論のあり方を巡る論争として論じている。Cf. Sockness: *Against False Apologetics: Wilhelm Herrmann and Ernst Troeltsch in Conflict*.

また，佐々木勝彦がヘルマン自身のトレルチに対する反論について以下の論文で論じている。佐々木勝彦「キリスト教倫理学における「主体性と客観性」の相剋——W.Herrmann と E.Troeltsch」『東北学院大学論集』第10号，1978年。

良いだろう。

　トレルチは近代の始まりを啓蒙主義に認める。キリスト教と倫理学の関係もまた啓蒙主義において大きく転換したとトレルチは考える。啓蒙主義以前には，基本的に倫理学は教義学の支配下にあった。啓蒙主義において初めて倫理学が教義学から独立することになったというのである。この転換の先鞭をつけたのはイギリスのモラリストたちであった。彼らはロックの影響の下で心理学や認識論を用いて道徳の普遍的理論を探求した。この結果として倫理学と教義学の関係はそれまでとすっかり反対になる。それまで人間の行為を規定する倫理学は，キリスト教の教義全体を体系化し，整理する教義学の一部分でしかなかった。しかし，イギリスのモラリストにおいてその関係は変容した。道徳の支えと力としての非教義学的な，あるいは辛うじて二次的にのみ教義学的な宗教，そして教義学を自らの内に含んだ基礎学問としての倫理，これが彼らの結論であり，このような探求の頂点にあるのがカントの考察である。倫理学が教義学から独立したのみならず，教義学は倫理学の前提として従属的な位置に置かれることになる。カントは「道徳的なものを自然的，相対的，合目的的なものの束縛から切り離した。そして倫理学を，主観的な意志のアプリオリに必然的な規定についての教説として表現し，倫理学における超経験的‐観念的性格をこのように強調することによって，より決定的に宗教的思想をこの倫理学の前提に従属させた」(GS2, S. 564) のである。しかし事態はさらに新たな考察の方向により変えられることになる。

　この新たな方向はシュライアマハー，デ・ヴェッテ，ヘーゲルに代表される。彼らは宗教的目的概念に行為の自立的，客観的規定を見出した。宗教的目的思想によって，内容的に規定され，それにより道徳的なものに対して独立した宗教的行為を想定することが再び可能になったのである。そこから，いつでも妥当すべき形式的な道徳法則を探求する形式的倫理学ではなく，個々の行為の目的が良いものか悪いものかを評価する客観的価値の倫理学，あるいは「財（Güter）」の倫理学が展開した。トレルチのまとめを引用すれば，「道徳的なものと倫理的なものの普遍的な概念もまた同時に変わった。その課題は単に，主観的な意志の規定をその倫理的な性質と価値において捕らえるということにおいてのみ見

出されるものではなく，行為の客観的な諸価値と諸目的を決定することにある」(GS2, S. 565) ことになったのである。以上で近代の倫理学の二つの重要な潮流が揃ったことになる。「宗教的に承認し保証する世界観において完結する，実践理性のアプリオリという形式的倫理学が，啓蒙の倫理学と宗教学の頂点を成すのなら，歴史的に方向づけられたシュライアマハーの客観的財の倫理学は，ドイツイデアリスムスの倫理の頂点を成している」(GS2, S. 566) のであり，以降の倫理学はこの両者を改善し関係づけることで展開していく。

　客観的財の倫理学を構想したシュライアマハーはしかしながら，彼自身の神学的倫理学については（客観的財の倫理学という）哲学的＝普遍的倫理学から体系的に引き出しはしなかった。「シュライアマハーは，自身の神学的倫理学を彼の普遍的倫理学の枠組みではなく，彼の信仰論によって到達された教会的立場との関連で展開した」(GS2, S. 566f.) のである。つまり，シュライアマハーの神学的倫理学で問題となったのは「キリストによる救済によって，そして救済の共同体としての教会において，道徳的な精神はどのようにして完全な力と純粋性に到達するのか，という問題」(GS2, S. 568) であった。シュライアマハーの普遍的倫理学は，世俗的な倫理的諸価値をそれぞれ自立的なものと考え，その諸価値相互の緊張を調停することにその課題があった。しかし神学的倫理学においては「個々の目的は教会における支配と自己表現をもたらす精神の統一へとすっかり没入してしまい，これらのさまざまな，そして少なくともさしあたりは相対的に自立している個々の目的相互の関係という問題は全く真剣に議論されていない。そして特殊にキリスト教的―宗教的に規定された行為と，この世的な諸目的によって規定された行為との緊張はまったく感じられていない」(GS2, S. 567)。こうしてシュライアマハーは，客観的財の倫理学を神学的倫理学として展開することはなかった。「シュライアマハーの普遍的倫理学の根本概念は，キリスト教倫理を救済の奇跡へと基礎づけるという神学的図式によって妨げられている」(GS2, S. 568)[8]のである。以上のようなシュライアマハーの

---

　8) このようなシュライアマハーの不徹底さに不満を覚え，その哲学的倫理学の内容から自らの倫理学を構想したのがリヒャルト・ローテであった。すなわち，「このような考察が，リヒャルト・ローテをして，シュライアマハーの神学的倫理学との結びつきではなく，哲学

倫理学の理解はあまりに図式的すぎるであろう。しかしこの図式によってトレルチとヘルマンの違いが明確になる。

3. ヘルマンの倫理学に対する批判

　根本的な問題意識はトレルチとヘルマンにおいて異なるものではない。トレルチにとって倫理学は「人間生活の究極的な目標と目的についての教説」(GS2, S. 552) であった。それゆえ倫理学は「その枠組みの中に宗教学がはめ込まれるような上位の，そして最も原理的な学問」であり，「今日我々は，自ら概念によって世界の本質を明らかにする形而上学から宗教問題に接近することは無い。むしろ，人間の生と行動の究極的な価値や目的についての普遍的な倫理的問題から，そこに含まれる宗教的─形而上学的思考へと到達し，この思考から再びより正確な倫理的評価を下す」(GS2, S. 553) のである[9]。このような倫理と宗教の関係はキリスト教にもあてはまる。そこで，神学的倫理学の課題は次のようになる。「神学的倫理学は，倫理学の今日の概念的基礎一般を取り上げなくてはならない。そしてこの概念的基礎の中で初めて，キリスト教の固有な内容的本質を明確にしなくてはいけない」(GS2, S. 554)。この問題意識はヘルマンにも共有されている。ヘルマンにとって神学的倫理学の課題は「道徳的なものの普遍的な概念からどのようにしてキリスト教的─道徳的なものへの道が見出されるべきであり，見出されうるのか」(GS2, S. 575) を示すことであった。

　さらに，その方法も両者は共通している。それは，普遍的な道徳性についてのカントの分析と，特殊にキリスト教的な道徳性についてのシュライアマハーの分析を統合することである。しかしその内実が両者を分

的倫理学との結びつきにおいてシュライアマハーの偉大で大胆な計画を実行せしめた」(GS2, S. 569) のである。トレルチの意図はローテの倫理学を継承するものであると言える。

　9)　トレルチは，倫理学を原理的な学問として捉える見方をドイツ・イデアリスムスの伝統の上に立つものと考えているが，直接的にはここにエアランゲン時代に講義を受けたグスタフ・クラース (Gustav Claß 1836-1908) の影響が見られるという。Cf. Will, H.: Ethik als allgemeine Theorie des geistigen Lebens: Troeltschs Erlanger Lehrer Gustav Claß, in: *Troeltsch Studien: Untersuchungen zur Biographie und Werkgeschichte*, Gütersloh 1982. S. 175-202.

ける。ヘルマンはシュライアマハーの神学的倫理学を，トレルチはシュライアマハーの哲学的倫理学を受け継いだのである。トレルチはヘルマンの倫理学をこう評価する。

> 「確かにヘルマンはシュライアマハーの神秘主義的宗教理論の代わりにカントの倫理的宗教論を保持してはいるのだが，イエスにおいて奇跡的に為された普遍的道徳法則の受肉の上に，そしてこの法則を実行するための力の救済的な告知の上に，キリスト教的な道徳性が基礎づけられていることに倫理の特殊にキリスト教的なものを見ることでシュライアマハーに従っている。」（GS2, S. 612）[10]

　ヘルマンはシュライアマハーの神学的倫理学に従う。その結果，ヘルマンの倫理学の内容を成すのはカント的な普遍的道徳法則であり，その実行の力の付与がキリスト教倫理の課題となる。内容として普遍的道徳法則に集中することと，キリスト教倫理の特殊性を倫理的行為の実行力の付与に見るという二点が，トレルチにとってヘルマンの倫理学の特徴であり，批判の対象である。
　トレルチも「倫理学は道徳性の普遍的分析から始まるべきであるということ，そして，この分析においては第一に絶対的で必然的な，それ自身として価値が有るような純粋に形式的な概念が生じるということ」（GS2, S. 616）を認める。しかし，トレルチによれば，倫理的な分析はそれだけに満足することはできない。

> 「倫理学は第一に経験を生み出すアプリオリな思想に基づくが，ただこのアプリオリな思想によってのみ働くことはできない。そうではなく，倫理学はアプリオリな思想から生じてくる道徳的な経験判断を集め，分類し，その正しさをできるだけ適切な段階づけの体系へともたらさねばならない。」（GS2, S. 622）

---

10) ここではすでにヘルマンによってシュライアマハーの救済論が修正されており，この引用箇所に続いて，そうした修正にヘルマンに対するリッチュルの影響が見られることを，トレルチは指摘する。

第2章 「倫理学の根本問題」とトレルチの思想体系

　もし，道徳的諸目標の普遍妥当的性格と必然的性格だけが問題となるなら，「道徳的なものは当然，原理的に非歴史的になり，主要な特徴においてはどこでも同一である」(GS2, S. 623) ことになる。しかしトレルチはあくまで歴史に対して開かれた思考を要求する。トレルチにとって倫理学とは「人間生活の究極的な目標と目的についての教説」(GS2, S. 552) であったが，人間生活の目標と目的は具体的な財の構成として現れざるをえない。倫理学は道徳的行為を可能にするアプリオリを想定するが，それは歴史の中の具体的な財から考察されねばならない[11]。倫理学は「経験において行われる適用を追求し，主要な等級と原理へともたらさねばならない」し，「歴史的な全経験からこの主要類型を獲得しなくてはならない」(GS2, S. 622) のである。

　それでは歴史的な経験からどのような類型が獲得されるのだろうか。トレルチは客観的な財を，歴史世界の中での実現が目指される内世界的な財と，それらの価値を否定し，歴史の彼方での実現を目指す超世界的な財とに区別する。そこで客観的倫理学は「時間の相の下 (sub specie temporis) での倫理学と永遠の相の下 (sub specie aeternitatis) での倫理学」(GS2, S. 625) を持つとされるのである。具体的には，キリスト教世界にあってこの二つは，文化と禁欲の対立として現れてきたとされる。形式的な道徳性のみに注目するとこの対立を正当に評価することができない。

　また，キリスト教倫理の特殊性を道徳的行為の実践の力の付与，つまりヘルマンにとっては救済の付与，と考えるヘルマンの構成も否定される。ヘルマンにおいてはイエスによる救済無しには道徳的行為の実行能力を持つことができないため，救済概念が独断的な弁証論の役割を担ってしまう。この弁証論は「キリスト教の妥当性をキリスト教と非キリスト教の間の絶対的な断絶を示すことによって基礎づけることを試み，そして救済を唯一キリスト教にのみ認められる特徴として主張することと，全ての非キリスト教における救済の否定を主張することによってこ

---

11) ここにトレルチにおけるシュライアマハーの修正を認めることができる。なぜなら，シュライアマハーの客観的財の構成は理性の本質から人工的に取り出されているが (GS2, S. 623)，トレルチはこのような試みを拒絶し，歴史から客観的財を引き出すことを主張するからである (GS2, S. 624)。

の断絶を証明しようとすることを伴っている」(GS2, S. 648) のである。このような排他的な絶対性の主張はキリスト教にとって必然的なものではない。歴史に開かれた態度を取れば，キリスト教倫理のみを真の宗教倫理と考えることはできない。キリスト教倫理は一つの宗教倫理として他の宗教倫理と比較可能なものであって，キリスト教の倫理的価値は宗教的 - 倫理的思想一般の中で考察されねばならない。

4．倫理学と歴史哲学

　宗教的な価値と内世界的な価値が対立するものであるなら，どのようにしてこの対立は調停され，具体的な人間の行為の指針が引き出されうるのだろうか。宗教的財と内世界的財との間の緊張を，伝統的な教会の倫理学がしてきたように人間の罪の結果と考えることはできない。「これは二つの教会〔カトリックと宗教改革の教会〕が持っていた古い教会的倫理のあまりに安易な逃げ道であった。この二元論は実際にはむしろ，人間の形而上学的な構成に深く根ざしている」(GS2, S. 665) とトレルチは言う。トレルチは人間の形而上学的な構成に「二極性（Polarität）」を認め，「この二つの極に宗教的目的設定と内世界的目的設定という二つの主要類型は由来する」のであり，「この二極性に我々の生の豊かさと困難さは基づいている。しかしここからいつも新たに統一化への熱心な努力も生じてくる」(GS2, S. 658) と考える。歴史世界にさまざまな財が存在することは倫理的価値の体系の統一化にとっては困難の源ではあるが，トレルチは財の多様性を生の豊かさとして積極的にも評価するのである。
　ここでトレルチは，元来は歴史現象の観察の結果として導入した類型を，形而上学的な構成に根ざす二つの原理と見なしている。トレルチにおいて，経験的思考から得られた類型は歴史現象の整理のために任意に選ばれるものではなく合理的な根拠を持つことが期待され，合理的概念は経験的思考によって獲得・修正される。トレルチの類型論が持つこのような性質は，『社会教説』などにおける社会学的3類型についても認めることができる。トレルチは歴史の多様性を類型論により整理した上

第2章 「倫理学の根本問題」とトレルチの思想体系

で，その諸類型の総合を目指す。

とは言え，財の多様性に形而上学的根拠があるとすると，それに統一をもたらすことは極めて困難になる。

> 「この二重性は理論的にも実践的にも，地上においては克服されないだろう。この二重性が形而上学的な根拠を持っているように，この二重性は形而上学的な解決だけを見出すことができる。そしてそれゆえこの二重性を前にして最終的な解決としてあるのは死の彼方の生という思想である。」(GS2, S. 666)

死後の生においてなら，内世界的な目的設定との妥協を考慮することなく純粋に超世界的な財の実現を想定することができるだろう。トレルチは，時間の相の下での倫理学に対する永遠の相の下での倫理学の，永遠の相の下での優位を想定する。そこから，時間の相の下でも諸財の統一化の可能性について考えることが可能になると考えるのである[12]。

時間の相の下での倫理学に対する永遠の相の下での倫理学の優位性により，「統一化はいつも宗教的─道徳的理念から生じなくてはならない」(GS2, S. 658) ということが明らかになる。しかし同時に，時間の相の下での両者の緊張関係には形而上学的理由があるので，「この課題はすんなりと解決されはしないし，すんなりと解決されることはできない」(GS2, S. 661) ことも明らかである。トレルチの客観的倫理学の課題である，諸財の統一的な体系化は，歴史の彼方での実現を目指しながらも，いつまでも暫時的な解決しか与えられない。それゆえ，キリスト教倫理の課題はこの緊張関係に最終的な解決を与えることではなく，時代状況に相応しい解決を与えることとなる。

しかし，近代に相応しいエートスとしてどのような内容を考えているのかは，「倫理学の根本問題」においてこれ以上明らかにされることは

---

[12] なお，死後の生は単に倫理学から要請されるものではなく，倫理学の背後にトレルチが持っている形而上学の一部を成すものである。トレルチにとって形而上学的な事柄は論理的な言葉（ロゴス）で語り尽くせるものではなく，その表象のためには神話的な言葉（ミュトス）が必要とされる。「死後の生」という表現もまたミュトスの一つであると考えて良いだろう。トレルチにおける形而上学とロゴス・ミュトスの関連については以下の論考を参照。Troeltsch, E.: *Logos und Mythos in Theologie und Religionsphilosophie*, in: GS2, S. 805-836.

無い。「倫理学の根本問題」はトレルチが重視する客観的倫理学にとっては予備的考察にとどまっている[13]。ここで強調しなくてはならないことは，近代の状況に相応しいエートスの生成が倫理学の課題となるということである。新たなエートスも，それが多様な財の総合を目指すものである以上，宗教的な目的設定から統一が与えられねばならない。倫理学が上位の学問として宗教の価値を決定するとき，キリスト教の価値は宗教的目的設定と内世界的目的設定との統一的なエートスの生成にどれほど貢献できるかにかかっている。この判断はそれぞれの時代にさまざまな形態で統一的なエートスを生成してきた，これまでのキリスト教のあり方との比較によって為されうる。そしてまた，宗教的な道徳性はキリスト教に特殊なものではないと考えるトレルチにとって，この比較は他の宗教にも開かれている。

> 「それゆえ主要な問いは宗教的なものと道徳的なものの，超世界的に動機づけられた生活態度への結びつきのさまざまな方法と段階の評価への問いとなる。そしてキリスト教の倫理的な意義はただこのより大きな連関の中でのみ確認される。」(GS2, S. 671)

ここから，トレルチの倫理学は歴史哲学へと移行する。トレルチ自身が「これによって研究は私の他の著作が進んでいる道筋へと入ることになる」(GS2, S. 672)と言うように，歴史哲学の具体的な遂行も「倫理学の根本問題」の課題では無い。しかし，「このような〔歴史的な〕探求はまさにいつもとりわけこの種の倫理的な検討によって規定されているということ，そして倫理学は宗教哲学と同じくこの種の〔歴史哲学の〕道筋を探求しなくてはならないということ」(GS2, S. 672)にトレルチは注意を促す。トレルチは歴史哲学についてその生涯を通じて取り組んだが，少なくともこの時期のトレルチの歴史哲学の著作は，ヘルマンが著したような形式的道徳性のみに集中し，キリスト教の排他的な絶対性に固執する倫理学に反対する，トレルチ独自の倫理学によって動機

---

13) トレルチ自身も「(この方向の) 研究はもちろん，問題に固有の理解が積極的に展開されることによって本来の結論を見出す。しかしそのためには他ならぬ倫理学の独立した記述が必要である。もちろんここでそれを行なう可能性は無い」と述べる。(GS2, S. 669)

づけられているのである。

5.「倫理学の根本問題」における体系

　私たちの関心は「倫理学の根本問題」に含まれるトレルチ思想の体系について考察することである。この体系は心理学と認識論，歴史哲学，形而上学からなるとされていた。しかし，「倫理学の根本問題」の記述にこの体系が明確に現れているとは言い難い。
　認識論に関係するのは，倫理のアプリオリな根拠についての議論である。そこではヘルマンの主張が議論の前提になっていたが，トレルチとヘルマンの思想には大きな相違がある。ヘルマンの倫理学において，倫理のアプリオリは唯一の真の宗教であるキリスト教によって現実化されるものとされる。ここでは倫理のアプリオリと宗教＝キリスト教のアプリオリは区別されない。一方，トレルチは倫理学の内部に内世界的目的設定と宗教的目的設定の緊張を認め，それが人間の二極構造に由来すると考える。ここでは宗教のアプリオリが倫理のアプリオリと区別されることになる。そしてその際，宗教とキリスト教は明確に区別される。宗教はアプリオリな構造の一部をなすが，キリスト教は歴史上の宗教的財として考察されるべき対象である。このようなトレルチの議論は現実の倫理的財の経験的考察との関連からなされており，そこに心理学との関連を想定できるものの，その関連が明示されているわけではない。
　歴史哲学については，客観的倫理学を重視するトレルチの立場から，歴史哲学と倫理学の密接な関係が指摘された。しかし，歴史哲学の議論が展開されることは無く，その考察の前提となるべき，倫理的財についての歴史的な研究や近代の状況を巡る研究も十分になされているとは言い難い。
　形而上学は，先に挙げた書簡で言われていた通り，控えめな役回りに徹していると言える。主観的倫理学との関連で「形而上学的構成」として現れているが，人間の倫理的な目的設定に限定された議論であり，その形而上学の全体像については述べられない。それゆえ，客観的倫理学の内実をなす歴史哲学と形而上学の関連も不明である。

以上のように,「倫理学の根本問題」の記述は「体系」と呼ぶには断片的であり,あくまで体系への示唆にとどまっていると判断せざるをえない。しかし断片的ながらも,経験的な事実から出発する体系的な思考によって倫理的な価値の評価を目指すトレルチの意図は明らかになっただろう。そして,独断的に判断を下すのではなく,歴史世界に開かれた思考から考察することが,トレルチにとって真に倫理的な態度であった。それゆえ倫理学の根本問題を考察する際に,そこには断片的ながらもトレルチの思想体系が含まれることになったのである。

第 3 章
トレルチの思想展開における「本質」概念の意味

1. はじめに

　前章で断片的に示唆されたトレルチの思想体系についてさらに考察を深めるために、本章ではトレルチの議論における「本質」概念に注目する。とはいえ今日では、宗教を含めなんらかの歴史的あるいは社会的現象の「本質」を語ることに積極的な意味を見出すことは困難であるように思える。「本質」を前提とした議論は典型的に近代的なものであり、そこに含まれる無自覚な普遍性の要求や超歴史的な発想が批判の対象とされてきたからである。しかし、かつての——近代的な——「本質」に関する議論は単に乗り越えられるべきものなのだろうか。そこには現在の——ポストモダン以降の——視点に対する否定的な前提しか存在しないのだろうか。本章ではこのような問題意識を踏まえつつ、「本質」についてのエルンスト・トレルチの議論を検討していきたい。
　ただし、トレルチの本質論が今日の宗教理解や歴史哲学に対して持つ意義を直接的に評価することは本章の課題ではない。本章ではかなり問題設定を絞り込み、トレルチ自身の思想展開において「本質」を重視した議論がどのような意味を持っていたのかを考察する。トレルチはある時期に「本質」を中心概念として思想を組み立てたが、そのような発想は結局のところ不十分なものであったとする、おそらくはポストモダン

の問題意識を反映したトレルチ理解がある[1]。そのような立場に立つと，本質論はトレルチの思想展開における一つの通過点であると見なされる。本章ではこのような見方に対して，本質論がトレルチの思想展開における一つの重要な試みであったことを示す。トレルチ思想の体系性を考察しようとするならば，その重要性は一層大きなものとなるだろう。

2. 本質論とトレルチの思想体系

　トレルチは1912年に，古代から近代にいたるまでのキリスト教の諸教会や諸宗派，あるいは諸思想家が「社会」をどう理解し，キリスト教の教えとどのように折り合いをつけてきたのかを宗教社会学的観点から解明することを目指した大著，『キリスト教会と諸集団の社会教説』（以下『社会教説』）を出版した。前章で扱った論考「倫理学の根本問題」や『キリスト教の絶対性と宗教史』の出版から『社会教説』の出版までの時期のトレルチにとって，「本質」は重要な概念であった。この時期に，宗教の「本質」やキリスト教の「本質」，あるいは近代の「本質」に関する論考が集中的に著されているのである。さらに，そうした「本質」に関する議論においては，なんらかの「本質」が素朴に断定されるわけではなく，「本質」を考察することに対する反省が深められており，「本質」を規定する試みの重層性がトレルチ自身の思想体系の構成と深く結びついていることが明らかにされる。そこでまずは，この時期の本質論とトレルチの思想体系を整理し，その後で本格的に本質論を展開する前の時期（第3節）と後年の展開（第4節）について検討する。

　トレルチが本質論と自らの思想体系ないしは学問体系との関連を最も明確に論じたのは，「宗教及び宗教学の本質」[2]という論考である。そこでは宗教の「本質」の解明に関わる学問として，「宗教心理学」，「宗教認識論」，「宗教の歴史哲学」，「形而上学」の4つのものが挙げられる。

---

　1) Cf. Pearson, L.: *Beyond Essence: Ernst Troeltsch as Historian and Theorist of Christianity*, Harvard Theological Studies 58, 2008.
　2) Troeltsch, E.: Wesen der Religion und der Religionswissenschaft, 1909, in: GS2, S. 452-499.

第3章　トレルチの思想展開における「本質」概念の意味

前章で確認した通り，この4つの学問分野が，著作集第2巻刊行当時（1913年）のトレルチの宗教哲学を体系づけるものであった。しかしながら，この論文では宗教の「本質」を議論することの意味を分析することに主眼が置かれているため，それぞれの学問において論じられる「本質」そのものについては詳しく議論されていない。そこで，「本質」そのものについて考察するには「《キリスト教の本質》とは何の謂いか？」[3]という論考における議論を確認する必要がある。とはいえこの論考でも，何か普遍的に「本質」的なものが存在しているとトレルチは考えてはおらず，「本質」について議論をすることがどのような事態なのかを明らかにするという関心は「宗教及び宗教学の本質」と変わらない。何をもって「本質」であると見なすかという，考察主体の関心に応じて「本質」の意味は変わってくるのである。トレルチによれば，「本質」と呼ばれているものには4つの異なる概念が含まれている。「本質規定は実に複雑かつ多様に条件づけられた試みであるということはもちろん正しい。本質とは直観的な抽象であり宗教的・倫理的な批判であり，動的な発展概念であり，未来を形成し新たに結びつける仕事のために設定されるべき理想である」（GS2, S. 433）。ここで列挙されたように，トレルチにおいて本質概念は「抽象概念」，「批判」，「発展概念」，「理想概念」の4つの意味を持つ。それではこの4つの本質概念と，上記の4つの学問分野はどのように対応するのだろうか。

　それぞれの学問の課題から見るならば，これらの本質概念と学問分野は，基本的には対応していると考えて良い。宗教心理学は宗教の心理的な抽象的本質を扱う。すなわち，宗教的な現象の事実性と，事実上の特徴を探求する。心理学的な分析を土台として認識論の研究が行われる。認識論の課題は「理性の本質の内にある，宗教的な理念形成のアプリオリな法則を示すこと」（GS2, S. 494）である。アプリオリな法則は事実的なものに対する批判機能を有するから，認識論が扱うのは宗教の批判的本質に他ならない。この批判原理によって歴史的な多様性を評価し段階づけることが宗教の歴史哲学の課題である。宗教の歴史哲学は「この多様性を，内的な統一から発し，継続において規範的な目標に向かっ

---

[3]　Troeltsch, E.: Was heißt »Wesen des Christentums«?, 1903, in: GS2, S.386-451.

て努力するものとして把握する」（GS2, S. 495）という課題を担うので，宗教の歴史哲学は宗教の発展概念としての本質を考察するものである。しかし宗教は単に人間の側での信仰の産物であるだけではない。宗教は神がどのようなものであるかを理解することでもあって，「神概念を哲学的に批判し，原理的な認識の全体へと取り入れること」（GS2, S. 496）が宗教学の最終的な課題となる。すなわち，神理念を哲学的に取り扱う，宗教の形而上学である。理想としての本質概念は発展を導く形而上学的な性格を持つから，宗教の形而上学は理想概念としての宗教の本質を扱うものである。

　しかし一方で，本質概念の内容から考えると，対応関係はそれほど単純ではない。抽象概念としての本質は，心理学で追究される個人のレベルだけではなく，社会的＝歴史的現象についても社会学的考察や歴史学的考察において探究される。そこでは歴史現象を対象にした批判も働くが，その際には批判を遂行する認識の側だけではなく，そこで認識された歴史現象に含まれる「本質」も批判を可能にする基準として，批判概念としての本質の機能を担うことになる。歴史哲学は確かに発展概念としての本質を考察するが，それは「宗教的生の歴史的＝心理学的な現実性と多様性」から出発する「事実から遡及する形而上学」でなければならない（GS2, S. 495）のである。したがって，歴史哲学が発展概念を考察する際には，歴史的な現象についての抽象概念としての本質と，それに基づく批判概念としての本質を明らかにする，経験的な歴史研究が歴史哲学的課題の前提として為されなければならない。『社会教説』に代表されるトレルチの宗教社会学的な研究はここに位置づけられることになるだろう。

　他方，認識論によって解明が目指される批判概念としての本質は，発展概念としての本質の前提として設定されるばかりではなく，それ自体として形而上学へと結びつくものとされる。本章ではトレルチが想定する形而上学について詳述することはできないが，その位置づけをごく大雑把に確認するならば，形而上学の課題とは，トレルチが決断的に思想的立場として選びとった「批判的イデアリスムス」（GS2, S. 454）が把握することを目指す，「精神的な生」（GS2, S. 456）を記述することであ

る。この「精神的な生」は「世界理性」[4]、「絶対精神」[5]など言葉をさまざまに変えて説明が試みられる。例えば、ある箇所では形而上学の対象を「宇宙の行為」と呼び、「この宇宙の行為はあらゆるアプリオリの本来の根拠であり、歴史哲学的に把握されるべき全ての運動の本来の根拠である」（GS2, S. 764）とトレルチは述べる。人間精神のアプリオリの解明を目指す心理学と認識論、歴史の動態の解明を目指す経験的な歴史研究と歴史哲学それぞれの背後には形而上学があるということである。本質概念に則して言うと、1）個人の心理における抽象概念としての本質から、認識の普遍妥当性を考察する批判概念としての本質を通じて、形而上学的な理想概念としての本質を考察する道筋と、2）歴史現象についての抽象概念およびそれに基づく批判概念としての本質を捉え、そうした本質を歴史の過程において発展する概念として理解することから理想概念としての本質を考察する道筋があることになる。

　以上のように整理すると、本質概念のうち抽象概念としての本質と批判概念としての本質は宗教哲学の体系構想全体において、人間精神の考察を担う心理学・認識論において追究されるものと、歴史研究・歴史哲学において発展概念の前提として考察されるものとに分けられ、後者はさらに歴史を認識する主体の側と認識される歴史現象の側に二重化されることになる。この構造は、これまで私たちが参照してきた2つの論文が対象としているものの性質の差に由来するものと考えられる。すなわち、「宗教」と「キリスト教」の違いである。「宗教」はトレルチにとって人間精神のアプリオリな構造に根ざすものであるので、その「本質」は心理学／認識論という個人のレベルでの人間学的考察と、歴史研究／歴史哲学という歴史現象に関わる考察から明らかにされる。しかし「キリスト教」のアプリオリは存在せず、あくまで具体的な歴史現象として考察される。「キリスト教」の「本質」は客観的な歴史研究と歴史哲学的な考察の範囲内で検討されるべき事柄なのである。「宗教及び宗教学の本質」と「《キリスト教の本質》とは何の謂いか？」の記述はパラレルなものであるが、厳密に見ると、宗教及び宗教学の本質のうちの歴史

---

4) Troeltsch, E.: *Psychologie und Erkenntnistheorie in der Religionswissenschaft*, J.C.B. Mohr, 1905, S.43f.

5) Troeltsch, E.: Zur Frage des religiösen Apriori, 1909, in: GS2, S. 764.

的な思惟の領域に，キリスト教の本質についての考察の4段階が含まれるという，入れ子構造を成している。

「トレルチは四つの異なった記述レベルの関係を規定することに関してだけでなく，自分の念頭に浮かんでいる全体構想の個々の部分の特別の業績を規定することに関しても，たびたび自分の立場をずらす」[6]ため，トレルチの構想を再構成することは困難を極める。これはトレルチの本質論及び宗教哲学の構想そのものが静的なものではなく，近代の問題状況やその都度の論争に対する応答という性格を持つことに由来する。本節ではそれらの問題状況を捨象して議論を進めているため，時代的コンテクストとの関連という面では甚だ不十分ではあるが，4つの本質概念と学問の体系構想に関しては一定の整理を得ることができただろう。

3. 素地と原理──本質論の原型として

続いて，本質論を本格的に論じる前の時期における，宗教及びキリスト教に関するトレルチの研究の構想を確認するために，トレルチの学究生活初期の大きな論文である「宗教の自立性」（1895-96年）の記述を確認する。この中でトレルチは，宗教哲学を宗教心理学と宗教史の二つの課題によって担われるものと述べる[7]。この発想は後の4分類へと繋がる萌芽であると言えるが，宗教心理学と宗教の認識論の，そして宗教史と宗教哲学の明確な分離が為されておらず，それぞれの課題が対象とするものについては「本質」という言葉も重要性を持っていなかった。宗教心理学的研究の対象は人間精神の「素地 Anlage」，宗教史的考察の対象は「原理 Prinzip」と呼ばれている。宗教史が明らかにすべきものは宗教の「原理」であり，その宗教史一般に認められる原理に照らして個

---

6) Graf, F.W.: Religion und Individualität. Bemerkung zu einem Grundproblem der Religionstheorie Ernst Troeltschs, S.222.（「宗教と個性──エルンスト・トレルチの宗教理論の根本問題について」207頁。）

7) Troeltsch, E.: Selbständigkeit der Religion, in: *Zeitschrift für Theologie und Kirche* 5, 1895, S. 370.

別の宗教の原理が比較検討される。そして，それぞれの宗教が持つ「原理」のうちでキリスト教の「原理」がもっとも普遍妥当的であると論じられるのである[8]。宗教の「本質」については以下のように述べられ，積極的な議論は為されていない。

　「そういうわけで，我々は何らかの仕方で構築された宗教の「本質」を必要とはしていないのである。例えば，シュライアマハーがそれと結び付けた心理学的形而上学の意味における絶対依存の感情とか，有限なものが無限なものへと一元論的及び汎論理的に高められること，あるいは倫理的な自己主張とか何かそういった類のものである。我々は何らかの定義によっては満たされることのない，生の無限な多様性を尊重する。」[9]

　後にトレルチが詳細な本質論を展開する際にはむしろ，「本質」を構築する思考を分析することによって，「本質」概念の多層的な意味が明らかにされていた。認識主体である人間精神の構造の内に見出される「本質」と認識対象である歴史的事象が担う「本質」は解釈学的な反省構造を持つが，その連関は形而上学によってはじめて示されるものであって，安易な一致を認めるものではなかった。しかし「宗教の自立性」においては，「私が発展の道程としての宗教史において示したことは，宗教的な素地の帰結の発展に他ならない」[10]と言い，人間精神の素地と歴史における発展の連続性がより直接的に想定されている。この相違は，トレルチ自身が後に「宗教の自立性」との関連で議論を展開しているテクストを参照するとより明確になる。

　「宗教の自立性」という自分の論考について，トレルチは後にたびたび言及している。その中でも「宗教の自立性」に対するトレルチ自身の

---

　8)　Troeltsch, E.: Selbsrändigkeit der Religion, in: *Zeitschrift für Theologie und Kirche* 6, 1896, S. 200.
　なお，トレルチがすでに1893年に「キリスト教的原理」という語を用いており，それは後に「本質」概念に置き換えられることになることを近藤勝彦が指摘している。　近藤勝彦『トレルチ研究　上』教文館，1996年，54頁。
　9)　*Zeitschrift für Theologie und Kirche* 5, 1895, S. 419.
　10)　*Zeitschrift für Theologie und Kirche* 6, 1896, S. 216.

評価を知るのに有効なものとしては、ルドルフ・オットーの『聖なるもの』への書評として1919年に書かれた論考「宗教哲学について」における記述がある。そこでトレルチは、『聖なるもの』の内容は自らが「宗教の自立性」において述べたことと類似した試みであると言う。すなわち、宗教心理学及び認識論と宗教の歴史哲学から宗教を考察しようとする構想が共通であると言うのである[11]。しかしトレルチは、オットーの記述において宗教を人間の素地に根拠づける試みがなされていることを評価しながらも、形而上学的な議論が十分になされていないため、それによって宗教の普遍妥当性が十分に保証されていないこと、さらには歴史的な宗教の発展を正当に評価できていないことを批判する。『聖なるもの』が「宗教の自立性」と類似した試みであるのならば、この批判は自らがかつて「宗教の自立性」において述べた内容にも向けられるだろう。トレルチはオットーの歴史理解の問題点を次のように指摘する。

「オットーにとって根本的には、発展における本当に内的な運動や変化は存在しない。存在するのはただ、理性一般と同様に宗教的な素地に始めから、そして根本的に内包されているものの表出だけである。」[12]

この指摘は、「宗教の自立性」での自らの記述内容に向けられた反省でもあるのだ。歴史を人間精神の素地の展開と見るか、新しいことの生起を許す開かれた発展と見るのか。それはトレルチとオットーの歴史理解の差であると同時に、かつてのトレルチ自身の歴史理解との差でもある。「宗教の自立性」の時点では宗教史的な探究の対象として、「原理」という、一見したところ「本質」よりも動的な用語が用いられながらも、人間精神の素地との連続性が安易に想定されることで、歴史に含まれる産出力を捉えるに至らなかった。トレルチは後に本質概念を4つのレベルで記述したことは、人間精神の素地＝アプリオリが担う「批判」と歴史の「発展」を異なる次元にあるものとして整理し、両者の連関を形而上学によって与えようと試みたものであると理解できる。

11) Troeltsch, E.: Zur Religionsphilosophie, in, *Kant-Studien* 23, 1919, S. 66.
12) Ibid., S. 73.

4．本質から総合へ？

『聖なるもの』への書評を書いた頃のトレルチはすでに『歴史主義とその諸問題』へと結実する歴史哲学の思索に携わっており，「本質」を分析概念として用いてはいなかった。ロリ・ピアソン（Lori Pearson）はこの変化を「本質から総合へ（From Essence to Synthesis）」として取り出し，トレルチの思想展開を解明しようと試みた[13]。本節ではピアソンの解釈に対して応答することで，トレルチの本質論が晩年の歴史哲学においてどのように展開したのかを検討したい。

ピアソンはトレルチを「キリスト教についての歴史家であり理論家」[14]と特徴づける。この関心にとっては『社会教説』がトレルチの最も重要な著作となる。そして『社会教説』に取り組んだことによってトレルチが，キリスト教を理論化するための基本的な枠組みを変化させたと指摘するのである。『社会教説』以前の立場を代表するのが「《キリスト教の本質》とは何の謂いか？」であり，『社会教説』後の立場を代表するのが晩年の大著『歴史主義とその諸問題』である。そしてそれぞれの鍵概念が「本質」と「総合」であると言う[15]。

まず指摘しておくべきことは，ピアソンは私たちが確認したようなト

---

13) Pearson: *Beyond Essence*. 特に第1章が「《キリスト教の本質》とは何の謂いか？」の分析に，第5章が「本質から総合へ」の分析にあてられている。

14) Ibid., p. 5.

15) 「《キリスト教の本質》とは何の謂いか？」を『社会教説』以前の立場と設定することは実際には簡単なことではない。これはピアソンにも当然ながら意識されていることだが，この論文は1903年の『キリスト教世界』への初出の後10年を経て大幅な加筆を為された上で著作集第2巻（1913年）に収められ，加筆の際にはすでに出版されていた『社会教説』の成果が意識されているからである。ピアソンはトレルチに本質論については初出の1903年版のみを扱うことを断り (Pearson: *Beyond Essence*, p. 19)，修正された1913年版には「本質」概念に対する懐疑が明白になっていると解釈する (Ibid, p. 182)。しかし内容上の変遷があるとは言え，トレルチが『社会教説』をきっかけに「本質」を中心として議論を構築する立場から離れたとまでは言えないだろう。むしろ，『社会教説』の方法論の予備的考察として初出の「本質」論文を読み，その方法論の反省的な再検討として著作集収載時の加筆修正を理解するのが穏当であろう。本章ではこの間のトレルチ思想の変化よりも，著作集第2巻所収の他の論文との同時性を重視したため著作集に収められた版を使用した。

レルチの本質論の全体を扱っているのではないということである。すなわち、彼女が扱うのは「キリスト教の本質」に関するトレルチの著作だけであり、これはトレルチの宗教哲学の体系構想に即して言えば、歴史研究・歴史哲学の領域での議論である。問題のこのような限定は、ピアソンの関心の下では正当なものである。なぜなら、「キリスト教についての歴史家であり理論家」としてのトレルチの著作は彼の宗教哲学の体系構想においては歴史研究・歴史哲学の領域での課題であり、実際ピアソンがトレルチの思想展開を追うために扱う『社会教説』と『歴史主義とその諸問題』はともに歴史研究および歴史哲学を扱った著作だからである。しかし、「キリスト教についての歴史家であり理論家」という特徴づけはトレルチの思索の一部を対象とするものにすぎず、思想の全体を捉えるには狭すぎる定義であろう。トレルチは『歴史主義とその諸問題』を完成させることが出来たならば、その後には再び宗教哲学を論じるつもりであった[16]。晩年のトレルチの関心も、キリスト教の歴史と理論に限定されるものではない。ただし、そこでもかつてのように、歴史研究・歴史哲学と宗教の心理学・認識論の2つの領域、そしてそれらを統合する形而上学という構成が保たれることになったのかどうかは、残された資料から推測する他ない。

　ピアソンが問題設定を歴史研究・歴史哲学の領域に限定しているとはいえ、私たちも確認したようにその中には4段階の本質概念が含まれている。歴史的事象を把握し、評価し、さらなる形成を目指す歴史的思索の試みを、それぞれの本質概念が結びつけており、本質概念は歴史研究と歴史哲学にとって中心的な役割を持つものとされていたのである。しかし、ピアソンによれば『歴史主義とその諸問題』において、本質概念はもはやそのような重要な意義を持ってはいない。彼女は次のように指摘する。

　　「『歴史主義』の著作においてトレルチは本質概念の役割を限定している。いわば、その働きを小さなものにし、元来は本質と結びついていた論点や複雑な事柄を新たな概念やカテゴリーによって扱うの

---

16) GS3, S. VII.

である。トレルチはいまや本質的なものを「狭い選択」,「代表」,「意味の統一」という論理的なカテゴリーに関係づける。しかし未来へと向かうヴィジョンを構築する課題は文化総合の課題となる。言い換えれば，未来へと向かう倫理的な構築の領域では文化総合の概念が本質の概念に取って代わったのである。」[17]

本節で検討したいのはピアソンの，文化総合が本質概念に取って代わったという主張である。このテーゼは明解で，一定の説得力がある。『歴史主義とその諸問題』では確かに「本質」は重要な述語として扱われてはおらず，かつては「理想」としての本質が担っていた，歴史の形成という役割を「文化総合」が果たしているからである。しかしそれでは本質概念のうち「理想」としての意味以外のものはどうなったのだろうか。ピアソンは不思議な事にこの点について何も論じない。

何故それが不思議かと言えば，かつての本質論のうちの一つとして取り上げられていた「発展概念」が『歴史主義とその諸問題』においても中心的なテーマとして論じられているからである。そして発展概念の分析を『歴史主義とその諸問題』において担うのは「普遍史」の領域である。「発展概念」と「普遍史」，そして「文化総合」の関係についてトレルチは以下のように述べる。

「普遍史の問題は確かに文化総合の問題と密接な相互関係によって結びついている。しかし，普遍史の問題はそれ自身として発展概念そのものから必然的に生じるのであり，それゆえ完全に独立してこの概念の分析から出発しなくてはならない。」(GS3, S. 656)

理想概念としての「本質」が文化総合において扱われる一方で，発展概念は文化総合とは明確に区別される普遍史の問題において扱われる。そして，普遍史の問題は認識論とも深い関連を持つことにも注目すべきである。「本質」概念による分析でもすでに，歴史認識の主体と対象との間の反省構造に目が向けられていたが，『歴史主義とその諸問題』で

---

17) Pearson: *Beyond Essence*, p. 186.『歴史主義とその諸問題』における「本質的なもの（das Wesentliche）」と歴史哲学の論理的カテゴリーの関係については Ibid., p. 187 を参照。

はその関心がさらに先鋭化し，歴史における発展の認識がどのようにして可能になるのかが問われるのである。この文脈でトレルチは「有限な諸精神と無限な精神との本質的かつ個的な同一性」（GS3, S. 677）という形而上学的議論を展開する。形而上学によって人間精神と歴史の経過を結びつける発想は私たちにはすでに馴染みのものである。認識論は「批判」としての本質を追究するものであったが，『歴史主義とその諸問題』では普遍史の問題とより密接な関わりを持つ事になったのである。さらに「抽象」としての本質と「批判」としての本質の関係については，『歴史主義とその諸問題』で多くの紙幅が割かれている，歴史における個的なものと普遍的なものとの関係を追究する歴史の論理学の問題として論じられているものと解釈できる。したがって，「理想概念」としての意味以外にも，かつて本質論において取り出されていた，歴史研究・歴史哲学を成立させる要素が『歴史主義とその諸問題』においても認められる。「《キリスト教の本質》とは何の謂いか？」から『歴史主義とその諸問題』への変化を辿るならば，「理想」としての本質から文化総合への変化だけではなく，本質論の他の意味と『歴史主義とその諸問題』における文化総合以外の鍵概念との比較が必要になる。そして，それらの鍵概念相互の関係を検討する際には，本質論において整理されていた諸本質間の相互関係が手がかりとなるだろう。

5. トレルチ思想における本質論の意義

　以上，トレルチが本質論に取り組んだ時期における宗教哲学の体系，それ以前の時期における宗教哲学の構想，晩年の歴史哲学における展開を概観してきた。それぞれの時期についても検討すべき課題は多いが，本論での結論として以下の事が言える。
　トレルチは「宗教の自立性」においてすでにみずからの宗教哲学の構想を提示していたが，本質論によってそれをさらに精緻なものにした。特に，発展概念としての「本質」の意味が深く理解されたことで，心理学・認識論に回収されない歴史哲学独自の意義が確認された。「本質」概念により，人間精神の静的で不変的な構造から宗教を理解する立場か

ら，歴史の動態の中で宗教を理解し，その形成に参与する態度が確立されたのである。このような歴史的な「本質」，そして歴史に対する応答としての「本質」理解は今日の「本質」主義批判が見落としている動的な性格を持った「本質」論の可能性を示しているように思われる。

　『歴史主義とその諸問題』においても4段階の本質論を用いて展開された議論が確認できるが，『歴史主義とその諸問題』ではかつての「本質」のように全体を貫く明白な理論的骨格を認める事が困難なため，そこでの論点相互の関係を考える際には以前の本質論の議論を参照する事がやはり有意義である。また，『歴史主義とその諸問題』はそれ自身が未完である上に，たとえ完成していたとしても彼の宗教哲学の体系構想の上では一部門を占めるに過ぎないということも考慮されねばならない。1984年に，「最近のトレルチに関する議論においては，宗教哲学的綱領のもくろみが中心的位置を占めていることが，最終的にそれに相応しい注目を受けるようになっている。その場合，特に4つの異なった理論レベルという分類がまずもってより厳密に再構成されなければならない」[18]とグラーフは指摘したが，その綱領における体系性への配慮と各理論レベルの再構成という課題の重要性は今日でも変わらない。「本質」概念はその課題の中心に位置するのである。

　次章では，宗教の心理学と認識論において追究される個人のレベルでの「本質」と，社会学的・歴史学的考察から明らかにされる社会的＝歴史的なレベルの「本質」を結びつける位置に置かれる概念である，「宗教的アプリオリ」に注目することで，この2つのレベルの関連についてトレルチがどのように考えていたのかを掘り下げてみたい。

18）　Graf: Religion und Individualität, S. 221.（「宗教と個性」，225頁。）

第 4 章
共同体論の基礎としての宗教的アプリオリ

---

1. はじめに

　1910年頃のドイツでは「宗教的アプリオリ」という概念が神学・宗教哲学の一大テーマとなっていた。「宗教的アプリオリ」をめぐる議論は，経験的な宗教研究や厳密な歴史研究の成果を受けて疑わしいものとなりつつある，キリスト教信仰のドグマティックな基礎づけに代わり，キリスト教信仰や宗教経験の根拠を人間理性の構造に求めようとした試みであったと言える。とはいえこの試みは必ずしも，もっぱら個人の内面に宗教の本質を求め，宗教現象において教会などの制度が持つ意義を否定したわけではなかった。宗教における共同体の積極的な意味を認識しつつ，宗教的アプリオリを論じる立場がありえたのである。そして，トレルチは宗教的アプリオリをめぐる論争において，そのような立場を代表する論者であった。
　そこで本章では，トレルチの宗教的アプリオリ論と彼のキリスト教共同体論の関連を考察する。具体的には，彼の宗教的アプリオリ論と，『社会教説』における，いわゆる「社会学的3類型」の関連がその手引きとなる。『社会教説』においては，キリスト教の社会教説の客観的な分析により社会学的3類型が整理されるのみならず，結論部においては3つの類型の「相互浸透」として，近代社会に相応しいとトレルチが考えるキリスト教のあり方が提示されている。つまり，『社会教説』の結論部は，積極的な意味でトレルチのキリスト教共同体論の一部を成して

いるのである。トレルチのキリスト教共同体論に対してはその「神学的基礎づけの欠如」[1]が指摘されるが，本章では「社会学的3類型」との関連から，宗教的アプリオリをトレルチのキリスト教共同体論の基礎にあるものと理解できることを示したい。

2. トレルチにおける「宗教的アプリオリ」の意味

　宗教的アプリオリという概念は「1904年にカントの用語法との類比においてトレルチによって作り出された」とされており[2]，その後の広範な議論の問題設定はまずトレルチによってなされたといえる。そこでまず，トレルチが宗教的アプリオリという概念によって表現した内容を概観しよう。
　宗教的アプリオリという言葉がトレルチによって初めて用いられた1904年のカント論[3]において，それは何らかの定義を伴った術語として語られたわけではなかった。宗教的アプリオリの内容についてまとまった説明がなされるのは翌年の論考『宗教学における心理学と認識論』においてである。この著作においてトレルチはW・ジェームズに代表される宗教心理学が宗教経験の独自性と事実性を主張していることを高く評価する。しかし宗教心理学はあくまで経験的な事実の関連づけや類型化ができるのみであり，その経験の妥当性や真理内容を問うことはできない。そのためには，宗教経験の合理性を認識論的な問題として考察する必要があると言う[4]。そして宗教の認識論が考察の対象とするのが宗教的アプリオリ（das religiöse Apriori）である。
　宗教性を持つことは理性のアプリオリの一部であって，そうであるな

---

　1)　近藤勝彦『トレルチ研究　上』279頁。
　2)　Korsch, D.: (artik.) Apriori, religiöses, in: *Geschichte und Gegenwart(4. Auflage)*, Mohr Siebeck.
　3)　Troeltsch, E.: *Das Historische in Kants Religionsphilosophie. Zugleich ein Beitrag zu den Untersuchungen über Kants Philosophie der Geschichte*, Reuchter & Reichard, 1904.
　4)　Troeltsch, E.: *Psychologie und Erkenntnistheorie in der Religionswissenschaft. Eine Untersuchung über die Bedeutung der Kantischen Religionslehre für die heutige Religionswissenschaft*, J. C. B. Mohr (Paul Siebeck), 1905, S.17f.

第4章 共同体論の基礎としての宗教的アプリオリ

ら理性は自覚の有無にかかわらずいつでもどこでも宗教的であることになる[5]。さしあたり宗教的アプリオリは，理性のうちには他のものには還元できない宗教的な要素があることを根拠づけるための，すなわち宗教の自立性を主張するための概念である。当然，事実としての宗教経験と合理的な概念としての宗教的アプリオリは同じものではない。しかしあらゆる宗教経験には宗教的アプリオリが実現しているのだから，さまざまな形態をとって現れている具体的・個別的な宗教運動やそこで生じる各個人の宗教経験の根本には共通の宗教心理的状態が存するものとトレルチは想定する。「この（宗教的アプリオリの）現実化は完全に特殊な，そしてあらゆる相違にもかかわらず本質的には同質な心理学的経験と心理学的状態において成立する」[6]と言うのである。そしてこの経験・状態こそが宗教心理学的な意味での「神秘主義」である。あらゆる宗教の基盤には神秘主義があるし，神秘主義は宗教的アプリオリが現実化し具体的な宗教になる契機となる[7]。

しかし宗教的アプリオリは他のアプリオリと無関係に現実化するわけではなく，宗教史とは神秘主義の歴史ではない。宗教的アプリオリは「意識の経綸（Ökonomie des Bewußtseins）における有機的な配置」の中で中心に位置するものと考えられねばならない[8]。トレルチはこう言う。

> 「宗教的な理念の妥当性は，宗教的な理念が意識の調和に順応する度合いに応じて，そしてひょっとしたらこの調和における統率を引き受ける度合いに応じて高くもなれば低くもなるだろう。そしてここから，妥当性の基準が内的に動的なものであることが明らかになる。」[9]

トレルチにおいては宗教的アプリオリに対して，宗教の自立性を保障

---

5) Ibid., S.46.
6) Ibid., S.46.
7) Ibid., S. 47f.
8) Ibid., S. 43f.
9) Troeltsch, E: Wesen der Religion und der Religionswissenschaft, in: GS2, S.495.

することのみならず，意識の調和における統一の機能も付与されているのである。宗教の評価のためには双方の機能が十全に働いていることが考察される必要があり，歴史上の宗教を評価するためには特に後者の役割が基準となる。その基準は歴史の内部で動きうるものであって，宗教的アプリオリの純粋な現実化であるような絶対的な宗教を歴史のうちに認めることはできず，宗教的アプリオリは常に何らかの具体的な宗教において現実化しているものと想定される。そして注目すべきなのは，この議論においては個人の意識の統一が問題になっているのみならず，歴史的・社会的次元での諸価値の統一もまた問題となるということである。すなわち，具体的な宗教運動において個々人の内的な宗教性が現れているか，そしてその運動の宗教的な理念が宗教以外の領域に対する影響力をどれほど持ち，社会的な統一をどれほど成し遂げているかが問われることになる。

3.「宗教的アプリオリ」をめぐる論争状況

　以上のような議論を通してトレルチにより神学へと投げ込まれた宗教的アプリオリは大きな反響を呼んだ。そこから生じてきた論争においては，トレルチとは異なる宗教的アプリオリの理解が提示されたり，そもそも宗教的アプリオリなるものを認めない立場からの反論がなされることとなった。以下ではこの論争状況におけるトレルチの位置を確認したい。
　宗教的アプリオリという概念の流行を伝える証言は数多く残されているが，例えば1912年にE・W・マイアーは次のように述べている。

> 「宗教的アプリオリ！　この言葉にまとめられるプログラムが近代神学に携わる若者たちにどれほど評判になっているかは驚くべきものだ。（中略）彼らはそうして長い列をなして，いわば棍棒と松明を手に，「宗教的アプリオリ」を探しに出かけていく。最近だけでもこの宗教的アプリオリについて，いかに多くのことが神学のさまざまな傾向の代表者たちによって言われたり書かれたりしたことだ

第4章 共同体論の基礎としての宗教的アプリオリ

ろう。私は，ヘーリンクやトラウプ，カフタン，ヘルマン，ヴォッバーミンと同様に，出エジプトを疑念なく見つめることのできない人たちに属していると自らを理解している。私はそういったことを目の当たりにするとすぐに，息子が信頼あり実りある日々の活動を捨て，賢者の石を探しに出かけるのを見る父親の気持ちになってしまう。」[10]

以下ではここで言われている若者たち内部での議論と，それを不安げに見守る父親たち——この構図は世代的な差を表現しているわけではない——の見解を検討していく。

マイアーは宗教的アプリオリを探しに出かける若者たちの背後に「トレルチのような重要かつ影響力ある神学者」の姿を認めたが，トレルチによる宗教的アプリオリの理解が全員に共有されていたわけではない。宗教的アプリオリを探究する立場には大きく分けて，トレルチのようにカント主義の改善という立場と，カントを心理学的に再解釈したフリースの議論を宗教に応用しようとする新フリース主義の立場があった。後者を代表するのがルドルフ・オットーとヴィルヘルム・ブセットである。彼らは宗教的アプリオリによって宗教の，歴史の流転に巻き込まれることのない根拠を追究した。そのような発想に立つブセットにとって，歴史のうちに宗教の自立性の根拠を求めるトレルチの見解は「楽観論」[11]であった。そのような見解では宗教が歴史相対主義 Historizismus に巻き込まれてしまうというのである。宗教の本質への問いは歴史性とは関係がない，とブセットは断言する[12]。

これに対してトレルチの下でもオットーの下でも学んだカール・ボルンハウゼンは宗教について，「この基礎づけはどこに存するべきなのか。歴史にだろうか。心理学にだろうか。これがまさに問題なのである」[13]

---

10) Mayer, E. W.: Über den gegenwärtigen Stand der Religionsphilosophie und deren Bedeutung für die Theologie, in: *Zeitschrift für Theologie und Kirche* 22, 1912, S. 59f.

11) Bousset, W.: Kantisch- Friessche Religionsphilosophie und ihre Anwendung auf die Theologie, in: *Theologische Rundschau* 12, 1909, S. 429.

12) Ibid., S. 435.

13) Bornhausen, K.: Das religiöse Apriori bei Ernst Troeltsch und Rudolf Otto, in: *Zeitschrift für Philosophie und philosophische Kritik* 139, 1910, S. 194.

という問いを立て，前者，すなわちトレルチの見解を支持した。ボルンハウゼンの理解に従えば，オットーやブセットのように宗教的アプリオリを心理学的に追究する試みにおいては「歴史上の宗教やその倫理的理念との結びつきが欠落していることがはっきりと明らかになってしまう」[14]。宗教的アプリオリの理解に関してトレルチに依拠するボルンハウゼンにとって，宗教哲学の課題は宗教の歴史的な形成力を倫理との関連から問うことにあり，フリース主義の宗教的アプリオリ理解はその目的に適うものではなかったのである。

　以上のように宗教的アプリオリの内容を問う議論が盛り上がる一方で，それを神学的な議論の対象とすること自体に批判の声が上がった。先の引用でマイアーが言うところの若者たちに対する父たちの非難である。この論争は基本的に，宗教史学派とリッチュル学派の間の論争の一部であると捉えることができる。第2章で私たちは，キリスト教の排他的な絶対性を主張するヘルマンをトレルチが批判している様子を確認したが，「宗教的アプリオリ」をめぐる論争でも同様の議論が繰り返された。例えば，リッチュル学派の一員であるトラウプは，トレルチの影響下にリッチュル学派を非難したズュースキント[15]に反論する。ズュースキントはイエスにおける神の啓示にキリスト教の，ひいては宗教の真理性の根拠を据えることはキリスト教を他の宗教から隔離することであると非難していた。それに対しトラウプは，「キリスト教という宗教の真理によって，宗教の真理が我々に明らかになる」のであって，キリスト教を隔離しているのではなく，キリスト教のうちに立場を設定することで宗教全体へと「むしろ視野が広がる」と主張する[16]。リッチュル学派にとって宗教の根拠を人間理性に普遍的なアプリオリに置くのか，啓示という端的な事実性に置くのかは二者択一であって，前者の発想は宗教の不当な合理化であった。やはり先にマイアーが宗教的アプリオリに懐疑的な人物として名前を挙げていたヴォッバーミンは宗教心理学的な

---

14) Bornhausen, K.: Wider der Neofriesianismus in der Theologie, in: *Zeirschrift für Theologie und Kirche* 20, 1910, S. 387.

15) Süskind: Zur Theologie Troeltsch'.

16) Traub, F.: Zur Frage des religiösen Apriori, in: *Zeitschrift für Theologie und Kirche* 24, 1914, S. 190.

第4章　共同体論の基礎としての宗教的アプリオリ

発想を重視した神学者として一般に知られているが，彼もまた，自分が探究する宗教心理的事実とは啓示の経験であって，それを宗教的アプリオリによって認識論的に基礎づけるプログラムを宗教の不当な合理化と見なすのである[17]。

　宗教の合理化に対する警戒心は共有されていても，トラウプとヴォッバーミンでは批判の中心にある啓示の理解が異なっている。トラウプがイエスにおける一回的な啓示を重視するのに対し，ヴォッバーミンは現在的な啓示を心理学的に把握しようとする。一方，宗教的アプリオリを主張する側の内部にも異なる理解が存在する。オットー，ブセットは他の文化領域から宗教を隔離し，その根拠に宗教的アプリオリを置いたが，トレルチに従う理解では宗教的アプリオリは実体ある歴史上の宗教の文化的形成力において見出されるべきものであった。

4．宗教的アプリオリの形而上学的根拠

　トレルチは宗教的アプリオリに個人の内面において各個人の宗教性を基礎づける役割のみならず，具体的な形をもつ宗教運動の倫理的・文化的な意義を基礎づける役割も与えているので，宗教的アプリオリについての議論は心理学・認識論の範囲だけではなく，宗教の歴史学的・社会学的研究の前提にもなる。トレルチは経験的な宗教心理学や歴史研究の成果を無視することなく，常に事実の多様性に目を配り続けたのである。しかし他方で，多様な事実を探究する営為は人間理性の構造に根ざしており，体系性を志向することも強調する[18]。このように，人間理性が多様な事実の探究へと促され，場合によってはその探究の結果として知の体系が組み替えられるという事態がいかに生じるのかについて，トレルチは形而上学的な議論として展開した。そして，宗教的アプリオリが人間理性の構造において中心的な場を占めているものと論じられる以

---

　17) Wobbermin, G.: Psychologie und Erkenntniskritik der religiösen Erfahrung, in: Frischeisen-Köhler, M. u. Dilthey, W. (hrsg.), *Weltanschauung*, Reichl & Co., 1911, S. 353.
　18) シュライアマハー，トレルチ，ティリッヒに連続する体系構想の問題については，芦名定道『ティリッヒと弁証神学の挑戦』の特に 86-105 頁を参照。

上，それはトレルチの形而上学においても非常に重要な意味を持つものと考えられる。そこでトレルチにおける宗教的アプリオリの意味をさらに考察するためには，形而上学的な議論を確認する必要がある。

トレルチの形而上学を最もまとまった形で確認できるのは，『信仰論』についての講義録である[19]。その詳細については次章で考察するが，本章では『信仰論』における神論から，トレルチにおける神と人間理性，そして歴史の意味を概観したい。トレルチが神概念として第一に挙げるのは神が「全能の，創造的な意志」であるということである。そして「それゆえ神は常に創造的で生き生きとした方である。神の本来的な告知は存在ではなく生成のうちに，自然ではなく歴史の内に存する」ことになる[20]。一方で，神の意志には「永遠的本質」と呼ばれるべき統一性が想定される[21]。トレルチにおいて歴史は生成の過程とされているが，神の意志に永遠的本質があるとすれば，この生成は行き当たりばったりのものではなく，一つの目的に向かうものであると理解される。すなわち，歴史全体が神により創造されたものであるのみならず，歴史の中のあらゆる生成の契機に神の意図が及んでいるということである。「宗教的世界観はいたるところで，神的な生の連関の統一性と並んで，あるいはそのうちで，生き生きとした，新しいものを措定する，創造的な神の活動を我々に示す」のである[22]。歴史は神の持続的な創造の現場である。

そして人間の自由とはこのような神の創造性に与ることとして説明される。歴史において生成してくる「新しいこと（das Neue）」は神の生産的な力の流出であって，新しいことができる人間の自由の根拠もまた神の創造性に由来するのである。つまり「被造物は自由なのではなく，自由たらしめられて」おり，「人間は新しい存在，つまり再生した存在としてのみ神の創造の力に算入される」[23]。したがって，「キリスト教的

---

19) Troeltsch, E.: *Glaubenslehre. Nach Heiderberger Vorlesungen aus den Jahren 1911 und 1912, herausgegeben von Gertrud von le Fort. Mit einem Vorwort von Marta Troeltsch*, Duncker & Humblot, 1925. (『信仰論』安酸敏眞訳，教文館，1997年。)
20) Troeltsch: *Glaubenslehre*, S.139.
21) Ibid., S. 140.
22) Ibid., S. 344.
23) Ibid., S.163.

な自律は同時に神律である」[24]と言われる。

　人間の自律がすなわち神律であるというトレルチの構想において，神の意志に適う行為が人間に可能であることはどのように説明されるのか。神の意志を人間はどのように受け取ることができるのだろうか。この点に宗教的アプリオリが関わってくる。トレルチはシュライアマハーの表現を借りて，人間理性のあらゆるアプリオリの根拠には「宇宙の行為」があると言うが，この宇宙の行為は「歴史哲学的に把握されるべき全ての運動の本来の根拠」であると，すなわち「後者（有限精神の行為）の前者（絶対精神の行為）への献身を，絶対価値で満たされた人格性を意志の自由によって形成し獲得することによって要求する」[25]ものであると述べる。

　さらに，あらゆるアプリオリの中で宗教的アプリオリは特別な意味を持つ。なぜなら人間の理性は「客観的な世界理性へのその結びつきと関連を，宗教を通してはじめて受け取る」[26]からである。ここでは「世界理性」という言葉が用いられているが，やはり「絶対精神」やキリスト教で言う「神」にあたる対象の謂いであると理解して良いだろう。宗教的アプリオリにより「有限精神」と「絶対精神」，あるいは人間と「神」との関連，後者への前者の献身が可能になる。そしてその献身は，意志の自由を持った人格的存在者としての人間に対して，その人格の中心にある宗教的アプリオリを通じて要求される事柄であるとされるのである。ここから，宗教が個々人の内面に根ざす自由の根拠を与えることと，個人を超越した全体の中で各個人に位置を与え，そうした個人の集合としての社会にも方向づけを与えることが根拠づけられる。

5. 『社会教説』における3類型と「宗教的アプリオリ」

　宗教的アプリオリは歴史上の宗教現象において見出されるべきものだとトレルチが考えていたならば，トレルチによる宗教史の理解と宗教的

---

24) Ibid., S.201.
25) Troeltsch, E.: Zur Frage des religiösen Apriori , in, GS2, S. 764.
26) Troeltsch, E.: Psychologie und Erkenntnistheorie in der Religionswissenschaft, S.43f.

アプリオリの理解が関連していると想定するのはあながち無理なことではないだろう。そのような想定が可能であるなら，さらにその一部をなすキリスト教史についてもそう考えて良いはずである。トレルチは『社会教説』において歴史上のキリスト教的運動の社会に対する態度を分析することで，キリスト教の運動体を「教会（Kirche）」，「分派（Sekte）」，「神秘主義（Mystik）」のいわゆる「社会学的3類型」に整理した[27]。この整理に宗教的アプリオリに基づく宗教理解は反映されていないのだろうか。

3類型の特徴についての総論が提示された箇所（GS1, S. 967）からトレルチの見解をまとめよう。教会とは「贖いの業の成果を備えた救済と恩寵の施設」である。そこで問題となるのは「客観的な恩寵と贖いの業績」であるためその構成員一人一人の主観的な聖性をある程度は度外視することができる。そしてそれゆえに教会は宗教性としてはさまざまな段階にある大衆を受け入れ，世界に順応することができる。

分派は「厳格で意識的なキリスト者の自由な結社」である。分派に所属するキリスト者たちは真に生まれ変わった者として集まり，世界から自分たちを切り離して小さなサークルを作る。そして教会類型が恩寵を強調したのに対し律法を強調し，来るべき神の国に至る道のりのために自分たちのサークルの中では多かれ少なかれ急進主義でもって愛のキリスト教的な生活秩序を築く。

神秘主義とは，「祭儀や教説において固定化された理念世界を，純粋に人格的・内面的な感情の所有へと内面化および直接化すること」である。そこでの集団形成は流動的なものであるか，完全に個人的なつながりに条件づけられたものとなる。その他の点で神秘主義においては祭儀，教義，歴史との関連は形を失う傾向がある。

以上の基本的な特徴づけは，結成される宗教的団体の包括性や社会への影響力の強さと，個人の主観的な宗教性の強さの2つの基準からな

---

[27] 宗教的アプリオリの現実化の場となる宗教心理学的な意味での「神秘主義」と，社会学的3類型の一つとしての「神秘主義」は区別される。この区別は『社会教説』における広義の「神秘主義」と宗教哲学的な反省を経た狭義の「神秘主義」の区別に対応するものと思われる。Troeltsch, E.: *Die Soziallehren der christlichen Kirchen und Gruppen*, in: GS1, S. 850f.

第 4 章　共同体論の基礎としての宗教的アプリオリ

されていることが見て取れる。そしてこの2つの基準は，宗教的アプリオリにトレルチが与えた2つの役割，すなわち個人的な宗教性の根拠と，宗教理念の他の文化領域に対する統制機能に対応する。教会類型においては前者が，神秘主義においては後者が現れているのである。分派は領域的には限定されたサークルであり，その内部では宗教性より倫理性に重きが置かれることで，2つの基準の両方が不十分に表現された形式であると考えることができる。大きな大衆的影響力を持ちうるのは教会だけであり，神秘主義は「大衆的影響力と生の全体的組織化の可能性を失う」とされる（GS1, S. 974）。とりわけ，宗教的な生活の組織化の中心に位置する祭儀の担い手として，他の類型に対する教会類型の優位性は明白になる（GS1, S. 980）。他方でそれぞれの真理概念を見てみると，神秘主義はそれを各人の内面的な自由に任せるのに対し，教会は普遍的真理を強制し，分派は外部に対しては自分たちの真理に対する寛容を求め，内部に対しては強制をもってする（GS1, S. 970f.）。真理をつかみ取る手段と，それと結びついた自由理解に関しては，神秘主義類型に優位性がある。宗教的アプリオリがトレルチにとっては宗教の原理であると同時に自由の原理でもあったことをここで思い出したい。

　このように考えると，3類型のいずれもが宗教的アプリオリの十全な現実化という観点からは不十分なものであることになる。2つの役割のどちらか一方のみが現れているか，両方が不十分に現れているかのどちらかでしかないからである。そこで，宗教運動の課題として，具体的には近代のプロテスタンティズムの課題として「3つの社会学的基本形式の相互浸透」が要求されることになる。そしてそれは「強制や権力，国家宗教，および順応から生成した教会が，容器（Gehäuse）になるという条件」でのみ可能になるという（GS1, S. 982）。

6.「自由キリスト教」の構想における
　　国家と個人，および民族性

　このような近代の課題としてのキリスト教のあり方は『社会教説』においては詳述されないが，トレルチは別の論考でこの構想を「自由キリ

スト教」[28]と名づけ，その内容を論じる。この記述を確認したい。
　「自由キリスト教」の構想においてもトレルチは祭儀の意義を強調する。なんとなれば，「祭儀を欠いた宗教，そして祭儀から発する，生活内容一般の活性化を欠いた宗教，すなわち祭儀によって感情と思想が集団心理学的に強化されることのない宗教とは救いがたく死に絶えつつある宗教であろう」（GS2, S. 856）と見なすからである。しかしその祭儀はかつての教会類型においてそうであったように，教義によってその意義が保証されるわけにはいかない。それはもはや近代の教養層にとっては説得力を持ちえないからである。そこで，形而上学的な確証が必要とされる。「実際，力強い連帯は形而上学的な確信の連帯があるところにのみ存するということに真実がある」（GS2, S. 858）とトレルチは見なす。
　トレルチの考える「自由キリスト教」とは，祭儀の持つ社会的な統合機能を重視しながら，人格性を保証することのできる形而上学によりその祭儀の働きを基礎づけることで，その構成員各人の自由を確保しようとするものであるといえる。「自由キリスト教」は「祭儀の必要性を再び感じる」一方で，「自由キリスト教」とその祭儀の共同体においては「自由に，宗教的に，形而上学的に確実なものとされた個人」が承認される。「そのとき，組織というものは，そのうちでのみそのような個人主義が育ち，自己主張することができるものとして理解されるだろう」とトレルチは述べる（GS2, S. 859）。共同体と個人は互いに依存し合うものであって，その関係づけには人格の自由を保証する宗教的確信や形而上学が必要になるのである。
　自由の形而上学が近代のキリスト教にとって重要であることを，トレルチはさまざまな場所で訴える。例えば「近代世界の成立にたいするプロテスタンティズムの意義」の結論部でも「我々は自由の宗教的─形而上学的根拠を持ち続けよう」[29]と呼びかけている。宗教的アプリオリをめぐる論争において，リッチュル学派にとってはキリスト教信仰を基礎

---

　28) Troeltsch, E.: Die Zukunftsmöglichkeiten des Christentums im Verhältnis zur modernen Philosophie, in: GS2, S. 839.
　29) Troeltsch, E.: *Die Bedeutung des Protestantismus für die Entstehung der modernen Welt*, in: KGA8, S.316.

第4章　共同体論の基礎としての宗教的アプリオリ　　　　　　　91

づける啓示が事実として要求されていることを私たちは確認したが，トレルチにとって人間の宗教性の根拠，すなわち人格の自由とは事実として承認されるものではなく，形而上学的な思索の前提であり，その目標でもあったのである。それゆえ，宗教性と自由の原理である宗教的アプリオリは，自由な個人の集合としての共同体を基礎づけるものであると言えるだろう[30]。

　それでは，「自由キリスト教」の担い手として，具体的にトレルチはどのようなものを想定していたのだろうか。『社会教説』の結論部で「3つの社会学的根本形式の相互浸透」を，近代プロテスタンティズムにおいて成された「国家教会 (Staatskirche) から国民教会 (Volkskirche)」への移行の延長上に考えている (GS1, S. 982)。すなわち，国民教会 (Volkskirche) がトレルチの共同体論の担い手であると言って良い。国民教会 (Volkskirche) もまた複雑な概念であって，トレルチのみならず宗教史学派の教会論にとって重要な概念であるが，本章でその意味を詳論することはできない。さしあたりは，ここでトレルチはシュライアマハーが「国民教会 (Volkskirche)」という言葉を最初に用いたときに込めていた意味，すなわち所属することが義務づけられる国教会 (Staatskirche) や個人の選択に基づく自由意志教会 (Freiwilligkeitskirche) との区別[31]を意味していると理解して良いだろう。つまり，ここではド

---

　30) 1910年代の「宗教的アプリオリ」論争においても「宗教的アプリオリ」との関連で「自由」が問題になることは意識されていた。例えば以下の文献を参照。Mundle, W. F.: Das religiöse Apriori in der Religionsphilosophie Tröltschs in seinem Verhältnis zu Kant, in: *Theologische Studien und Kritiken* 89, 1916, S. 427-470.

　31) Vgl. Hein, M.: (artik.) Volkskirche. 1. Begriff, in: *Religion in Geschichte und Gegenwart(4. Auflage)*, Mohr Siebeck.
　トレルチにおける国民教会 Volkskirche の問題については以下の文献の特に第七章を参照。Fechtner, K.: *Volkskirche im neuzeitlichen Christentum. Die Bedeutung Ernst Troeltschs für eine künftige praktisch- theologische Theorie der Kirche (Troeltsch-Studien Bd. 8)*, Gütersloh, 1995.
　森田雄三郎はトレルチの Volkskirche に「民族的民衆的教会」と訳語をあて，「民族と民衆はほとんど即時的同一的なものとして考えられているようである」と述べるが，トレルチの Volk 理解を一貫してそのように理解できるかは疑問が残る。森田雄三郎『キリスト教の近代性』創文社，1972年，248頁。
　また，チャップマンがこの関連で，英国国教会のあり方を『社会教説』の議論から特徴づけているのは興味深い。今後トレルチの英国国教会理解を再検討する必要があるだろう。Chapman, M.: *Anglicanism. A Very Short Introduction*, Oxford University Press, 2006, p. 1 and p. 5.

イツ性やゲルマン性と直接的に結びついた民族的（völkisch）なものとして国民教会（Volkskirche）が提示されているわけではない。しかし少なくとも第一次大戦中の一時期，トレルチは自身の自由理解を媒介にして，ゲルマン的な伝統とドイツ国家を緊密に結び付ける議論を展開する。その際には，個人の自発的な連帯によって自由キリスト教の成立が主張されたのと同じ理屈により，国家に対する国民の献身が「ドイツ的自由」として説かれることになる。

その内容については第5章で扱うことになるが，そのようなナショナリスティックな議論が，宗教的アプリオリを基礎とする彼の共同体論の必然的な帰結であるとするのはもちろん早計であろう[32]。しかし，その内容の連続性を確認した私たちには，それを「大戦中」の「感情的反応」[33]と見なすこともできない。トレルチの宗教的アプリオリ理解，キリスト教共同体論，大戦期におけるドイツ性の擁護には一貫した論理が見出せるのである。

とは言え，この一貫性をトレルチの生涯全体へと拡げることには慎重でなければならないだろう。少なくとも，ベルリン時代には彼の共同体論にも変化が認められる。本章で確認した範囲では教会や国家という全体性と，その構成員である各個人の両極に議論が集中しているのに対し，トレルチの遺稿にあっては中間的諸団体の意義がはっきりと強調される[34]のである。ただし，宗教的アプリオリに対しては，トレルチはベルリン時代の講義でも変わらずその意義を強調し続けたと言われている[35]。そうであるなら，トレルチの宗教理解，共同体論，政治的立場の関係にも何らかの変化があったはずであり，その変化の中で宗教的アプリオリは以前とは違った意味で重要な役割を担うものと思われる。しかし，この時期の宗教的アプリオリ論を知るための直接的な手がかりは遺

---

32) 宗教的アプリオリのトレルチ的な見解の代弁者であったボルンハウゼンが，後に民族主義思想の担い手となったことにも留意したい。ボルンハウゼンの生涯と思想，主要著作については以下の文献を参照。Marquardt, M.: Karl Bornhausen, in: E.Herms/ J. Ringleben(hrsg.), *Vergessene Theologen des 19. Und frühen 20. Jahrhunderts*, Vandenhoeck & Ruprecht, 1984, S. 104-126.

33) 柳父圀近『ウェーバーとトレルチ――宗教と支配についての試論』みすず書房，1983年。120頁。

34) Troeltsch, E.: Ethik und Geschichtsphilosophie, in: KGA17, S. 99f.

35) 近藤勝彦『トレルチ研究　上』115頁に引かれているル・フォールの証言による。

第 4 章　共同体論の基礎としての宗教的アプリオリ

されておらず，本書でこれ以上考察することは断念せざるをえない。

　残された課題は大きいものの，以上からトレルチの議論において，宗教的アプリオリが個人の宗教性の拠り所となるばかりではなく，個的人格からある種の宗教的，あるいは社会的な全体への献身を可能にすることで，共同体形成の原理となっていることが了解されるだろう。また，本章では個人と全体をつなぐ議論として形而上学的な根拠が必要になることも指摘した。その内容を十分に論じ尽くすことができたとは言い難く，この点でも課題が残ることとなったが，トレルチの議論を理解する上で形而上学が欠くことのできない重要性を持っていること，そして形而上学にアプローチするいとぐちを宗教的アプリオリ論から見出すことができたことは本章の成果である。

第Ⅱ部

第一次世界大戦とエルンスト・トレルチ

第Ⅱ部の課題は，トレルチの思想を同時代のコンテクストの中に置き，トレルチの思想を時代への応答として読み解くことである。第Ⅰ部では，いわばそのための準備作業として，1910年代前半までのトレルチ思想の体系性を明らかにし，その体系の中心に位置する「宗教的アプリオリ」が，個人的な宗教体験のための分析概念であるばかりではなく，共同体形成の根拠づけのための概念であることを指摘した。激動の時代を迎える直前の段階での，トレルチ思想の基本的な性格をひとまず確定したわけである。以上の考察を経て，第Ⅱ部では第一次世界大戦勃発を契機とするさまざまな変革を見つめ，その中で思索を続け，言葉を発していくトレルチの姿に迫っていく。

　まず第5章では，第一次世界大戦中のトレルチのナショナリスティックな発言について考察する。その際，それを単に時局に迎合したものではなく，トレルチの思想のうちに根拠を持つものとして解釈する。トレルチのナショナリズムは，彼の「自由」理解と深く結びついていた。そこで，大戦中のトレルチの立場を「リベラル・ナショナリスト」と特徴づけ，その政治的発言と宗教思想，歴史哲学との関連を分析する。

　第6章では考察の対象を，トレルチの主たる活躍のフィールドであった学問の世界へと絞り込む。ここで論じるのは，大戦中から徐々に高まりを見せ，大戦終結後に大きなうねりとなった，「学問における革命」に対するトレルチの姿勢である。学問論をめぐる論争はマックス・ヴェーバーの講演『職業としての学問』に端を発するものであったが，当のヴェーバーはほどなくこの世を去り，盟友であったトレルチがヴェーバーの論陣を引き継いだと目されてきた。しかしトレルチは単にヴェーバーの主張を代弁したのではなく，「学問における革命」を求める若い世代と，古き学問を擁護するヴェーバーとを調停するような可能性を探っていた。このような思索にトレルチの特徴を見出すことができるだろう。

　第7章ではさらに対象領域を狭め，プロテスタント神学内部での新たな動向に焦点を当てる。近年，第一次世界大戦後の神学をリードしていった若い神学者たちを「神学的前衛」と特徴づける見方が受け入れられつつある。しかしそこでは，「古き文化プロテスタント」と「若き前衛」との対比が強調され，その図式の中に，トレルチのように古い世代

に属しながらも，若い神学者たちの問題意識にも共感を寄せる思想家を位置づけることが困難であった。そこで本章ではフランス文学研究で用いられる「後衛」という観点を援用することで，神学史におけるトレルチの位置に新たな評価を与えたい。

第5章
リベラル・ナショナリストとしてのトレルチ

1. はじめに ── 「リベラル・ナショナリズム」という視点

　いわゆる「自由主義神学」の内部でも，特に「前衛」的な神学者として神学界に登場したトレルチの姿を私たちは第1章で確認した。しかし，そのような，神学的に「前衛」的な思考態度は必ずしも，政治的にも旧来の権威を否定する「前衛」的な姿勢を意味するものではない。実際，若きトレルチはリベラルな神学的「前衛」の同志であったブセットとは異なり，ヴィルヘルム帝政に対する批判者であるわけではなかった[1]。ただし，当時の言語使用に照らしてみると，ヴィルヘルム帝政を好意的に捉えることは，政治的にリベラルでないことを意味するわけではない。ひとくちに「リベラリズム」といってもその内実は多様なものだったのである。深井智朗はG・ヒュービンガーやF・W・グラーフなどの研究を参照しつつ，「ヴィルヘルム帝政期に何をもって，「リベラリズム」と判断するかは，プロテスタンティズムの場合には，それを判断する研究者の基準によっている，という面がある」[2]と指摘する。それ

---

[1] トレルチはブセットへの追悼文の中で共に過ごした学生時代を振り返り，「ビスマルク信奉者」であり「ライヒスボーテ紙」を購読していたトレルチを，「キリスト教社会主義者」であったブセットがいつも愚弄し，論争していたことを回想している。Troeltsch, E.: Die „kleine Göttinger Fakultät" von 1890, in: *Christliche Welt* 34(1920), Sp. 281.（「1890年の「ゲッティンゲン小教授団」」『私の著書』荒木康彦訳，45-46頁。）

[2] 深井智朗「「教養市民層」の宗教としてのルター派のリベラリズム」『聖学院大学総合研究所紀要』No.37，2006年，176頁。

でも一定の特徴を挙げるとすれば、「このルター派のリベラリズムは、1871年の帝国成立によって生じた国家形成という課題、すなわちナショナル・アイデンティティの形成という問題を宗教抜きに考えるのではなく、むしろそれを宗教的な問題として受け止める勢力だった」と言える[3]。この時代のドイツの状況下では、領邦教会を前提とする立場が保守的であり、国家（ネーション）の単位での統一と、キリスト教によるその基礎づけを考える立場がリベラルであった。その典型はカイザー・ヴィルヘルム協会の会長として活躍したアドルフ・フォン・ハルナックであるが、トレルチにもまた、ナショナル・アイデンティティを宗教的に基礎づけようとする発想が明確に認められる。このような姿勢を「リベラル・ナショナリズム」と特徴づけ、トレルチのリベラル・ナショナリズム論の特徴を考察したい[4]。

なお、トレルチに愛国的な言動が見られることは「神学史」的方法によらずとも従来より指摘のあるところである。例えば、すでに30年前に柳父圀近は次のように指摘している。

「「カルヴァン派」アングロ・サクソンからのこの種のドイツ批判に

---

[3] 同書、203頁。

[4] したがって、本章で用いる「リベラル・ナショナリズム」という用語は、近年の政治思想で用いられている「リベラル・ナショナリズム」と直接的な関係はない。現在の「リベラル・ナショナリズム」論の発端の一つとなったのはヤエル・タミールの著書であると思われるが（Tamir, Y.: *Liberal Nationalism*, Princeton University Press, 1993.（『リベラルなナショナリズムとは』押村高・高橋愛子・森分大輔、森達也訳、夏目書房、2006年））、そこでは「自己が主人公であるというリベラルな徳と、〔文化や状況に〕深く取り込まれているというナショナルな徳の双方を具現化する人間観」（上記邦訳書107頁）に基づきながら、多文化・他民族の共生を可能とする、近代的国民国家を超える国家像と国民像が追求されている。このような発想を、本章で扱うトレルチの議論に認めるのは困難である。

ただし、本章の考察が今日的な「リベラル・ナショナリズム」論と全く無関係なわけではない。「リベラル・ナショナリズム」についてのさらに最近の研究状況と、国際的な議論の広がりについては以下の文献を参照されたい：富沢克編著『「リベラル・ナショナリズム」の再検討——国際比較の観点から見た新しい秩序像』ミネルヴァ書房、2012年。この論文集に収録された論考「普遍主義とナショナリズム——「ドイツ・ナショナリズム」の系譜とその思想的可能性」（同書、79-99頁）の中で馬原潤二はドイツ新人文主義に由来する「ドイツ・ナショナリズム」を「リベラル・ナショナリズム」の「プロト・タイプ」とする見方を提案している（同書、85頁）。トレルチをこの流れの上に位置づけることは十分に可能であり、本章の考察はまだなお途上にある「リベラル・ナショナリズム」に関する議論に対する貢献となりうるものである。

対する「ルテラーナー」トレルチの感情的反応がある。大戦中の*Deutscher Geist und Westeuropa*．"批判的自己認識" と "自己主張" とは必ずしも両立しなくはないのである。」[5]

　ここで柳父は，トレルチによるドイツ擁護の発言を，「大戦中」の「感情的」な発言と理解している。現在進みつつある，未公刊資料等を活用した詳細な歴史的研究は今後，第一次世界大戦を含めた歴史状況や，その中でのトレルチの感情の動きをより明確にするだろう。しかし，状況に対する一次的な反応という見方を変えること無く，単にその見方を新たな資料により補強するだけでは，トレルチの中にリベラリズムとナショナリズムが共存するという事態が歴史的コンテクストへと解消されるだけになってしまうだろう。トレルチにおいてリベラリズムとナショナリズムが結びついていたことを正面から受け止めるならば，トレルチが理論の上でどのように「自由」と「国家」，あるいは「ドイツ」を結びつけていたのかを確認する必要があるのではないか。これが本章の問題意識である。そこで本章ではトレルチの「自由」理解を出発点として，トレルチにおいて「自由」と「ドイツ国家」がどのように結びつけられているのかを検討する。その結果，トレルチにおいて「自由」と「ドイツ」が結びつくことは決して大戦中の感情的反応などではなく，トレルチの自由理解から必然的に帰結するものであることが明らかになるだろう。

2．自由の類型論——ドイツ的自由の意義

　「自由」についてのトレルチのひとかたならぬ思い入れと，その擁護の訴えを最も明確に確認できるのは，第1章で参照した「近代精神の成立に対するプロテスタンティズムの意義」という論考の末尾であろう。この論考はもともと1906年に行われたドイツ歴史家会議での——マックス・ヴェーバーの代役として行った——講演がもとになっている。こ

　5）　柳父圀近『ウェーバーとトレルチ——宗教と支配についての試論』みすず書房，1983年，120頁。

の講演はその場面が示しているように客観的な歴史叙述の範囲で主題が設定されているが，トレルチは講演を閉じるにあたり，自らの判断，というよりも自らの信念を提示した。「自由」と「人格性」が近代精神の最良の内容であると同時に，近代世界にあってもっとも危険にさらされているものであると言い，そして次のように講演を結んだのである。

「我々は自由の宗教的─形而上学的根拠を持ち続けよう。さもないと，自由と人格性はあっという間に駄目になってしまうだろう。たとえ我々が自由と人格性を，そしてそれらへの進歩を，声高に褒め称えるとしても。」[6]

この箇所について，第1章では「人格性」に注目したが，ここでは「自由」のほうに注目したい。「人格性」が西洋近代という歴史的文脈で形成されてきた概念であったように，「自由」もまた，いつでも・どこでも同じように追求されるべき，普遍的内容を持ったものではなく，特定の歴史的負荷を負っている。「近代精神の成立に対するプロテスタンティズムの意義」においては西洋近代という大きな文脈が想定されていたが，他の論考でトレルチはもっと細かな，ナショナリティと結びついた「自由」の類型論を展開する。具体的に言えば，「フランス的自由」とも「イギリス的自由」とも区別される「ドイツ的自由」があり，それこそが自由の最高の形態であると言うのである。それでは「ドイツ的自由」とはどのようなものなのか。この点を『ドイツ精神と西欧』所収の論文「自由のドイツ的理念（Die deutsche Idee von der Freiheit）」（1916年）から確認したい。

この論文でトレルチは，フランス的自由思想とイギリス的自由思想との比較から「ドイツ的自由」を論じる。フランスの自由思想は「人間理性の平等とそこから引き出される，個人の認識，権利，要求に基礎づけられた合理主義」に基づいているという。それゆえこの自由は「人類理念（Menschheitsidee），人類理性（Menschheitsvernunft），世俗的な人間性，あらゆる超自然性に取って代わるべき普遍的な自然法則の表現」で

---

6) Troeltsch: Die Bedeutung des Protestantismus für die Entstehung der modernen Welt (1906/1911), in: KGA 8, S.316.

ある[7]。国家との関連から言えば，市民の平等と自由が合理的な法律体系により保障されることが要求される。これはイギリスの慣習法とは対極的である。

　イギリスの自由思想は国家権力からの自由を求める非合理的な原理である。具体的には「個人人格の不可侵性と活動の自由」，「合目的的行為の主導権と責任」，「国家の強制からの信仰と意見の自由」，「政治的用件の指導者に対するコントロール」を生み出す。この自由はフランス的自由のように合理的な人間性に基礎づけられるものではない。しかしフランス的自由と同じように普遍性を主張する。トレルチの見るところ，イギリス的自由は「唯一の可能な，そして人間的なものとして至るところに広められる」ものである[8]。

> 「イギリスはそこに自らの疑いえない神的な世界的使命を持っている。そして全ての諸民族はイギリス的自由の保護の下で進歩したり幸福を感じるか，イギリス的自由にまだ与っていない間はそれを求めるに違いないということだけしか知らない。」[9]

　イギリス的な自由は非合理的なものであるから，その拡大の動機もまた非合理的な要素，つまりキリスト教的（ピューリタン的）な使命感である。その根拠が合理的なものであるにしろ非合理的なものであるにしろ，フランス的自由もイギリス的自由も外に対して強制的な性質を持つのである。

　これらと比べてドイツにはドイツの自由があると言う。そして自由を強制的に個人へと押しつける「フランス的自由」や「イギリス的自由」とは違い，「ドイツ的自由」はその自由にあずかることも自由であって，それゆえ「ドイツ的自由」こそが「本物の真正な自由（wahre und echte Freiheit）」[10]であると判断を下すのである。その内容は次のようなもの

　7）　Troeltsch, E.: *Duetscher Geist und Westeuropa*, herausgegeben von Hans Baron, J. C.B.Mohr (Paul Siebeck), 1925. S.90f.
　8）　Ibid., S.89f.
　9）　Ibid., S.90.
　10）　Ibid., S.102.

である。

　「自由とは，それが国家意志の形成に対する形成的な協働である限り，個人の意志を集計することから支配の意志を生み出すことではないし，委任者を通して行政指導者をコントロールすることでもない。そうではなく，歴史，国家，民族により既に存続している全体への自由で意識的な，かつ義務的な献身である。」[11]

　「個人の意志の集計」ということで「フランス的自由」が，「委任者を通したコントロール」ということで「イギリス的自由」が比較の対象とされている。両者と比べてドイツの自由思想の特徴は，自由を，現存する全体への自由な献身であると考える点にある。ただしこれは「ドイツ的自由」の一面に過ぎず，人間の内面へと向かい人格の陶冶を目指す方向性も「ドイツ的自由」にはある。つまり「ドイツ的自由」には2つの方向，すなわち「上位の国家的，民族的全体への献身，及び個人の自由な学問的教養と精神的な内面性」[12]があるのである。トレルチはこの方向を「国家社会主義と教養個人主義（Staatssozialismus und Bildungsindividualismus）」と呼ぶ。この両者が両立している状態，教養個人主義に根ざした国家社会主義が，トレルチの考える「ドイツ的自由」の内容となる。「ドイツ的自由」は真の自由であるから，真の自由はドイツ的であり，ドイツ国家は真の自由の体現者であることになるだろう。ここに，トレルチにおけるリベラリズムとナショナリズムの明確な結びつきを確認することができる。

　「イギリス的自由」と同じく，「ドイツ的自由」もその根拠を普遍的な人間性に求めるわけではない。「イギリス的自由」が神的な使命感を帯びていたように，トレルチが「ドイツ的自由」を主張する根拠には宗教的な信念が存する。これが「自由の宗教的 - 形而上学的根拠」に他ならない。そこで次に，トレルチが考える「自由の宗教的 - 形而上学的根拠」とはどのようなものであるかを『信仰論』の記述から見ていきたい。

---

11) Ibid., S.94.
12) Ibid., S.100.

3. 自由の形而上学

　トレルチの『信仰論』は，死後遺された講義録を愛弟子であったル・フォールが編集して出版したものであり，資料価値について議論があるところであるが，予告だけを残しながら書かれることの無かったトレルチの体系的な宗教哲学の内容に迫るもっとも有力な資料である[13]。この『信仰論』においても自由は重要な役割を担っている。それは神と人間の類比を保証する役割である。人間との類比から神の概念を考察することは，神概念を人間的・有限的なものにしてしまうように思える。トレルチはこの疑問に対してこう答える。

> 「しかしながら，そのような類比をどんな神概念も避けることはできない。問題となるのはただ，人間精神のどの点からこの類比が引き出されるかということである」[14]

　人間精神からの類比によってしか神概念を扱えない以上，大切なことはその類比を適切な観点で行い，その理想的な可能性を神概念の内に探求し，人間の有限性へと戻ってくることである。そして適切な類比を用いれば，神を有限化することは無いと言う。
　それでは適切な類比とは何なのであろうか。トレルチによれば，それが「人倫的自由（die sittliche Freiheit）」である[15]。人倫的自由において，自由な意志と，倫理的目的の理念へと方向づけられた意志を貫く本質を考察することが可能になる。そして神をそのような意志と本質を持つものと捉えることにより，神の人格性を考えることが可能になるという。トレルチにおいては「人格」も「自由」と並ぶキーワードである

---

[13]　『信仰論』のもとになった講義は 1912-13 年に行われており，今回扱っている他の論考との時期的な隔たりも大きくない。テクストの成立については以下の邦訳書の訳者解説を参照：エルンスト・トレルチ『信仰論』安酸敏眞訳，教文館，1997 年，416 頁。
[14]　Troeltsch: Glaubenslehre., S.144.
[15]　Ibid.

が,「人格」とは, それが神的なものであるか人間的なものであるかは区別されねばならないとしても, 意志と本質を備えたものと理解されている。

　トレルチは『信仰論』において神概念を「意志と本質としての神」,「神の聖性」,「愛としての神」の3つの観点から論述するが, その中でも第1に挙げるのは神が「全能の, 創造的な意志」[16]であるということである。神が意志であることにより, 神の単一性と統一性, さらに静的な神理解ではなく力と生命に溢れた神理解が指示されるが, それだけではない。

　　「しかしこうした事とともに, 次のようなことがある。それは現実
　　的なものの全総体は, 神の意志の内部で規定された目標の基体と
　　して理解されねばならないということである。それゆえ神は常に創造
　　的で生き生きとした方である。神の本来的な告知は存在ではなく生
　　成のうちに, 自然ではなく歴史の内に存する。」[17]

　自然も偉大さ, 素晴らしさ, 規則正しさによって「精神的―宗教的価値の土台」とはなるが, 神の意志の啓示は歴史を通じてなされるのである。トレルチは自然科学よりも歴史学を重視するが, それは, 神の人格性, ひいては人間の人格性も規則正しさではなく, 自由な意志から考察されねばならないとトレルチが考えたからであった。

　ただし, 神概念の内容において意志のみを強調することは神を恣意的なものと捉える宗教理解へとつながりかねない[18]。

　　「むしろ神的な意志の中には同時に, 持続的な永遠のもの, 統一あ
　　るものが強調されねばならない。これを絶対的な意志と区別して永
　　遠的本質と呼ぶことができる。そしてまさにこの点にさまざまな預

---

　16) Ibid., S.139
　17) Ibid.
　18) なお, トレルチはこの危険性をユダヤ教とイスラムに認め, この危険性を回避するところに一神教の伝統の中でのキリスト教の独自性があると言う。

言者思想を越えるイエスの進歩があるのである。」[19]

　神を意志として理解することにより動的な神理解が可能になることと，人格としての神の統一性のゆえに永遠的な本質を措定することは緊張関係にある。ここから「キリスト教の神概念の内的な緊張関係」[20]が生じる。神の本来的な告知の場は歴史であるから，歴史もまたこの緊張を帯びることになる。
　トレルチにおいて歴史は生成の過程とされているが，神の意志に永遠的本質があるとすれば，この生成は行き当たりばったりのものではなく，一つの目的に向かうものであると理解される。すなわち，歴史全体が神により創造されたものであるのみならず，歴史の中のあらゆる生成の契機に神の意図が及んでいるということである。

　　「宗教的世界観はいたるところで，神的な生の連関の統一性と並んで，あるいはそのうちで，新しいものを措定する生き生きとした創造的な神の活動を我々に示す。」[21]

　トレルチはこのような自らの神理解を「万有在神論」[22]であると言う。世界に対して常に関わり続ける万有在神論の神は絶えず創造的な活動を続けるから，世界は創造の途上にある。世界の創造と世界の維持を区別すること，あるいは，歴史を，創造の後に続く自動的な展開として理神論的に理解することが否定される。歴史は神の持続的な創造の現場なのである。
　人間の自由は，このような神の創造性に与ることとして説明される。歴史において生成してくる「新しいこと（das Neue）」は神の生産的な力の流出であって，新しいことができる人間の自由の根拠もまた神の創造性に由来する。つまり「被造物は自由なのではなく，自由たらしめられて」おり，「人間は新しい存在，つまり再生した存在としてのみ神

---

19) Ibid., S.140.
20) Ibid., S.142.
21) Ibid., S.344.
22) Ibid., S.176.

の創造の力に算入される」のである[23]。トレルチは万有在神論による神理解によって，人間の自由と神の意志と本質を整合的に理解しようとする。その結果，次のようにも述べられる。すなわち，「キリスト教的な自律は同時に神律である」[24]と。

　この枠組みに従えば，信仰の有無に関わらず人間の自由な行為は全て神の創造性に由来することになるが，神への，そして世界の創造に対する神の意志への信仰により，人間は自分の行為を神に対する献身，「有限な精神の神的な精神への献身」[25]であると見なすことができる。歴史において人間の行為により新しいことが生成してくるが，それが神に対する献身となるということは，神にとっても新しいことの生成が喜ばしいこと，その意志と本質に適ったものであるということである。本来的には人間の自由は神に由来するのであるから，人間の神への献身は究極的には，神の自己献身，あるいは「神の自己救済（Selbsterlösung Gottes）」[26]であることになる。

4．全体への献身としての自由

　以上，『信仰論』における人間の自由に関するトレルチの議論を確認した。そこでは，人間は自由な行為によって神の自己救済の過程としての歴史に参与し，身をささげるということ，すなわち，歴史への献身こそが人間の自由な行為であると論じられた。「献身（Hingabe/Aufgabe）」というキーワード，議論全体の構成から見ても，この議論は，トレルチが擁護しようとする自由のあり方，すなわち「ドイツ的自由」を根拠づけるものとなっている。しかし，『信仰論』においては献身すべき対象が歴史の過程全体，あるいは神の行為であるところが，「ドイツ的自由」の議論では「歴史，国家，民族」といった有限な対象となっており，両者は単純に入れ替え可能なものであるとは思われな

---

23) Ibid., S.163.
24) Ibid., S.201.
25) Ibid., S.360.
26) Ibid.

第5章　リベラル・ナショナリストとしてのトレルチ

い。トレルチはこのような有限性を帯びた全体をどのように理解していたのだろうか。

　この手がかりは『社会教説』における「教会類型」の位置づけにあるように思われる。『社会教説』の結論部でトレルチは，教会が権威的なあり方を離れ，さまざまな宗教性がその中で自由に活動できるような「容器」（Gehäuse）になるべきだと述べる[27]。トレルチは「教会類型」をキリスト教のあり方として絶対視はしない。自由な活動のために具体的な「容器」が必要であると考えながらも，それはあくまで相対的なものであって，絶対視すべきでないことをトレルチは知っていた。「教会類型」は国家と緊密に結びついているから，国家のあり方としてもトレルチは同様のことを考えていたのではないだろうか。すなわち，国家自体を権威的に絶対視せず，各個人の自由な活動のための「容器」と見なすことである。その際に，「ドイツ的自由」という知的伝統が，内容上の中心を形成する。これがトレルチの「リベラル・ナショナリズム」の構想であると言えるだろう。

　しかし，トレルチがそう考えていたとしても，本来は「容器」に過ぎない相対的なものが絶対視されるということは往々にして起きることである。トレルチはこの危険性をどのように把握し，回避しようとしたのだろうか。トレルチは「自由のドイツ的理念」に先立つ1913年に，同時代を診断して，「民主主義と帝国主義の不安定な混合によるある種の国家社会主義（Staatssozialismus）が未来の運命に思える」[28]と述べていた。「自由のドイツ的理念」の記述とは異なり，ここでは国家社会主義に対するいくらかの警戒心が見える。しかしトレルチの自由理解が，国家社会主義を支持するものとなるということもまた，明らかになった通りである。「容器」であるはずの国家や教会が絶対視される状況，あるいは国家社会主義からさらに国民社会主義（Nationalsozialismus）へと滑り落ちる危険性に対して有効な批判をすることは，トレルチの議論からどのように可能なのだろうか。以下で私たちは，「歴史主義」の問題に取り組む1910年代後半以降のトレルチが，一般世論や学問的言説の

27）　Troeltsch.: *Die Sozialllehren der christlichen Kirchen und Gruppen*. in: GS1, S.983. なお，「容器」（Gehäuse）という語の含意については本書第8章の脚注10を参照。

28）　Troeltsch, E.: *Das Neunzehnte Jahrhundert*, in: GS4, S. 640.

右傾化に警鐘を鳴らす様子を見ることになる。そこでは,「リベラル・ナショナリズム」論を展開した頃から,歴史的条件に制約された存在者による共同体形成という問題意識は変わっていないものの,偏狭なナショナリズムから解放される方図を模索するトレルチの姿を確認することができるだろう。

第 6 章

「学問における革命」に対する期待と懸念

―――――

1. はじめに ―― 学問の危機,あるいは学問の革命

　本章では第一次世界大戦を契機に噴出した――実際にはそれまでに鬱積していた――近代的学問の変革を求める要求を,トレルチがどのように診断し,自らの主張を展開していたのかを考察する。学問の変革を求める声が噴出する直接の引き金を引いたのは,マックス・ヴェーバーの講演『職業としての学問』であった[1]。

　近代世界における「学問」の役割を考えるにあたり,『職業としての学問』はもはや古典的な意味を持っていると言えるだろう。ヴェーバーが最初にその講演を行ってから90年以上が経った現在の日本でも,新たな翻訳や関連書籍が公刊されていることが,その未だ色あせることのない意義を示している[2]。ただし,『職業としての学問』におけるヴェー

---

[1] 『職業としての学問』は1917年と1919年の2回講演された後,パンフレットとして出版され,ヴェーバー没後の1922年に『学問論集』(Weber, M.: *Gesammelte Aufsätze zur Wissenschaftslehre*, hg. von Marianne Weber, Tübingen 1922.) に収められた。本章で引用する際には岩波文庫所収の尾高邦雄訳(マックス・ヴェーバー『職業としての学問』岩波書店,1936年(1980年改訳))を用い,ヴェーバー全集(Weber, M.: *Gesamtausgabe* I/17, hg. von Wolfgang J. Mommsen und Wolfgang Schluchter, Tübingen, 1922. 以下 Weber, GA と略)におけるページ数を併記する。

[2] 例えば,同じ2009年に以下の2冊の邦訳が新たに出版された。マックス・ウェーバー『職業としての政治・職業としての学問(日経BPクラシックス)』中山元訳,日経BP社,2009年;マックス・ウェーバー,『現代訳 職業としての学問』三浦展訳,プレジデント社,2009年。

バーの主張そのものを理解するのはさほど困難ではないものの，この講演原稿だけを今日の私たちが読んでみても，ヴェーバーが問題としている当時の学問世界の状況を理解することはたやすいものではない。なぜヴェーバーは繰り返し学問の「合理性」を「学生諸君」に訴えねばならなかったのだろうか。その意図を理解するためにはヴェーバーが感じていた「近代的学問の危機」を理解しなくてはならない。ヴェーバーに呼びかけられている若者たちは，近代的学問の閉塞した状況を打破するために，「学問の革命」を要求していたのである。本章の目的は第 1 に，ヴェーバーの盟友であったトレルチを案内役として，『職業としての学問』においてヴェーバーが問題視した，そして『職業としての学問』の公刊に対する反発がその要求を過熱させた，1910 年代のドイツにおける学問の「革命」という知的状況とその問題点を明らかにすることである。その上で第 2 の主たる目的として，単なる案内役ではなく，積極的な内容を含むものとして，「学問の革命」についてのトレルチ自身の見解を考察する。

　まずは，ヴェーバーが『職業としての学問』の講演を行った当時の知的状況を概観しておこう。20 世紀初頭，とりわけ第一次世界大戦前後のドイツにおいて，西欧近代が育んできた合理的知の体系としての学問が孕む歪みが顕在化しつつあった。姜尚中のまとめを援用すれば，「そこには，世代を問わず人々を襲ったヨーロッパの大破局の予感があり，その底流を走る「学問の危機」ないしは文化の基盤そのものの動揺のなかで「人格」や「体験」が流行の偶像として祭り上げられる地すべり的な変化があった。この巨大な転形のうねりに鋭敏に，時には常軌を逸するほどの激しさで反応したのは，知の現状に失望しつつも「精神革命」を標榜する若い世代であった」[3]のである。

　ただし，この「うねり」は 19 世紀末くらいから徐々に高まり，第一次大戦後の長い間までその余波は及んでいると考えるのが妥当だろう。その 1 つの指標となりうるのが，上記の「人格」や「体験」と並ぶ，あるいはより根底にあると考えられた「生（Leben）」の概念への注目である。ドイツ語の „Leben" は人生，生命，生活など多層的な

　　3）姜尚中『マックス・ヴェーバーと近代──合理化論のプロブレマティーク』お茶の水書房，1986 年，142 頁。

意味を持つ語であるが，人格的なものの根源や体験の直接性，全体性を語ろうとするさまざまな立場の思想家や活動家がそれぞれの動向において，「生」をキーワードとして用いていた。哲学的にその立場を代表するのはディルタイに代表される「生の哲学」と呼ばれる潮流であり，実践的に「生」の改善を図ろうとしたのは種々の「生改革運動(Lebensreformbewegung)」[4]であった。そして第一次大戦後にはバウハウスが「生」の秩序化を試みるべく活動を始め[5]，他方で「生」という語の意味を切り詰めようとする医者と法学者からは 1920 年に，「生きるに値しない生（lebensunwertes Leben）」という定式が提出された[6]。その後，ヴァイマール期からナチスの時代を経て第二次大戦後に至るまで，さまざまに変奏されながら「生」についての言説は生みだされ続け，その全容は見通し難い。その意味では，ヴェーバーが目にしていた「うねり」はむしろ，その後に続く事象の予兆に過ぎなかったと言えるかもしれない[7]。

　以上のような大きな動向の中で，「生」と学問の乖離を問題視し，既成の学問批判をもっとも直接的に展開したのが，詩人シュテファン・ゲオルゲの圧倒的な影響のもとで姿を現したサークル（＝クライス）であるゲオルゲ・クライスのメンバーだった。まさしく，マックス・ヴェーバーが『職業としての学問』で批判の対象としていたのは，このゲオルゲ・クライスに属する若い学者たち，あるいはゲオルゲに心惹かれる学

[4) 「従来の研究では「生活改革」あるいは「生活改良」という呼称のほうが普通であった」が，「これは生の哲学などと共通する全体論的な発想に立っていたものなので，「生活」ではなく，「生」の改革という名称のほうが適当である」という竹中亨の見解に論者も賛成である。竹中亨『帰依する世紀末　ドイツ近代の原理主義者群像』ミネルヴァ書房，2004 年，242 頁。

5) Wünsche, K.: *Bauhaus: Versuche, das Leben zu ordnen (Kleine kulturwissenschaftliche Bibliothek 17)*, Wagenbach, 1989.

6) Binding, K. und Hoche, A.: *Die Freigabe der Vernichtung lebensunwerten Lebens. Ihr Maß und ihre Form*, Felix Meiner, 1920. （『「生きるに値しない命」とは誰のことか——ナチス安楽死思想の原典を読む』森下直喜・佐野誠訳，窓社，2001 年。）

7) トレルチは早くもそのような可能性を感じ取っていた。トレルチは「学問における革命」が求められている状況を，「民主主義的および社会主義的な啓蒙に対する，生活をほしいままに組織化する理性の合理的な独裁とそこで前提されている人間の平等と理知のドグマに対する大きな世界的反動の始まり」と理解していた。（Troeltsch, E.: Die Revolution in der Wissenschaft, in: GS4, S. 676.）

生たちだったのである。そしてゲオルゲ・クライスのメンバーから見れば、ヴェーバーが『職業としての学問』で擁護する学問のあり方こそが「古い学問」の象徴に他ならなかった。講演記録が活字になると彼らはすぐさまそこに批判の矛先を向け、ヴェーバーに対する反論を通して自分たちの理念を主張した。ヴェーバーとゲオルゲ・クライスはお互いを論争相手として意識しながらそれぞれの学問論を展開していたのである[8]。

2. マックス・ヴェーバーの学問観

まず始めに、論争の出発点となった『職業としての学問』におけるヴェーバーの主張を確認しよう。古い学問の擁護者たるヴェーバーの「スワン・ソング」と目されるこの講演において、ヴェーバーはアメリカとドイツの大学制度の違いやそこに起因する大学人の就職事情の差異などから議論を始めており、その議論も今日のわが国における若手研究者をめぐる状況と比較しても興味深いものであるが、本章ではヴェーバーの学問観と大学人の職務についての見解に議論を集中する。

その学問観の大前提となるのは、学問が人間の合理的思考を体現したものであるということである。「学問の進歩は、元来、人類が何千年来それに従ってきた合理化の過程の一部、いな、それのもっとも主要なる部分をなすもの」[9]なのである。ここから当然のことながら、学問の課題は合理的な思考にのみ限定され、合理的思考によって捉えられない対象は学問の手から逃れることになる。合理的思考がきっぱりと断念をしなければならない対象とは、例えば「体験」である。合理主義の限界を克服しようとして直接的な体験に訴えたところで、その結末は非合理主義の限界を露呈すること以外の何物でもない。たとえ「体験」のような

---

8) 学問論を巡るヴェーバーとゲオルゲ・クライスの論争については、姜尚中の前掲書と上山安敏、『神話と科学』、岩波書店、1984年が日本語での古典的な研究である。ドイツ語圏での最近の研究としては、Pohle, R.: *Max Weber und die Krise der Wissenschaft*, Vandenhoeck & Ruprecht, 2009. がある。

9) 『職業としての学問』31-32ページ（Weber, GA, S. 86）。

第 6 章 「学問における革命」に対する期待と懸念　　115

ものを捉えようとしても，それを「学問」として考察しようとするならば，「学問」において体現されている合理化の過程から逃れることはできないのである[10]。

　ここから，大学人の研究者としての職務も限定される。「学問がこんにち専門的に従事されるべき「職業」としてもろもろの事実的関連の自覚および認識を役目とするものであり，したがってそれは救いや啓示をもたらす占術者や予言者の贈りものや世界の意味に関する賢人や哲学者の瞑想の産物ではないということ」[11]である。研究者は自分の専門領域における事実的な研究に従事し，それを通じて学問の進歩に貢献することが求められているのであって，もはや世界観全体に対する答えを提出することは不可能であるし，そうしようとしてはならない。ヴェーバー以降に展開した科学論を知る私たちにとって，従来の学問的な成果の上に新たな成果が積み上げられるという理解は学問観として素朴なものであるが，少なくとも個別の専門研究に従事している研究者の意識としてはそうでしかありえないとヴェーバーは言うのである。そして，知的世界，あるいは生活世界全体を支配する唯一の神はもはや想定しえず，それぞれの領域内で支配力を持つ小さな神々がたくさん存在することになる。それゆえ，「学問が把握しうることは，それぞれの秩序にとって，あるいはそれぞれの秩序において，神に当たるものはなんであるかということだけ」であるので，大学人の教師としての役割も自ずと限定されることになる。すなわち，「教室で教師がおこなう講義も，この点を理解させることができればその任務は終るのである」[12]。

　学問に携わる大学人の職務をこのように限定するヴェーバーにとって，当時の学生たちの要求は由々しきものであった。なぜなら，「われわれが教壇に立つのは教師としてのみである」にもかかわらず，「かれらは講義者のなかに，そこにかれらにたいして立っている人ではない別のある人——つまり教師ではなく指導者——を求めている」[13]からである。ヴェーバーにとって見れば，若者たちのそのような態度が意味し

---

[10]　同上，41-42 ページ（Weber, GA, S. 92）。
[11]　同上，65-66 ページ（Weber, GA, S. 105）。
[12]　『職業としての学問』55 ページ（Weber, GA, S. 100）。
[13]　同上，57 ページ（Weber, GA, S. 101）。

ているのは，多くの神々が争い合う現実——ヴェーバーによれば「日常茶飯事」——に彼らが耐えることができていないということに他ならなかった。高度な専門性を帯びた実証的な学問に耐えることのできない若者たちに対するヴェーバーの批判は執拗なものであり，例えば『宗教社会学論集』の序文でも，大学の授業において世界観を求める若者たちに対して，「「ショー」を求める者は映画へ行くが良い。(中略)「説教」を求める者は秘密集会へ行くが良い」と言い放つ[14]。

3. ゲオルゲ・クライスによる「学問における革命」の要求

　ヴェーバーが非難の矛先を向けている「若い世代」とは，すでに名前を挙げた通り，具体的にはゲオルゲ・クライスのメンバーたちであった。ゲオルゲ・クライスは詩人シュテファン・ゲオルゲ（Stefan George, 1868-1933）を中心として集まった芸術家，思想家のグループである。その全体像を描くことは難しいが，大まかに言って，ゲオルゲの周囲には前期と後期で性格の異なるグループが集結していた。同人誌『芸術草子』をメディアとする，詩人仲間による初期のクライスと，『精神運動年鑑』をメディアとし，ゲオルゲを神格化する後期のクライスである。学問のあり方をめぐりヴェーバーと論争を繰り広げたのは後期のクライスである。「精神」もまた「生」や「体験」と並ぶ20世紀初頭の思想界における論争概念の1つである。松尾博史によれば，「『精神運動年鑑』という誌名は，当時の文脈から見れば，ゲオルゲ・クライスが芸術運動の枠から脱し，直接的な時代批判・学問批判へと踏み込むことの宣言」[15]であった。そして，ヴェーバーが『職業としての学問』においてゲオルゲ・クライスを念頭に若者たちの学問観を非難したことをきっかけに，学問論をめぐる一大論争が勃発したのだった。

---

　14)　Weber, M.: Vorbemerkung, in: *Gesammelte Aufsätze zur Religionssoziologie*, Bd. 1, 1920- 1921, S. 14. この序文は『宗教社会学論選』大塚久雄・生松敬三訳（みすず書房，1972年）に収められているが，引用は拙訳による。
　15)　松尾博史「ゲオルゲ・クライスの「精神運動年鑑」(1)」『言語文化研究』第25巻第2号，松山大学総合研究所，2006年，119頁。

第6章 「学問における革命」に対する期待と懸念　　　117

　ここで，本章で扱う著作を中心に，この論争の過程を整理しておこう。ヴェーバーの講演「職業としての学問」は，1917年にミュンヘンのシュタイニッケ書店で「自由学生団」という団体の依頼によって初めて開催された。2年後の1919年に，再び同じく「自由学生団」の依頼で同一会場・同一内容で講演された後，その記録が活字となり出版された。これに対して早くも翌年（1920年），ゲオルゲ・クライスの学問論の急先鋒と言えるエーリッヒ・フォン・カーラー（1885-1970）の『学問の職分』[16]が出版され，さらにその翌年（1921年）にはゲオルゲ・クライス内の穏健派であるアルトゥーア・ザルツ（1881-1963）の論考『学問のために。学問を軽蔑する教養人に抗して』[17]が発表される。こうしたヴェーバー批判を受けて同年にトレルチが「学問における革命」[18]を発表，論争の見取り図を描き出した。1920年6月にこの世を去っていたヴェーバーは，もはやゲオルゲ・クライスの学者たちに再反論することはできなかった。ハイデルベルク大学の同僚であったのみならず，一時はネッカー河畔で同じ屋根の下に居を構えた旧友に代わり，トレルチは古き学問を擁護し，若い世代の要求の問題点を指摘する。しかし，トレルチはただヴェーバーの代理戦争を戦ったわけではなかった。後に確認するようにトレルチは，若い世代の訴えにも一定の真理契機を認めるのである。トレルチは学問のあり方についての論争を生じさせることになった近代の知的状況全体に目を配っており，若い世代から提起される知的革命の要求を不当なものとして一概にはねつけることはできなかったからである。トレルチの論考はヴェーバーに対するゲオルゲ・クライスからの批判の要点を的確にまとめているので，以下ではトレルチの記述にしたがって，ゲオルゲ・クライスが要求する「革命」の内容を確認したい。その際，比較的穏健な立場をとるザルツではなく，よりゲオルゲ・クライスの発想が明確に読み取れるカーラーの著作にたいするコメントを中心に見ていくことにする。カーラーの著作がゲオルゲ・クライス御用達の出版社，ゲオルク・ボンディより出版されていることも，

　　16）　Kahler, E. v.: *Der Beruf der Wissenschaft*, Georg Bondi, 1920.
　　17）　Salz, A.: *Für die Wissenschaft: Gegen die Gebildeten unter ihren Verächtern*, Drei Masken Verlag, 1921.
　　18）　Troeltsch: Die Revolution in der Wissenschaft, in: GS4, 1925.

（ゲオルゲ自身はカーラーの意見に全面的に賛同してはいなかったようであるが）カーラーの議論をゲオルゲ・クライスを代表するものとして扱ってよいという傍証となるだろう。

トレルチによれば，若い世代が既成の学問に対して抱いている欲求を簡潔に表現すれば，「自然主義から，そしてそれとほとんど同一視される主知主義から離れること，しかしまた歴史主義からも，そしてそれとほとんど同一視される，大学での形骸化した学問活動の専門主義と相対主義からも離れること」（GS4, S. 654）であると述べる。このような知的動向はドイツだけに特有なものではなく，欧米の全域で生じつつあるものとトレルチは見なす。例えばフランスではベルクソン，イタリアではクローチェ，ドイツではニーチェ，ディルタイ，ジンメル，フッサールに同様の問題意識を認めることができるという。

このようにトレルチは，知的世界の大きな変動の中にゲオルゲ・クライスを位置づけた上で，焦点となるカーラーの『学問の職分』の論評へと移る。その論争的な性格から，トレルチは「これは闘争宣言」であると性格づけるが，「これは実際，とても若々しいけれども決して凡庸ではない，人間的に深く胸を打つ書物である」という評価を与えている（GS4, S. 668）。そして以下のようにカーラーの主張をまとめる。

> 「『職業としての学問』についての講演においてマックス・ヴェーバーが与えた記述に対する反論として，カーラーは彼の命題を終始論争的に定式化した。それによりカーラーは最初から断固として，実証主義と非常に親近的な新カント主義の形態のうちに「古い学問」を見ている。それに従うと，学問は専門諸学の連なりであり，どんな哲学からも切り離された，不可避的な近代世界の運命と本質になってしまう」（GS4, S. 668f.）。

> 「主知主義のこの悲劇と今日の大学学問のサテュロス劇から外へと向かう道は，新たな人格的な指導および学問と生の新たな結びつき，すなわち，まさしくヴェーバーが，預言者の時代に属するものであって今日では不可能だと説明したものを通るしかない」（GS4, S. 669）。

言うまでもなく，人格的な新たな指導者としてカーラーが想定するのはゲオルゲであった。具体的な統一性を持った指導者によって示される規範に従うことで，学問と世界観もまた統一性を回復できるのである。カーラーも従来の学問が行ってきた個別的・実証的な業績を完全に否定するわけではない。しかし「批判的調査は素材として背後に留められ，個的に有機的な像についての芸術的な記述こそが与えられるべき」（GS4, S. 672）だということになる。例えばグンドルフのゲーテ論においてその理想が実践されているという[19]。

4．「学問における革命」に対するトレルチの評価

トレルチはカーラーの著作の持つ力にある程度前向きな評価を与えているものの，そこに現れているゲオルゲ・クライス的な発想に，内容として何か新しいものが含まれていると見なしているわけではない。それはヨーロッパ的な知の趨勢を診断するための「徴候的（symptomatisch）」な意味で重要なのである。そしてトレルチは，そこに現れている徴候を以下のように取り出す。

> 「とても重要かつ徴候的なことは，精神的な発展が明確に区別してきたし，実際に事柄において根本的に異なっている3つの物事をカーラーが一緒くたにしてしまっているということである。それは程度の差こそあれ厳密である実証主義，全体へと向かう哲学，実践的・個人的な生活態度である。これら3つのものを若者たちは一跳びに手に入れようとしている」（GS4, S. 672f.）。

ここでまずトレルチが問題視しているのは，カーラーに代表される若者たちが，学問と哲学と生活態度の区別を放棄していることである。ト

---

19) グンドルフに代表されるゲオルゲ・クライスの学問論および実際の個別研究がその後の学問（特に文学研究）に及ぼした影響については以下の論集を参照。Zimmermann, H.-J. (hrsg.): *Die Wirkung Stefan Georges auf die Wissenschaft. Ein Symposium*, Carl Winter Universitätsverlag, 1985.

レルチにとってこのような強引な同一化は問題を曖昧にするだけであって，とても賛成できるものではなかった。まずここにカーラーとトレルチの大きな相違点を確認できる。さらに，上に挙げた3点のそれぞれについてトレルチは自分の見解を述べる。

　まず，学問についてのトレルチの見解は明解である。彼ははっきりと，「ここで私は自分自身が全くもって古い学問に与することを明らかにする。なぜならそれ以外に学問はありえないからだ」（GS4, S. 673）と述べる。西洋近代的な学問のあり方から西洋近代の歴史的負荷を引きはがすことはできない。学問が学問であることを望むなら，現実にそうであるところの形態を認める他ない。

　しかし，このことは個々の学問を超える全体性を把握しようとする哲学の意義を否定するものではない。ここでトレルチは専門化していく学問に危機感を感じる若者たちに共感を表明する。

　　「しかしながら哲学はもちろんいくらか異なる。まさに哲学というものはそもそも精密科学や実証主義ではない。そうではなく，全体を把握する道筋をどこかの点から切り開き，個々の諸学との確固とした関係をなんとか獲得しなければならないものなのである。この点については私個人としてはヴェーバーとは全く違うように考えているし，カーラーの著作から感じることのできるある種の本能は，私にとっても不可能に思えるヴェーバーの懐疑主義や，価値を暴力的に肯定する英雄主義よりも真理に接近していると信じている」（GS4, S. 673）。

　ヴェーバーが主張するように「神々の闘争」に耐え，そこから決断的に一つの価値を選び取ることは，ヴェーバーのような強烈な人格においてのみ可能になる英雄主義であって，万人にとって可能なものではない。闘争しあう神々の中のどれかを選ぶのではなく，この闘争が調停されることを人は望んで良いのだし，調停された世界観の中でこそ安心して自らの専門研究に従事できる。そうした調停を提供できるのが哲学である。ヴェーバーはもはやこのような哲学の役割を認めないが，トレルチは若い世代と共に，知の全体性を求める哲学の必要性を主張するので

ある。

　生活態度について述べる段になると，トレルチは再びゲオルゲ・クライスに対してきっぱりと距離をとる。人がなんらかの信念を実際の生活において実現しようとするなら，「隠遁や理想的な秘密集会」へと引きこもり，限られたサークルの中で自分たちの信念に従った生活を送るか，実際にはさまざまな問題を含む現実社会の中で少しでも理想に近づくべく格闘する他ない。しかし，ゲオルゲ・クライスの若者たちがやっているのは，本を書いて現実の諸問題について嘆き悲しむことだけであって，それはトレルチにとっては「不毛な中間の道」であると思われた（GS4, S. 673）。トレルチの立場は，既存の学問のあり方を尊重しつつ，生の全体性の把握のために新たな仕方で知の体系化を行うものであると言って良い。これは，枠組みとしてゲオルゲ・クライスの立場と異なるものではない。彼らもまた，従来の個別の学問の成果を否定し去ることはなかったのである。すると，トレルチとゲオルゲ・クライスを分かつのは，生活世界へと向けられた動機づけであるだろう。トレルチにとって，学問の革命を求める欲求が「生」の全体性を希求しながら，現実の生活世界へとしっかりと結びつけられていないことが大きな問題であった。

　このように見てくると，トレルチが「学問における革命」に対して積極的な評価を与えるのは，3つの観点のうち，哲学の必要性についての理解だけであると言える。しかしそれは合理化の名のもとに専門化していき，生を捉える力を失ってしまった学問への批判としては決定的なものであり，それゆえにトレルチは，ゲオルゲ・クライスの批判は真摯に受けとめるべきものであると考える。かくして，学問の革命への要求と実証的な学問の関係について以下のように結論が述べられることになる。

「私個人としてはこう信じているのだが——このような事柄については信じるとか思うとかする以外には不可能である——，このような現象の全てはとても真剣に受け取られるべきだし，とても深く進行しているのである。我々の学問的営為においてはとても多くのものが生気を失い慣習的なものになってしまっていて，世代交代は

否定しようがない。しかしながら，この交代は厳密な，そして本来的に秩序あり実証的である学問との接触を再び見出すだろうし，見出さなければならないと，私は信じ，かつ望んでいる」（GS4, S. 676）。

「生」を捉えることができるように学問に生気を取り戻すことと，近代的学問の財産である実証性を保持することはトレルチ自身の問題でもあった。トレルチは神学史上の位置づけとしては「宗教史学派」の一員とされる。宗教史学派の特徴は，神学の中に批判的・実証的な歴史研究を全面的に取り入れたことにあるが，歴史的方法の適用を根本的に支えていたのは，生ける主体による生ける歴史の感受の可能性に対する信頼であった[20]。主体的＝主観的な感受と実証的な学問の結節点を見つけることは，「宗教史学派の体系家」であるトレルチにとって中心的な課題だったのである。その主張の内容について同意できない点は多々あるとしても，トレルチはゲオルゲ・クライスの要求の中に自分と共通する問題意識を感じ取っていたのである。

5.「学問における革命」とプロテスタンティズム批判

これまでトレルチの視点を通してゲオルゲ・クライスに属する若い世代の立場を見てきたが，そもそもなぜ彼らは美的直観により生を捉えようとする自分たちの方策をあくまで学問論として展開したのだろうか。ゲオルゲ自身がそうであったように，ゲオルゲ・クライスの若者たちは詩人の世界に引きこもり，学問の外側から学問のあり方を非難することもできたのではないか。しかし前田良三の見立てによれば，「芸術運動としての自己主張を学問内部で行うというこの「入れ替え（キアスム）」にこそ，クライスの戦略上の要諦があった。というのも，他ならぬ学問という社会システムこそ，西欧的な近代化＝合理化の原理が典型的なやり方で貫徹

---

[20] 宗教史学派における「感受」の重要性については以下の論文を参照。水垣渉「宗教史学派の根本思想（承前）」『途上』9, 思想とキリスト教研究会編，1978年, 27-48頁。

された領域の一つだからである」[21]。ゲオルゲ・クライスの近代合理主義批判は，その成果を根本的に否定して素朴にプレ近代に立ち返ろうとするのではない。それは，彼らなりの仕方で近代的な知の限界を見定め，その中に留まりつつ近代的な知の境界を拡張しようとする試みであったと言える。それゆえ，ゲオルゲ・クライスは近代的な学問の成果を否定することはなかった。そこを出発点としてそれ以上の何かを構築することを，すなわち彼らの場合には，個別的な学問研究の成果を素材として生の全体像や生を導く価値体系を構築することを目指したのだった。ゲオルゲ自身はゲオルゲ・クライスよりも反近代的な色合いが濃かったが，そのゲオルゲが体現していた価値体系ですら，「プラトン，ダンテ，ニーチェへと甚だしく依拠することにおいて，そのものとしては近代の歴史主義から形成されたものである」とトレルチは看破していた（GS4, S. 659）。ゲオルゲが自らの価値体系を構想する際に源泉としたものが反近代的だったとしても，その源泉から内容を汲み取ることを可能にしたのは，優れて近代的な発想である歴史主義的な発想だったのである。

　近代的な学問に対する，ゲオルゲ・クライスのこのようなアンビヴァレントな関係は，近代的な学問の担い手である古い世代の学者たちとの関係にも当てはまる。ハイデルベルクのゲオルゲ・クライスの代表者であるグンドルフにとっては「ヴェーバーもトレルチも，ハイデルベルクにおける知的な「理念‐闘争相手」の役を演じていたが，必要な場合には，権威的な証明のための保証人として引き合いに出された。しかしながら同時に時代遅れの学問概念の持ち主として批判の焦点に立ちもした」[22]のである。それゆえ，これからの学問のあるべき姿については意見を異にするにしても，その前提となる近代的学問の由来についての理解は，若い世代とヴェーバーおよびトレルチに共有されることになった。それはすなわち，典型的にはヴェーバーが『プロテスタンティズムの倫理と資本主義の精神』で論じたように，西欧近代の合理化のプロセスを生んだのはプロテスタンティズムに他ならないという主張である。その上で，この合理化を体現している営みである従来の近代的学問のあ

　21）前田良三「神話・学問・メディア──ゲオルゲ・クライスをめぐる議論の現在」『立教大学ドイツ文化論集　ASPEKT』32，1998年，189頁。
　22）Christophersen, A.: *Kairos*, Mohr Siebeck, 2008, S. 59.

り方を順守してその合理化のプロセスに耐えるか，学問の内部に指導原理として美的直観を導入しようとするのかが，ヴェーバーとゲオルゲ・クライスを分けることになる。

　そして，前提となる近代理解がプロテスタンティズムと結びついている以上，ゲオルゲ・クライスの近代批判は反プロテスタンティズムの主張と直結する。例えば，ゲオルゲ・クライスの代表者であるグンドルフについても，「プロテスタンティズムへの決然とした反抗はグンドルフの理論形成の特徴的な構成要素として示される」[23]と言われる。プロテスタンティズムへの反動としてゲオルゲ・クライスはギリシア的なものやカトリック的なものを称揚し[24]，ニーチェやゲオルゲはそういった力の担い手なのである。しかしこのようなプロテスタンティズム批判はヴェーバーにとってみれば関心を惹くものではなかっただろう。近代的合理性の生みの親としてプロテスタンティズムの意義が示されたとしても，現に成立している学問制度の擁護とプロテスタンティズムの擁護は必ずしも結びつくわけではない。ヴェーバーにとって学問への専心は宗教的な価値判断とは切り離されて，それ自身で選び取られるべきものだった。

　それでは，自律的な合理的プロセスとしての近代的学問においてひたすらに事柄へと専心することを説くヴェーバーと，反プロテスタンティズム的色彩を帯びた価値体系を学問内部で実現しようとするゲオルゲ・クライスのそれぞれに部分的には共感を示しながらも満足することのできないトレルチは，近代／プロテスタンティズム／学問についてどのように捉えていたのだろうか。

6. おわりに ——生の営みとしての学問

　ヴェーバーとゲオルゲ・クライスに共有されている，学問において具

---

[23] Ibid.
[24] この点についてもトレルチは認識しており，「異教へと向かう美的な反キリスト教性と，カトリック化し法と規範を求めるキリスト教性の対立」を「新しいロマン主義＝学問における革命」に認めていた。（GS4, S. 676.）

第6章 「学問における革命」に対する期待と懸念　　125

現化している合理化のプロセスがプロテスタンティズムに端を発しているとの理解は、トレルチにもまた共有されていた。しかし、トレルチによればプロテスタンティズムに起源を持つのは、近代の合理主義だけではない。トレルチの理解では学問ばかりではなく、「近代世界を、その大部分がまさにキリスト教から成長したものと見なすべき」[25]であるが、近代世界とは一面的に合理化へと向かうプロセスなのではなく、例えばそこには「全理性的文化の国家への吸収にまで至る生活の徹底した合理化と、他方ではこれに対して、個人＝人格的なこと、宗教的なこと、精神的なことの尊厳の権利に与する、幾多の非合理的な力を帯びた反対感情」（GS4, S. 304）が存するし、近代を特徴づける「個人主義」にも「合理的個人主義」と「非合理的個人主義」という、あい反する2つの潮流が認められる（GS4, S.306）。この見方からすれば、プロテスタンティズムは近代的合理性ばかりではなく、近代の非合理性にも責任を持つことになり、ゲオルゲ・クライスからのプロテスタンティズム批判は一面的過ぎることになるだろう。

　近代世界が合理性と非合理性の両面を持つように、その中で生きられる「生」も合理性と非合理性の両面を持つ。学問が合理性の側面に集中するものであるとしても、それによって生の非合理的な部分を捨て去ることができるわけではない。トレルチの理解に従えば、学問は近代的な生の営みの一部なのであって、とりわけ人文・精神科学は学問外部のさまざまな歴史的現実との連関の中でなされるべきものである。すなわち、生の連関の中に学問を位置づけ、生の連関に対する学問の意義を考えるべきである。人文・精神科学はそれ自体では捉えがたい生の営みを対象とし、研究者もまた自分の生を生きている以上、学問という営みが生に対してどのような関係にあるのかが問われねばならない。これは、価値判断を越え、専門的な学問研究へと打ち込むことを訴えるヴェーバーに対する批判である。

　一方、ゲオルゲ・クライスは美的直観による「入れ替え」により、合理的な学問の中心に非合理的な核心を置くことを試みた。しかし、非合理性が学問内部に持ち込まれたとしても——その試みが矛盾をきたすこ

---

25) Troeltsch, E.: Das Wesen des modernen Geistes, in: GS4, S. 332.

となく完遂されうるかどうかは別として——結果的には学問が生の連関から孤立する結果になってしまう。ゲオルゲ・クライスが「生」を把握することのできる学問を要求しながら，その実践が生の連関から引きこもる結果になっていることを，トレルチによる批判の第3点において私たちは確認した。学問内部で生の全体性を要求するのではなく，生の連関における学問の位置づけが問われるべきなのである。

　トレルチ自身は，学問がその連関の中に置かれるべき「生」を「歴史」の問題として追究する。「歴史的な生の流れの際限無い流動性と，それを確固とした規範によって制限し，形成しようとする人間精神の欲求との関係」[26]である。この関係をめぐる問いは大著『歴史主義とその諸問題』の中心テーマであり，本章ではこれ以上論じることはできない。しかし，「古い学問」の立場に立ちながら，学問をその外部に広がる生の連関へと開放し，またそれによって歴史的生の方向づけと形成を行おうとする点に，ヴェーバーともゲオルゲ・クライスとも異なるトレルチの独自性を認めることができるだろう。

　学問を生の他の領域と結びつけるという課題のために，宗教が必要になるものとトレルチは考える。私たちはいくつもの生活圏（生の領域）にまたがって生を営んでいるが，「これらの生活圏に結合と連関を与え，単に並列的に領域があるのではなく，中心を持って複数の領域があるのだと把握しようとするならば，当然のごとく形而上学的で宗教的な要素へと我々は向けられる」[27]と述べるのである。ヨーロッパにおいてさまざまな生の領域を結びつける「共通精神」の基盤となる宗教はキリスト教をおいて他に無い。しかし「普遍的な支配力を有する教会的教義のドグマティックな強制力」[28]をもはや用いることのできない時代にあって，実際にどのようにしてキリスト教を共通精神として倫理的な価値を構築するのか，という難問の解決を見出すことは容易ではない。トレルチもこの難問を前にさまざまな可能性を探っていたようであるが[29]，それは

---

　　26)　Troeltsch, E.: *Fünf Vorträge zu Religion und Geschichtsphilosophie für England und Schottland. Kritische Gesamtausgabe 17*, de Gruyter, 2006, S. 68.
　　27)　Ibid., S. 56.
　　28)　Ibid., S. 48.
　　29)　例えば，ティリッヒが主要メンバーであった宗教社会主義のサークルの会合に顔を出すなど，キリスト教を共通精神としてヨーロッパ近代社会のはらむ問題を克服する道を模

この時代の神学者に共通する課題であった。「学問における革命」が要求される時代にあって,神学もそうした要求と無縁ではありえない。いや,無縁でないどころか,こうした動向が「生」の把握可能性を問うものであるからには,宗教をめぐる思索はそうした時代のうねりの中心に位置することになったのだった。プロテスタント神学においても,トレルチがかつてリッチュル学派などに対する「前衛」として,全面的に導入することを主張した歴史学的方法は,いまや限界を迎えつつある近代的学問の代表と目され,それはキリスト教的な真理,あるいはキリスト教的な生をつかみ取る方法として不適切であると見なす神学者が過激な言説を展開しつつあったのである。このような,新たな「前衛」の登場という神学の変化の中で,トレルチの立ち位置はどのように変わったのか,この考察が第 7 章の課題となる。

索していた。(Christophersen: *Kairos*, S. 16ff. を参照。)

第7章

第一次大戦と新たな神学の動向
──キリスト教思想における前衛と後衛──

―――――――

1. 神学的前衛（アヴァンギャルド）への関心

　1980年代以降にトレルチ思想研究が新たな段階に入ったのと時期を同じくして，トレルチを含む，いわゆる「自由主義神学」全体の再評価も進められてきた。その結果，近代化との妥協を進めたことにより袋小路に入り込んだ「自由主義神学」に対し，「弁証法神学」と呼ばれる新しい神学運動がキリスト教の福音が持つ独自の意義を救い出した，という「自由主義神学」から「弁証法神学」への移行過程についてのあまりに単純な見方も見直しがなされてきた。そういった再検討の中でも，F・W・グラーフやG・ヒュービンガーといった研究者は社会的・政治的コンテクストのなかで当時の宗教的言説を分析し，弁証法神学と呼ばれてきた神学運動（の特に初期）の担い手について，彼らがヴァイマール期ドイツの知的世界に登場した「前衛（アヴァンギャルド）」，あるいは「前線（フロント）世代」の一員として，「表現主義」的な宗教的言説を展開したと理解する視点を提供した[1]。こうした研究をうけて，近

---

1) これらの用語はW・ラカーやD・ポイカートがヴァイマール期ドイツの文化を分析するために用いたものである。神学者についてはラカー自身がカール・バルトとブルトマンを「プロテスタント神学のアヴァン・ギャルド」と呼んでいる。（『ワイマル文化を生きた人びと』脇圭平・八田恭昌・初宿正典訳，ミネルヴァ書房，1980年，260頁。原著は1974年。）また，ポイカートが用いた世代論（Cf.『ワイマル文化──古典的近代の危機』小野清美・田村栄子・原田一美訳，名古屋大学出版会，1993年，18-22ページ。）を援用してグラーフはバルトやブルトマンと同世代の神学者を「神の前線世代（Gottes Frontgeneration）」ある

年わが国でも深井智朗が神学の社会的機能についての研究を発表している。

このような概念を用いる意図を深井は以下のように述べる。それは,「従来の神学史, あるいは近代ドイツ・プロテスタンティズムの歴史記述は, 思想の転換という点を強調しすぎてきた」[2]ことに対して, 以下のような問題意識が生じてきたからである。

> 「ヴィルヘルム期からヴァイマール期にかけての表現主義的な神学者たちのリベラル・ナショナリストたち(これまで自由主義神学者と呼ばれてきた神学者たち:引用者注)への批判は, 最初から世代間の批判や対立ということだけではなく, (中略) 両者が同じ時代精神と, 異なった方法論で取り組んでいた時期があり, その後に分離と対立, ラディカルな批判へと至ったという, よりきめ細かな分析が必要になるはずである。」[3]

論者もこのような問題意識を共有しているが, そこに一定の不満も感じてきた。それは,「前衛」,「前線世代」,「表現主義」という分析概念だけでは, これらの研究が意図することが十分に明らかにできないのではないか, ということである。すなわち,「前線世代」という世代論と「表現主義」という思想上の立場を結びつけることにより, 当初の意図に反して, ヴァイマール期の前衛的神学者たちとヴィルヘルム帝政期末に活躍したリベラルな神学者たちとの断絶を強調することになってしまっているのではないだろうか。その結果として, 例えばエルンスト・トレルチのような, ヴィルヘルム世代の一員でありながら, 第一次大戦後も生き残り, 立場を修正して再登場した (とされる) 神学者について, その位置づけが微妙なものとなっている。戦後のトレルチは「ヴィルヘルム期の夢を捨てきれない世代」ではなく, 肯定的に評価されるべきも

いは「神学的な〈前線世代〉」と呼ぶ。(Annihilatio historiae? Theologische Geschichtsdiskurse in der Weimarer Republik, in: *Jahrbuch des Historischen Kollegs*, 2004, S. 54; ders.: *Der heilige Zeitgeist*, Mohr Siebeck, 2011, 29ff.)

2) 深井智朗『ヴァイマールの聖なる政治的精神 ドイツ・ナショナリズムとプロテスタンティズム』岩波書店, 2012年, 112頁。

3) 同書, 113頁。

第 7 章　第一次大戦と新たな神学の動向

のとしてその政治的・神学的努力を解釈する可能性を深井は示唆しながらも[4]，現実にはこの努力は「ヴァイマールの神聖フロント世代の批判の前で，無残にも葬り去られた」[5]ことが確認される。このように，世代としてはヴィルヘルム世代に属しながら，前線世代と同じ時代精神に直面しつつ，それでも前線世代とは距離を置かざるをえなかったトレルチには，旧きヴィルヘルム世代と若い前線世代という図式のなかで適切な位置を与えることができていない。

　そもそも，「フロント世代」や「前衛」という枠組みは，P・ゲイやW・ラカー，D・ポイカートの議論に依拠して設定されているが，彼らの議論が発表されてからすでにかなりの時間が経過しているため，世代論については近年の研究成果も踏まえて再構築されるべきであるように思われる。村上宏昭が指摘するところでは[6]人生の特定の時期を指していた「世代」という概念に，同じ年代に生まれた人口集団である「コーホート」の意味が加わり，現在の世代論の原型が姿を現したが，それは青年神話からの影響を受けつつ，第一次世界大戦後に「青年の反抗」を記述すべく成立したものだった。そうであるなら，若い世代が古い世代に貼ったレッテルから自由に当時の思想状況を描こうとする本来の意図とはうらはらに，古きヴィルヘルム世代と若きフロント世代の対立という図式を前提とすることは，古い世代に対する若き世代の反抗という分析されるべき枠組みに最初から拘束されていることを意味する。

　そこで，「前衛」への注目により開かれた，第一次世界大戦を契機とする知的世界の大きな変革の中でのキリスト教神学の変化を理解する議論をよりきめ細かなものとするために，世代論に規定された「前衛」理解を補う視点を設定する必要がある。そのためにはトレルチのような立ち位置に積極的な意味を認め，単なる世代論に終始しない，思想の連続と断続を語りうる視点を探す必要がある。

---

　4)　同書，287 頁。
　5)　同書，288 頁。
　6)　村上宏昭『世代の歴史社会学』昭和堂，2012 年。「世代」の「コーホート」化については特に第 1 章，第 2 章を参照。

2.「後衛」という視点

　そこで検討したいのが「後衛 arrière-garde」という視点である。このように紹介すると「前衛」に対する単なる言葉遊びのように思えるかもしれないが，これは「前衛 avant-garde」について研究の蓄積があるフランス文学研究において近年注目されてきた概念であり，ウィリアム・マルクスが先鞭をつけ[7]，わが国でも論文集が編まれるなど[8]関心が高まりつつあるものである[9]。

　「前衛」が元々は最前線を切り開く部隊を指し示す軍事用語であった（そして，「前線（フロント）」と実質的には同じ意味を持つ）ように，「後衛」もやはり軍事用語であり，それは「引き延ばし戦」あるいは「撤退戦」を戦う「しんがり」の部隊を意味する。マルクスやアントワーヌ・コンパニョンは，早くは1910年代に，主としては1930年以降の文学者や思想家の中に自らの立ち位置を「後衛」と見なし，「前衛」から距離をとる人々が現れることを明らかにした。コンパニョンのまとめから，「前衛」の意味のシフトと，その後に生まれてくる「後衛」という自己意識の誕生について確認しよう。

　コンパニョンによれば，「アヴァンギャルド」の語を文学者の評価に用いる例はすでにルネサンス期に認められるが，1848年から1870年にいたる時期，すなわちフランス第二帝政期に美的隠喩としては重要な意味の横滑りが起きた。すなわち，「軍事的な範疇から美学的な範疇へとシフトしながら，「アヴァンギャルド」の語は「先取り」を意味するようになり，空間的価値から時間的価値へと移行した」[10]のである。その

　7）　Marx, W. (edit.): *Les Arrière-gardes au XXe siècle: L'autre face de la modernité esthétique*, PUF, 2004.

　8）　塚本昌則・鈴木雅雄編『〈前衛〉とは何か？〈後衛〉とは何か？　文学史の虚構と近代性の時間』平凡社，2010年。

　9）　したがって，本章における「前衛／後衛」はマルクス主義において用いられた用語とはさしあたり無関係である。

　10）　アントワーヌ・コンパニョン『近代芸術の五つのパラドックス』中地義和訳，水声社，1999年，82頁。

結果，前衛的な芸術家の中で現在は常に飛び越えられ，未来が絶対的な価値を持つようになる。そして，現在にいたる歴史は，これから実現すべきものを準備した過程として語られる。そのような前衛的歴史理解にたいしてコンパニョンは「毛並みを逆なでされた歴史」を呼び求めるベンヤミンに範をとり，「近代をめぐる真の歴史記述とはむしろ，変遷に取り残されたもの，敗者たちの，（まだ）何の結果も出していないものの，宙づりにされた起源の，進歩の落伍者たちの歴史ではないか」[11]と問う。このような観点から文学史を眺めると，自ら進歩に背を向けた人びとの系譜が見えてくるというのだ。コンパニョンはこの系譜をモダンに伏在する「アンチモダン」と名づけ，そのもっとも自覚的な姿を晩年のロラン・バルトに認める。

「バルトは1971年に，自分の願いは「前衛の後衛」に位置することであると明言していた。そして彼はすぐに，この曖昧な命題の意味を次のように明確にする。「（……）前衛であること，それは何が死んだのかを知っていることです。後衛であること，それは死んだものをなお愛することなのです」。歴史の運動に囚えられながらも，過去を諦めることができないモダンとしてのアンチモダンを，これ以上に正しく定義することはできないだろう。」[12]

こうして，常に新しいものを求める前衛と共に古いものの死を看取りながら，死に行くものへの愛着により，前衛とは距離を置くことになる「後衛」の姿が明らかになる。「後衛」に注目することの意義について塚本昌則は次のように述べる。

「ロマン主義以降のさまざまな流派，さらにその先鋭的な形としての「前衛」は，華々しさの陰で，新しく名乗りを上げた運動に根強い疑念を抱き，そこから距離を取る人々をも生みだしていたのである。文学に進歩など存在しないとすれば，それぞれの時代の最先端

---

11) 同書，93頁。
12) アントワーヌ・コンパニョン『アンチモダン　反近代の精神史』松澤和宏監訳，名古屋大学出版会，2012年，6-7頁。

をになう流派や運動（中略）の継起として文学史を捉える見方とは，ずいぶん異なった歴史の捉え方が可能となる。この視点からウィリアム・マルクスは，「後衛」に光を当てれば，断絶の継起と見えるものの底流に，それ以前の伝統がさまざまな形で回帰し，連続していたことを示すことができるのではないかと示唆している。」[13]

「後衛」は「前衛」と切り離され，対置される概念ではない。そのような図式では新たな断絶を描くことにしかならないだろう。「問題は，〈前衛〉と〈後衛〉を対比することではなく，その底に流れているより錯綜した力の諸相を，一つ一つ解きほぐしてゆくこと」[14]である。「後衛」への関心を提起したウィリアム・マルクスの問題意識は諸芸術の中での文学の位置づけや，「書く」という行為の後衛性へと向けられているが，「前衛」に目を奪われていては見えてこない連続性を捉えようという姿勢は他の文化的営み——例えばキリスト教神学——にも応用することができるだろう。その領域において，すでに「前衛」的な動向に関心が向けられているならなおさらである。

　もっとも，「後衛」という言葉の意味はいまだ定まっていない。フランス文学研究においても，古いものを破壊し新しいものを求める「前衛」とは異質の心情に「後衛」という言葉を与え，その内実を探っているというところが現状である。日本語の論集『〈前衛〉とは何か？〈後衛〉とは何か？』においても，〈前衛〉についてはともかく，〈後衛〉という言葉で意味されている内容は論者によってさまざまである。現時点ではさしあたりおおざっぱに，古きものの破壊に終始する前衛に対して，その問題意識を共有しつつも，古いものと新しいものの折り合いをつけようと試みることを「後衛」的態度と呼んでおきたい。

---

13) 塚本昌則「序　後衛とは何か？」『〈前衛〉とは何か？〈後衛〉とは何か？』9-10頁。

14) 同書 10 頁。

3. 神学的後衛としてのトレルチ

　以上のように，いまだ漠然とした形ではあるが姿を現しつつある「後衛」の位置に，カール・バルトなどの神学的前衛たちを見つめるトレルチを置いてみたい。カール・バルトとトレルチは「ヴィルヘルム期の終焉をまったく異なった仕方で受け取ったのである。バルトはそこに近代の終わりを見ていたし，不徹底な終わりを徹底化することで社会の変革を追求した。それに対してトレルチは時代の終焉とそれに伴う処理の政治的な責任を担おうとした」[15]。この両者の姿勢には前衛性と後衛性が明確に表れている。

　しかしトレルチは初めから「後衛」であったわけではない。むしろ，第1章で確認した通り，若き日のトレルチはまさしく「前衛」的神学者であった。前衛としてのトレルチ，そして宗教史学派が試みたのは，神学への歴史的方法の全面的導入だった。トレルチの論文「神学における歴史的方法と教義学的方法」はそのマニフェストである。そこでトレルチは，「歴史的方法はひとたび聖書学や教会史に適用されると，すべてを一変させ，最終的には神学の方法のこれまでの形式をすべて破裂するパン種である」[16]と主張する。この「パン種」の発酵力は神学の領域にのみ限定されるものではない。後のトレルチの表現を使えば，「精神的世界についての我々のあらゆる知と感覚の歴史化」[17]としての歴史主義が，西洋近代──とりわけ19世紀以降──の思考を規定しているのである。したがって，「問われているのは神学のみに特殊な問題ではなく，それを超えた我々の知的文化を包括する問いである。この問いはプロテスタント神学にその由来を持つ」[18]ということは確認しておいて良いだろう。その意味で，若きトレルチは歴史的思考方法をめぐって，神学の

　15）　深井智朗『ヴァイマールの聖なる政治的精神　ドイツ・ナショナリズムとプロテスタンティズム』112頁。
　16）　Troeltsch, E.: Ueber historische Methode und dogmatische Methode der Theologie, in: GS2, S. 730.（邦訳は『トレルチ著作集2』高森昭訳，ヨルダン社，1986年，9頁。）
　17）　Troeltsch, E.: Die Krisis des Historismus, in: KGA15, S. 437.
　18）　Rendtorff: Hat der Sauerteig der historischen Methode alles verwandelt?, S. 12.

みならず知的営為全体の前衛を戦っていたのである。
　ベルリンに活動の場を移してからのトレルチの，「後衛」としての戦いにおいても問題となるのは歴史的思考をめぐる問いだった。第一次世界大戦を契機として興隆した前衛的思想家たちにとって古い学問は「死んで」しまっており，歴史的思考とそれがもたらした学問的厳密性こそが学問から生命力を奪った諸悪の根源だと思われたのである。トレルチは，「学問における革命」に認められる時代の兆候として，「我々の学問的営為においてはとても多くのものが生気を失い慣習的なものになってしまっていて，世代交代は否定しようがない」ことを認め，しかしながら「この交代は厳密な，そして本来的に秩序あり実証的である学問との接触を再び見出すだろうし見出さなくてはならない」という診断を下していた[19]。学問の革命に対して共感を持ちつつも，実証的な学問，具体的には歴史的方法を手放すことをトレルチは認めない。世代交代は起こり，学問は更新されなければならないが，そこには断絶ではなく接触がなくてはならないというのである。自らが前衛として引き起こした戦いに今やけりをつけ，次なる前衛に知的遺産を引き継ごうと後衛戦を戦うトレルチの姿がここにある[20]。

4．後衛戦におけるブセットとトレルチの共闘

　神学的後衛としてのトレルチの戦いは必ずしも孤独なものではなかった。リッチュル学派に対する「前衛」として共に戦ったW・ブセットも

　　19）　Troeltsch, E.: Die Revolution in der Wissenschaft, in: GS4, S. 676.
　　20）　トレルチの愛弟子であったゲルトルート・フォン・ル・フォールが自伝的小説『ヴェロニカの手巾』において，主人公の「後見人」である大学教授——そのモデルはトレルチである——に語らせる言葉は，新しい神学の台頭のうちに真理を認め，古き神学の幕引きを引き受けようとする，「後衛」としてのトレルチの態度を伝えているものと解釈できる。
　　「夕焼けはものを美しく輝かすが，しかしそれだけのことであって，もはや果実を熟させはしない。キリスト教の信仰に対する畏敬と，その信仰の深みについての知識は，決して全き信仰に代ることはできない。私は文化を救うことはできないだろう。しかしそのかけがえのない価値を全面的に自覚し，一切の卑怯な妥協を排して，いわば旗をなびかせながら文化と共に没落するだろう」（ゲルトルート・フォン・ル・フォール『ヴェロニカの手巾』（ル・フォール著作集1）人見宏・磯見昭太郎訳，教友社，2009年，515頁。）

第7章　第一次大戦と新たな神学の動向　　　　　　　　　137

　また，第一次世界大戦の敗戦後に，自分よりも若い神学者や神学生の台頭を前に「後衛」としての戦いを始めていた。ブセットは，所属しているギーセン大学で1919年6月20日に『宗教と神学』と題した講演を行った[21]。ここでブセットは，トレルチの――30年近く前の――言葉を引きながら，自分より若い神学者および神学生たちに神学者の役割を訴えかける。

　「私がこれに関してあなた方に言いたいことのために，私の友人，トレルチの言葉を前置きとしたいと思います。この言葉は状況をうまく照らし出しています。彼の言葉はこうです：神学は宗教にとって我慢できないものであり，同様にまた無くてはならないものだ。（Die Theologie ist für die Religion ebenso schwer zu ertragen, wie zu entbehren）」[22]

　ここで紹介されているのは，トレルチが教授資格を取得するために行った公開討論会（1891年2月14日）におけるテーゼの一つである。ブセットはそこに指定討論者として参加していた。しかしブセットの引用は正確なものではなかった。トレルチのテーゼは「神学は教会にとって我慢できないものであり同様にまた，無くてはならないものだ。（Die Theologie ist für die Kirche eben so schwer zu ertragen als zu entbehren.）」というものだったのである[23]。「教会」という語を「宗教」と取り違えたブセットの不正確な引用は，神学をめぐる状況の変化を象徴的に物語っている。いまや議論すべき相手は教会を自明視する保守的ルター主義者やリッチュル学派ではなく，教会を必要とせず直接的な宗教性を求める

　　21）Bousset, W.: *Religion und Theologie (Vorlesung, gehalten am 20. Juni 1919)*, Münchow, 1919.
　　この講演とトレルチのテーゼの関係については以下の論考を参考にした。Graf, F. W.: Der »Systematiker« der »Kleinen Göttinger Fakultät«. Ernst Troeltschs Promotionsthesen und ihr Göttinger Kontext.（「《ゲッティンゲンの小学部》の《体系家》――エルンスト・トレルチの学位取得の諸テーゼとこの諸テーゼのゲッティンゲンでの［社会的・文化的］文脈」高野晃兆訳）
　　22）Bousset: *Religion und Theologie*, S.2. 強調は原文のまま。
　　23）Renz, H. u. Graf, F. W. (hrsg.): *Troeltsch-Studien 1*, Gütersloh, 1982, S. 300. 強調は引用者による。

若い世代だったのである。
　旧友の言葉を（不正確に）引用しつつブセットが若い神学者たちに伝えようとしたことは，同時期にベルリンのトレルチがそうであったのと同様に，若者たちに対する一面的な非難ではない。ブセットもまた，神学を拒絶する若者たちに理解を示す。

　　「神学に反対する戦いの中に，まさしく燃え上がるような敬虔さのあることがどんなに多いことか！　若き友人たちよ，あなた方は現在この緊張を一部体験しています。あなた方は戦争の危機から，魂の燃え盛る憧憬と熱い郷愁を伴って帰還しました。あなた方は前代未聞の新しいもの，すなわち奇跡的なものを待ち望んでいます。そしてあなた方にとって外的な世界は崩壊してしまっているので，内的なものの内に支えを，すなわち，あなた方が歩みを進めることのできる究極的なもの，確固としたもの，全体的なものをあなた方に語る神の声を求めています。」[24]

　ブセットはいわゆる「前線世代」の持つ，内的なものへの待望に「敬虔」を認める。そして，キリスト教が持つはずの直接的な宗教性を「堤防」のように押しとどめているのが「神学」，とりわけ「歴史（学的）神学」であるという批判にも一定の理解を示し，「真なる宗教は，すべてのこのような堤防を洗い流す革命的な力」だと述べる[25]。ブセットのこのような宗教観――すなわち，批判的な力としての宗教という見方――は，若い世代に迎合したものではなく，私たちも本書第1章で見たように，以前からブセットが保持しているものであった。したがって，ブセットが「あなた方の苦境ならびに戦い，そして，神学は宗教にとって耐えがたいものである，という根本にある問題に対して，私は理解を持っています」[26]と述べるとき，それは単なるレトリックではなく，本心が込められているものと受け取って良いだろう。
　しかしその言葉に続けてブセットは，「同じだけのエネルギーを持っ

---

24)　Bousset: *Religion und Theologie*, S. 3f.
25)　Ibid., S. 5.
26)　Ibid.

第7章　第一次大戦と新たな神学の動向　　　　　　　　139

て，第二の命題を」すなわち「神学は宗教にとってなくてはならないものである」ことに注意を向けさせる。ブセットは，人間の宗教は非合理的な面だけではなく，合理的な面も基礎づけていると考える。

　「宗教は祝福する力となり，人間の精神生活の合理的な諸力と内的に結びついてきました。すなわち，法律や国家や国民生活（Volksleben）と，あるいは芸術や道徳，そして究極的なものへの努力と結びついてきました。宗教の力が高みに達すれば，それだけこの経過も前へと進むのです。」[27]

　宗教の非合理的な面は文化に対する変革力や破壊力となったが，合理的な面は形成力として働く。そこに，神学の必要性があるとブセットは述べる。「まさしく宗教が合理的な側面を持ち，この側面が歴史の経過の中でより強く展開していくがゆえに，神学は宗教のうちに必然的な，なくてはならない場所を持つ」のである[28]。宗教における合理的な側面の指摘は，その内容に差があるにしても，トレルチ，ブセット（ならびにR・オットー）らの「宗教的アプリオリ」論に共通する特徴である。合理性と非合理性を共に帯びる「宗教的アプリオリ」は人格性の中心に位置づけられるので，神学を不必要なものとして切り捨て，宗教の非合理な側面へと集中するのは人格性の実現，ひいては社会の形成がいびつなものとなることを意味する。それゆえ，社会的な価値から隔絶した非合理的な宗教的価値のみを追求することは宗教の実現形態として不健全なものだと判断される。ブセットはそのようなキリスト教のあり方を「ゼクテ」と呼び，警鐘を鳴らす。神学に反対する若者たちはそちらの道を歩んでいるように思われたのである。

　「もしも宗教においてゼクテへの衝動が有力なものとして形成されてしまうのなら悲しむべきです！　それが意味するのは，混沌，紊乱，野蛮以外の何物でもありません。そしてとりわけ，もっとも力ある宗教的諸力がゼクテへの道を進むのなら，すなわち国民生活か

27)　Ibid., S. 9.
28)　Ibid.

ら離れた孤立化への道を進むのなら，惨めにも意気消沈しているドイツ国民にとって悲しむべきことです。今は，このような力の浪費をするべき時ではありません！――というのも神学はその偉大かつ高貴な課題を，神学が宗教と国民生活の共同体との結びつきを，さらにそれを越えて，宗教と人間の精神生活との結びつきを作り出すことに見出すからです。」[29]

　ブセットはドイツ国民の生活と結びついてきたキリスト教の神学者として，戦争に負け国民が疲弊している今だからこそ，国民生活との結びつきを手放してはならないと訴える。大衆的基盤を持たない宗教類型について「ゼクテ」という言葉を用いるのは，これまでトレルチのテクストを検討してきた私たちにとっては『社会教説』における，いわゆる宗教社会学的3類型（Kirche/Sekte/Mystik）を思い起こさせるものだが，ブセットはここで「教会」や「神秘主義」について議論しているわけではなく，直接的な影響関係は明らかではない。しかし国民生活（Volksleben）と結びついたキリスト教を求めるブセットと，3類型の総合として「国民教会（Volkskirche）」を模索するトレルチの思索は相互に参照可能であろう[30]。ブセット，トレルチともに，宗教を一般社会から切り離して考察することを拒否するのである。キリスト教の，宗教としての形成力を担う神学者は，宗教の革命的な性質を保持しつつも，社会の形成に貢献しなくてはならない。かくして，ブセットにとって神学者の「特別な任務」とは，「福音の宗教を現在のドイツ国民に宣べ伝えることのできる言葉を見つけること」となる[31]。講演を終えるにあたり，神学者がキリスト教のゼクテ化を助長しないよう，若い神学者たちに改めて訴える

---

29) Ibid., S. 11.
30) „Volk" は宗教史学派に共通するキーワードの一つである。例えば，ブセットら宗教史学派の神学者が企画した叢書の名称は „Religionsgeschichtliche Volksbücher" であった。宗教史学派における „Volk" のモチーフについては以下の文献を参照：Janssen, N.: *Theologie fürs Volk*, Peter Lang, 1999.
　トレルチにおける「国民教会（Volkskirche）」の問題については本書第4章の註31を参照。
31) Bousset: *Religion und Theologie*, S. 15.

第 7 章　第一次大戦と新たな神学の動向　　　　　　　　　141

「最後にもう一度あなた方にお願いします。興奮した気分の中で神学を振るい落としてしまわないでください。ゼ・ク・テ・へ・の・道・を・歩・ま・な・い・で・く・だ・さ・い・。」[32)]

　トレルチがブセットの講演記録を目にしたか否かは分からない。しかし講演の翌年にこの世を去った旧友に捧げられた追悼文[33)]は，この講演への応答として読むことができる記述で閉じられている。

「キリスト教にとって新しくかつ困難な時代が，そしてすでに以前から始まっていた精神的危機が，恐るべき戦争の後にわれわれの前に現出した。（中略）そのような日々になお，学問に対する，そして未来へのその課題に対する信仰を持つ者，われわれのように新しいものからは明白に，しかしまた古いものからも繊細な精神的文化の力を取り入れつつ学問と人生を内奥において結合することを求め，そして混乱する現代に対する確固とした基盤をこの結合に見出す者は幸いなるかな。人は神学を大いに非難しうる。しかし，神学が両者を統一しうるということ，そしてその宗教的基盤があらゆる倒錯せる文化病のただ中で人間的純真さを同時に保持しているということに対して，亡き愛する友は実例であり模範である。」[34)]

　前章で見たように，トレルチは「学問における革命」を求める若者たちに対して，学問を生と切り離して考えるのではなく，歴史的に形成されてきた生のさらなる形成の方向づけのために学問の意義を受け止めるよう訴えていた。一方，ブセットは講演「宗教と神学」において，同様の問題を神学と国民生活の関係として表現していた。両者は学問を放棄することなく生の形成に貢献する姿勢を擁護しようとする姿勢を共有していたのである。そしてさらに，戦争後の混乱期においてこそ，この課題を重要なものと考える点でもトレルチとブセットは一致している。以

---

　32)　Ibid., S. 16.
　33)　Troeltsch: Die „kleine Göttinger Fakultät" von 1890, Sp. 281- 283.（以下の引用は「1890年の「ゲッティンゲン小教授団」」荒木康彦訳を一部改変。）
　34)　上掲邦訳書，49-50 頁。

前のトレルチとブセットは，キリスト教の倫理的解釈に反対すべく，宗教の自立性や宗教の非合理な側面を強調していた。彼らの思想に含まれる内容そのものは大きく変わっていないが，第一次世界大戦という社会の激動と，そうした激動を真剣に受け止め従来の学問に異議を唱える若者たちの台頭を前に，宗教とその他の生の領域の結びつきや宗教の合理的側面が強調されることとなったのである。言説上のこのような変化を，トレルチとブセットにおける「前衛」から「後衛」への変化と見なすことができる。前衛としてのトレルチとブセットはゲッティンゲンで同じ時を過ごし，熱心な議論を交わしていた。ベルリンとギーセンで後衛戦を戦うトレルチとブセットは，もはや日常的な交流を持つことはなかった。しかし，追悼文において確認できるように，トレルチはブセットが自分と同じ問題意識持っていることを知っていたし，ブセットは自らの主張を，かつてのトレルチの発言に依拠しながら展開していた。両者は後衛戦においても共に戦っていたのである。

5. おわりに ――「後衛」の可能性

以上，トレルチとブセットの後衛性を確認してきたが，「後衛」という視点を導入することの本来の目的は前衛と後衛を対比することではなく，前衛という視点だけからは見えてこない繊細な歴史の流れを解きほぐすことであった。そのためには晩年のトレルチにも前衛性が認められることを指摘すべきだろうし[35]，例えばカール・バルトら「フロント世代」の神学者たちの後衛性についても検討すべきだろう。深井智朗による，「神聖フロント世代の殿」[36]というボンヘッファーの位置づけは，このような関心と響きあうものであるように思われる。「後衛」という視点がドイツの宗教思想史にとってどれだけ有意味なものでありうるか

---

35) 例えば，トレルチの『歴史主義とその諸問題』はマーラーの交響曲第9番と比較しうる，前衛的な構造を持っていることをムアマン=カールは指摘する。(Murrmann-kahl, M.: Die Ambivalenz des Historismus bei Ernst Troeltsch, in: *Mitteilungen der Ernst- Troeltsch-Gesellschaft* 22, 2011, S. 43- 72.)

36) 深井智朗『ヴァイマールの聖なる政治的精神　ドイツ・ナショナリズムとプロテスタンティズム』，244頁。

は，今後さらに対象を広げ検証していく必要がある。こうした考察により，まだ端緒についたばかりである「後衛」研究にたいして宗教思想史の側からの貢献が可能になるように思われる。あるいは，「前衛／後衛」という見方をもっと一般化し，知的営為の持つ二つの極として構想することも可能かもしれない。例えば神学について言えば，神学が「学」であり，なんらかの反省の契機がついて回るのならば，神学の営みは「後衛」性を帯びることになる一方で，考察の対象に真摯に向き合えば，従来の学問的枠組みの不十分さを意識せざるをえなくなり，「前衛」的要求を提起することとなるかもしれない。しかし，そういった考察は本書の課題を超えるものである。

　本書では，晩年のトレルチが「後衛」と呼ばれうる性質を持っていたことを確認できたことを暫定的な成果とし，次章では「後衛」的なトレルチ思想の内実を考察する。そこで主題となるのが「歴史主義」の問題である。なんとなれば，歴史的な思考に対する信頼が，第一次世界大戦後の知的世界における「前衛」と「後衛」を分ける重要な指標だからである。そしてまた，そこで想定される歴史的思考の内容が，「後衛」としてのトレルチと，同時代の「保守」的な言説を分けることになる。歴史的思考を放棄する「前衛」でもなく，「保守」的な態度で歴史的価値を擁護するわけでもないトレルチの歴史的思考の核心へと迫っていきたい。

第Ⅲ部

未来へと向かうための歴史的思考

本書ではまず第Ⅰ部で，1900〜1910年代前半のテクストから，トレルチ思想の体系を再構成し，そこで探求される「本質」が歴史に開かれたものであり，共同体の形成という意識に支えられたものであることを明らかにした。続く第Ⅱ部では，第一次世界大戦に伴う政治的あるいは知的状況の変革の中でのトレルチの位置づけを考察し，特にキリスト教神学における「前衛」的神学者たちの要求に一定の理解を示しながら，歴史的思考に基づく共同体形成を放棄することのないトレルチの姿勢を「後衛」として特徴づけた。以上の考察を経て第3部では，再びトレルチのテクストへと立ち戻る。第Ⅲ部の課題は，第Ⅱ部で明らかにした時代的コンテクストを念頭に置くことでより明確になってくる，晩年のトレルチの思想的格闘の意味，すなわち「歴史主義」を巡る議論の意味を明らかにすることである。したがって，具体的な目標となるのは，その格闘の成果が示された，晩年の未完の大著『歴史主義とその諸問題』において述べられたトレルチの思想の解明である。

『歴史主義とその諸問題』がベルリン時代のトレルチの主著であること，あるいはトレルチ思想全体の到達点であることは衆目の一致するところであろう。しかし，『歴史主義とその諸問題』は難解かつ長大な記述や，未完であるという性格からして，その内容を解明するためには「歴史主義とその諸問題複合体」（Historismus-Komplex）と呼ばれうる，関連したテクスト群を視野に入れて考察されねばならない。この複合体の中心を成すのはもちろん，著作として著された『歴史主義とその諸問題　第1巻：歴史哲学の論理的問題』[1]である。ここを中心として一方の極には『社会教説』に代表される，「キリスト教の文化的意義に対する歴史的 - 社会学的に把握された問い」が置かれるであろうし[2]，もう一方の極には数多くの「ベルリン時代のトレルチの書評活動」が位置する[3]。そして同時代の知的状況に対する診断を下しつつ書かれた，『歴史主義とその諸問題』に関係する諸論文は後者の「書評」極と『歴史主義

---

[1]　Troeltsch, E.: *Der Historismus und seine Probleme. Erstes Buch: Das logische Problem der Geschichtsphilosophie (,1922)*, in: KGA16, Walter de Gruyter, 2008.（近藤勝彦訳『トレルチ著作集　4・5・6巻』ヨルダン社，1980-88年。）

[2]　編者のグラーフによるKGA13の序論より。Graf, F. W.: Einleitung, in: KGA13, Walter de Gruyter, 2010, S. 4.

[3]　Ibid., S. 6.

とその諸問題』本体との間に位置づけられることになろう[4]。

　第8章では，こうした書評や諸論文において，トレルチにより重大な関心を寄せられている「保守革命」(die konservative Revolution)と呼ばれる思想動向に向けられたトレルチの論述から，トレルチ自身の歴史思想に接近する。前章でベルリン時代のトレルチの思想を「後衛」と位置づけた。特に，神学的「前衛」との共通性と差異から「後衛」的性格を論じたが，本章では「後衛」としてのトレルチと，当時隆盛していた「保守」的動向との違いが考察されることになる。それによって，トレルチの考える歴史的思考の意義が明らかになるだろう。

　第9章では『歴史主義とその諸問題』で展開されるトレルチの思想の意味を明確化するために，「コンサヴァティヴとリベラル」という論文を手がかりに，『歴史主義とその諸問題』を執筆するトレルチが同時代の知的動向に対してどのような診断を下し，自らの立ち位置をどのように決定しているかを明らかにする。このアプローチは，トレルチ思想そのものに接近するためには一見したところ遠回りに思えるかもしれないが，「コンサヴァティヴとリベラル」を通じたこのような分析が，『歴史主義とその諸問題』の結論部で示されるトレルチの思想に接近するために必要なものであることも明らかになるだろう。

　第10章では以上の考察を経て，『歴史主義とその諸問題』そのものへと，特に，その結論部の分析へと進む。そこで考察の対象となるのが，『歴史主義とその諸問題』の第4章で提示される「構成」の理念および，「歴史によって歴史を克服する」という命題である。「歴史によって歴史を克服する」という命題はトレルチの歴史哲学を象徴するものとしてしばしば紹介され，論じられてきたが，「後衛」というトレルチ思想の性格が考慮に入れられることで，その真意が明らかになるだろう。

---

　4)　しかしながら，『歴史主義とその諸問題』本体とここで挙げられた2つの極によって「複合体」の全体像が描かれるわけではないだろう。例えば，『観察者＝書簡』にまとめられた政治的時局批評も無関係とはいえないだろうし，『歴史主義とその諸問題』の完成後に著されるものと予告されていた宗教哲学へと向かうような形而上学的内容も『歴史主義とその諸問題』は含み持っている。「歴史主義とその諸問題複合体」とはその範囲を明確に限定できるような概念ではなく，『歴史主義とその諸問題』をとりまく著作群を便宜的に総称したものであると言わざるをえない。

第8章
保守革命とトレルチ

―――――――

1. はじめに

　本章では,「保守革命」と呼ばれる思想的潮流に対するトレルチの態度を考察し, 保守革命的言説とトレルチの歴史主義理論の相違を明確化することを目指す。トレルチが晩年に歴史主義の問題に取り組んだ際には, 保守革命的言説への対抗意識が色濃く働いているため, トレルチの歴史哲学的思索を考える上で保守革命は重要なコンテクストの一つである。しかしながら, これまでのところトレルチ研究においてその意義は十分に分析されてこなかった。

　「保守革命」は「ある〈知的傾向〉,〈精神的状況〉を総括」するが「〈思想内容〉の面からみると曖昧さの残る思想傾向」だと言わざるをえないものでありながら[1], 「〈意識状況・精神状況〉の微妙な振幅」がそこに記されているため「時代表現的ないし時代診断的側面」を持つ思想潮流である[2]。優れた時代診断力を有したトレルチが保守革命的言説をどのように見ていたのかを確認することは, トレルチ自身の思想が同時代のコンテクストの中でもっていた意義を明らかにすることの一助となるだろう。

　このような問題意識のもとに, 本章では以下のように議論を進める。まず第1節では,「保守革命」論者の典型的な例として, ヴェルナー・

---

1) 藤山宏『ワイマール文化とファシズム』みすず書房, 1986年, 145頁。
2) 同書, 151ページ。

ゾンバルトを取り上げ，保守革命的言説の特徴を確認する。その際には同時期に近代資本主義社会についての分析を展開したマックス・ヴェーバーおよびトレルチの見解との比較を手がかりとする。続いて第2節では捉えにくい思想傾向である「保守革命」について本章の関心に基づいて整理をする。ここからトレルチの思想と「保守革命」論との比較に進み，第3節と第4節においてトレルチが晩年に取り組んだ歴史主義をめぐる考察の意味を，ゾンバルトと並ぶ代表的な「保守革命」論者の一人であるシュペングラーへの批評の分析を通して検討する。第3節ではシュペングラーの著書『西洋の没落』に対するトレルチの書評から読み取れる，トレルチの態度の変化の根本にあるものを指摘する。最後に第4節で，保守革命的言説との違いを意識しながら，トレルチが自分の歴史主義理論の意義をどのように考えていたのかを明らかにする。

2. ヴェルナー・ゾンバルトの保守革命論

2-1. 近代資本主義の終焉？

ゾンバルトは長く複雑な思想遍歴を持つため，どこに焦点を合わせるかでその評価も変わりうるが，本章ではマックス・ヴェーバーらと同時期に近代資本主義の歴史的解明に取り組んだテクスト——その中でも近代資本主義の現状についての評価——と，それ以降に著された，近代資本主義の終焉とその後に来るべき社会システムの構想を論じたテクストをとりあげる。

ゾンバルトが資本主義の精神に関する著作を発表したのはヴェーバーの「プロテスタンティズムの倫理と資本主義の精神」（以下，「倫理」論文）[3]が雑誌上に発表される2年前であり[4]，ヴェーバーは「倫理」論文でゾンバルトの議論を意識しながら論を進めている。一方でゾンバルト

---

[3] 本章では『宗教社会学論集』所収のテクストを使用した。Weber, M.: Die protestantische Ethik und der Geist des Kapitalismus, in: *Gesammelte Aufsätze zur Religionssoziologie I*, J. C. B. Mohr (Paul Siebeck), 1920, S. 17-205.（以下では *Ethik* と略記）

[4] Sombart, W.: *Der Moderne Kapitalismus, Bd. 1, Die Genesis des Kapitalismus*, Duncker und Humblot, 1902.

第 8 章　保守革命とトレルチ

は「倫理」論文への応答を『ブルジョワ』[5]などの著作で試み，ゾンバルトのその後の批判に対してヴェーバーは「倫理」論文に追加された注において再応答するなど，両者は議論の応酬を重ねた。ゾンバルトとヴェーバーの間には，「近代資本主義の精神」という用語そのものの使用を含めていくつもの共通点が指摘されうるが[6]，ここでは，資本主義の現状に対する診断における共通点と相違点を確認したい。

　両者の相違が際立つのは，近代資本主義の起源についての見解である。ヴェーバーがプロテスタント的禁欲にその起源を探究したのに対して，ゾンバルトは古代以来の黄金欲や金銭欲の延長上に近代資本主義を位置づけるのである。しかし両者は，資本主義がもたらした近代の状況に対する診断については共通するものがあった。それは，現在ある資本主義には当初の精神，あるいは魂がもはや認められないということである。

　ゾンバルトにとって前資本主義段階から資本主義への移行は徐々になされるものであった。『ブルジョワ』の中では次のように分析されている。すなわち「資本主義の始まりにおいて資本主義的組織はまだほとんどまばらにしかみられず，しかも資本主義的でない人間によってようやく創りだされることが往々にしてあった」のである。そのような状況で資本主義的経営を遂行するために「個々の企業家はどれほどの恣意を通すことができただろう，だがどれほど自由なイニシアティヴを発揮せねばならなかっただろう」ということは感嘆すべきものなのである[7]。それまでの経営の慣習にとらわれない試みをする恣意と，そのうえで新たな経営を担っていくイニシアティヴとを備えた進取の気性こそが，資本主義を誕生させた原動力だったというのである。そしてこの記述の直後にゾンバルトは，資本主義の現状についてのヴェーバーの見解との一致

---

　5)　Sombart, W.: *Der Bourgeois, Zur Geistesgeschichte des modernen Wirtschaftmenschen*, 1913, Duncker und Humblot, 1913. 本章で引用する際には以下の邦訳を用いた。『ブルジョワ──近代経済人の精神史』金森誠也訳，中央公論社，1990 年。

　6)　金井新二『ウェーバーの宗教理論』東京大学出版会，1991 年，99 頁。

　7)　『ブルジョワ』，257–258 頁。ただしこの箇所は以下の論考中の恒木健太郎の訳文を用いた。恒木健太郎「ヴェルナー・ゾンバルトの保守革命」『ドイツ保守革命 ホフマンスタール／トーマス・マン／ハイデガー／ゾンバルトの場合』青地伯水編，松籟社，2010 年。この論考からは本章の以下の叙述に対して大きな示唆を得た。

を明示する。

　「今日の資本主義の組織は，マックス・ヴェーバーが適切にも表現したように，個人がそのなかで誕生し，すくなくとも個人としての彼にとって事実上不変の容器であり，そのなかで彼が生きる定めとなっている巨大な宇宙である。今日の資本主義の組織は，個人が市場とがんじがらめの関連にあるかぎり，個人の経済行為に対して規範を強要する。」[8]

　ここで念頭に置かれているのは，「鉄の檻」として知られているヴェーバーの文章である[9]。ヴェーバーは「倫理」論文の末尾近くで「鉄の檻」について再び触れて，「今日では──最終的なものかどうかは誰が知ろうか──禁欲の精神はこの殻（引用者注：大塚久雄訳で「鉄の檻」と訳されている語。原語は Gehäuse）から抜け出てしまっている」[10]と述べ

---

8)　『ブルジョワ』，258頁。
9)　*Ethik*, S. 37.
10)　Ibid., S. 204. Gehäuse（殻／容器）という表現については以下の論考が非常に参考になった。荒川敏彦「殻の中に住むものは誰か 「鉄の檻」的ヴェーバー像からの解放」，『現代思想　11月臨時増刊　総特集　マックス・ウェーバー』，青土社，2007年，78-97頁。以下，荒川の論考を手掛かりに，近代社会へと向けられた，ヴェーバーとトレルチの眼差しの違いを述べておきたい。
　本章では，一般には「鉄の檻」として知られるヴェーバーの用語を「(鋼鉄の)容器」あるいは「殻」と表記してきた。「鉄の檻」は「倫理」論文の大塚久雄訳で「(ein stahlhartes) Gehäuse」にあてられた訳語であるが（*Ethik*, S. 203），荒川敏彦はこの訳語，そしてこの訳語に大きく影響を与えたと推測されるタルコット・パーソンズによる「Iron Cage」という英訳にはヴェーバーが本来「Gehäuse」に込めた意味を歪めてしまう危険性があることを指摘し，一つの試みとして「殻」という訳語をあてることを提案している。その中心的な問題は，「Gehäuse」が一般的には内部を守るための硬いケースや殻のようなものを指す語であるのに対して，「Cage」は閉じ込める檻やカゴをイメージさせる語であるというものである。その結果，「こうして従来のゲホイゼ解釈から「内部を守る」という意味が欠落していったと考えられる」（荒川，80頁）という。資本主義経済の淘汰の中で生き残るために必要な保護を与えるものとして「Gehäuse」は理解される。それは単に制度的に押し付けられるものではなく，生き残るために必要とされる。かくして「「職業人たらざるをえない」近代人は，近代的経済秩序の殻に自発的に閉じこもり，かつ強制的に閉じ込められている」という「保護と重荷の両義性」が明らかになる（83頁）。
　ここからさらに荒川はこの両義性のせめぎ合いがヴェーバーの記述の中でどのように理解されているかという方向に考察を進める。そこから導きだされるのは，「殻の強化過程が，殻の中の住人が抱く利害関心に依拠する」ことである。すなわち，なんらかの殻に保護を求め

第 8 章　保守革命とトレルチ　　　　　　　　　　　　　153

ざるをえないのは近代の運命であるが，どのような殻が形成され，その内側にはどのような住民が住むのかということが問われることになる。荒川はこの試みを「殻の比較社会学」と名づける（91 頁）。
　ここで「殻の比較社会学」を遂行することはできない。むしろ本章で注目したいのは，ヴェーバーの記述のうちに見出せる「殻の比較社会学」の限界である。すなわち，殻相互間の連帯を考える可能性，あるいは利害を衝突させる殻と殻の調停の可能性の放棄である。ヴェーバーはこのような連帯の可能性に対しては悲観的だったので，殻の社会学に求められることは「その時代の殻の内部構造を明らかにし，そこに張り巡らされた利害の網の目に対する，諸階層の意味づけを検討すること」（92 頁）となる。他の表現を使うならば，価値の多神教世界の中でどのような神が要請され，どのように選ばれるかを分析することと言っても良いだろう。そこではあくまで一人の神が選ばれるのであり，神々の争いを調停することは放棄されざるをえない。
　ヴェーバーのみならず，ニーチェ，ジンメル，ベンヤミン，エリアス，ヤスパースなど他の思想家も「Gehäuse」の語を用いていたことを荒川は指摘するが（92 頁），トレルチもまた「Gehäuse」という語でもってあるイメージを表現していた。トレルチが「Gehäuse」の語を用いているのは，「倫理」論文と補完関係にあるとされる大著『キリスト教会と諸団体の社会教説』の結論部である。そこで彼は長大な研究の成果として「教会」，「分派」，「神秘主義」というキリスト教の歴史的な存在様態の三類型の性格を総括する。そしてそのような歴史的な考察から今後のキリスト教のあり方の展望を次のように述べる。
　「三つの社会学的基本形式の相互浸透と，これら全ての動機を和解させる形成物へのそれらの統合の内に，プロテスタンティズムの将来の課題，つまり社会学的 - 組織的な課題が存する。この課題は教義学のあらゆる課題よりも緊急の課題である。〔中略〕これはただ次のような条件の下でのみ可能だろう。それは，強制や権力，国家宗教，そして同調から生成した教会が，容器（Gehäuse）になるという条件である。この容器の中ではいまや平和に，さまざまなキリスト教的精神が安住し，働くことが可能であるだろう。」（Troeltcsh: *Die Soziallehren der christlichen Kirchen und Gruppen*, in: GS1, S. 982f.）
　ここで「教会」，「分派」，「神秘主義」の三類型について詳述することはできないが，「Gehäuse」という語が個々の立場への帰属を表すものではなく，相異なる立場がその内部で共存しうるための条件を提供するものとして用いられていることが読み取れる。トレルチにおいて「Gehäuse」は保護と強制の二重性を帯びた「殻」というよりも，異なる価値観の総合の可能性を与える「容器」あるいは「外枠」を意味するものと考えられる。
　「『社会教説』と『歴史主義とその諸問題』はその間隔を越えて，ヴェーバーのテーゼに対する意識的に構成された対決の持続的な反映が本になったものだと読まれうる」とグラーフが述べるように（Graf, F. W.: Wertkonflikt oder Kultursynthese?, in: Schluchter, W. u. Graf, F. W. (hrsg.), *Asketischer Protestantismus und ›Geist‹ des Modernen Kapitalismus. Max Weber und Ernst Troeltsch*, Mohr Siebeck, 2005, S. 257.），トレルチとヴェーバーとの知的対決は晩年まで継続し，むしろ両者の立場の違いは明確化していったように思われる。トレルチは「総合」の概念を理論化することで，ヴェーバーよりも「プラグマティックに機能的な方向性，すなわち同意形成の過程」へと向かった。なぜなら「価値の多神教と，価値闘争を意図的に激化させる実践が安定した政治的結びつきを打ち立てることができるかもしれないということを，トレルチは全く不可能なことだと見なした」からである（Ibid. S. 277）。トレルチ自身の表現に従えば，晩年のヴェーバーの立場は「英雄的な懐疑主義」（Troeltsch, E.: Max Weber, in: *Deutscher Geist und Westeuropa*, S. 252.）であって，現実性の乏しいものだった。このように先鋭化していく両者の差は両義性を帯びた「殻」の間での闘争が続くことに耐えるのか，そ

る。ヴェーバーでは近代資本主義を生んだエートスが，ゾンバルトでは資本主義的経済を産み出した個人のイニシアティヴが，今日の資本主義経済では失われていると診断されている。

　ゾンバルトの理解する資本主義の高度化とは，彼自身の後の術語を用いれば，資本主義からその「魂」が抜けて「精神化」される過程と言うことができる。ゾンバルトはナチス政権下の1934年に著した『ドイツ社会主義』[11]のなかで次のように近代社会において進行している「精神化」を規定した。

　　「精神化と私の名づけるものは，人間主体がいわゆる客観化された精神に規定されるようになり，魂が失われること，すなわち魂が排除される結果，自発性，自由及び自己決定が除去せられることである。(中略)個人はもはや，極めて個性的な彼みずからの思いつきや考案によってではなく，規則の体系が要求し要請するままに行動する。彼はいわばこの体系のなかに入りこみ，その舵とりにまかせているのである。」[12]

　長い思想遍歴を持つゾンバルトという学者が時間の間隔を空けて書いた著作を安易につなげて読解することには慎重でなくてはならないが，私たちがすでに確認した『ブルジョワ』の議論と重なるものであることは明白であろう[13]。資本主義が進展した結果，経済活動を生気あるものにしていた経済人一人一人の魂が失われたのである。

　このようにゾンバルトの理解では精神化した，そしてヴェーバーの見

れでもなお一定の調停を可能にする社会的な「容器」が存立する可能性を探るのか，という「Gehäuse」の理解の違いに現れていたと言えるだろう。

　11) Sombart, W.: *Deutscher Sozialismus*, Buchholz und Weisswange, 1934. 本章では以下の邦訳を用いた。『ドイツ社会主義』難波田春夫訳，早稲田大学出版部，1982年。

　12) 『ドイツ社会主義』22頁。強調は原文のまま。なお，恒木が示唆しているように，魂と精神を対置する構図はクラーゲスの思想を彷彿とさせるものであり，両者の関係について検討することは残された課題である。Cf. 恒木前掲論文，233-234頁。

　13) ただし，『ブルジョワ』では，「魂」と「精神」の対置という構図は明確ではない。むしろ，精神の「単純化」，「子どもの精神の単純な状態への一種の回帰」と表現される。「子ども」化の内容とは，「大きさ」，「早さ」，「新しさ」，「権力」の四つの理想を追求することである。(『ブルジョワ』，231頁)

方では脱精神化してしまった資本主義の未来を両者はどのように描くのだろうか。ヴェーバーは，資本主義という「鋼鉄の殻」の不変性は将来にわたって続くものだと考えていた。他方，生や魂の生産性を資本主義の精神よりも根源的な原理と考えるゾンバルトは，『ブルジョワ』の末尾で資本主義という「巨人」の疾走はいつか止まると予測していたが[14]，その後に何が起きるのか，あるいは起きるべきなのかを論ずることはしなかった。『ドイツ社会主義』はこの将来への問いに対する答えであると考えることができる。

2-2. ドイツ社会主義

『ブルジョワ』でその到来が予測されていた資本主義の終焉が，『ドイツ社会主義』では今まさに始まりつつあるものと考えられるようになる。そして初期資本主義期においては資本主義的な人間のあり方と前資本主義的なものが共存していたように，末期資本主義期にあっては，次の時代を特徴づける要素がすでに現れてきており，それが硬直して魂を抜かれた経済活動に新たな息吹を吹き込むとゾンバルトは考える。そしてその新たな要素として彼が目を向けたのが，「ドイツ的なもの」に他ならなかった。

初期資本主義から現在の末期資本主義に至る過程で自然な経済活動の魂が無くなり，硬直化してしまっているとゾンバルトは考えていた。そうであるとするなら，資本主義がもたらした今日の問題に対して責任が帰せられるべきは資本主義の硬直化をもたらした要素であって，経済活動のイニシアティヴが発揮された初期資本主義のあり方は，時代が変わる際の1つのモデルとして積極的に評価されうるものとなる。

この2つの傾向について，『ブルジョワ』においてゾンバルトはかなり強力な人種主義的議論を展開する。初期資本主義を担ったような獲得欲に満ちた民族を「英雄的民族群」，市民的で平和的な商業活動に長けた民族を「商人的民族群」と呼ぶ。そしてこの二分法は第一次大戦中に書かれた『商人と英雄』[15]を経て，『ドイツ社会主義』においてドイツ

---

14) ゾンバルト『ブルジョワ』，472頁。

15) Sombart, W.: *Händler und Helden. Patriotische Gesinnungen*, Duncker und Humblot, 1915.

的なものとユダヤ的なものの二分法に帰着することになる。ここでゾンバルトは，もはや有機体としての人種や民族として「ドイツ」や「ユダヤ」を語ることはせず，精神的な原理として語ることになる。

「ユダヤ精神は決してユダヤ人の人格と結合しているものではなく，最後のユダヤ人，最後のユダヤ人の子孫が絶滅されても，なお生きつづけうる（中略）ユダヤ精神は現代の大部分を支配しているではないか。けだし経済時代の精神としてわれわれが第一章で学び知ったものは，しばしばユダヤ精神そのものに他ならないからである。」[16]

ここで「経済時代の精神」と言われているのは近代資本主義，あるいは高度資本主義の精神と言われていたものに他ならない。したがって末期資本主義のあとに来たるべき，魂を持った経済体制の構想にあたってはユダヤ精神からの解放が要求される。

そしてこの解放にあたってドイツは，資本主義の進展が遅かったが故の優位性を持っている。恒木が指摘するように[17]，このことは「ドイツは今日もなお純然たる農民国家である」[18]というゾンバルトの見解，その他の職業構成についても「手工業」や「小経営」がかなりの数を占めているということと関係があるだろう。近代資本主義が失ってしまった自然な人間の魂を持つ農民や手工業者がドイツには生き残っているものと見なされるのである。「この人びとがもつ「資本主義的精神」とはべつの「精神」が，新しいシステムを創造するものとして混じりこみつつある。そこに「ドイツ社会主義」の「初期」をみいだし，この古くて新しい「精神」の復活を唱えること，これこそゾンバルトの「保守革命」思想の真髄であった」[19]のである。この新たな「精神」は私たちの確認したところにしたがえば，むしろ「魂」に近いものか，あるいは「魂」を吹き込まれて生命力を回復した「精神」であると言って良いだろう。

---

16)　ゾンバルト『ドイツ社会主義』，242頁。強調は原文のまま。
17)　恒木健太郎「ヴェルナー・ゾンバルトの保守革命」，215頁。
18)　ゾンバルト『ドイツ社会主義』，161頁。
19)　恒木健太郎「ヴェルナー・ゾンバルトの保守革命」，215頁。

そしてまた留意しておくべきは，ドイツ社会主義の提唱によるゾンバルトの近代資本主義批判は同時に，マルクス主義批判でもあったということである。ゾンバルトにとって，マルクス主義は望ましい社会主義の形ではない。マルクス主義はむしろ経済時代＝近代資本主義によって「醜いカリカチュア」となった社会主義の姿であるというのである[20]。ジェフリー・ハーフのまとめを援用すれば，「マルクス主義は単に経済的利害の優位だけを反映していたのでなく，「魂のない」近代的工場の誕生を進歩として歓迎していた」というのがゾンバルトの主張であり，「これに対しドイツに特有の社会主義は，経済の堕落を生み出す影響を免れ，義務感，国民的使命，行動主義に訴えようとしていた」のだった[21]。さらに説明を加えれば，ゾンバルトが問題視するのは「「魂のない」近代的工場」であって，近代的科学技術や工業技術を排斥しようとしたわけではなかった。ゾンバルトにとって問題となるのは，技術を生きた魂のために制御することであり，「その監督は当然国家の行うところであらねばならない」と主張される[22]。以上より，ゾンバルトの「ドイツ社会主義」とは，国家的統制の下で近代的技術を用いつつ，ドイツに残っていると思われる英雄の魂を活性化することのできる政治・経済システムを構築することである。そして，ゾンバルトはナチズムにその期待をかけたのだった[23]。

3. 保守革命という視点

3-1. 分析概念としての「保守革命」

本章ではこれまで「保守革命」という言葉をきちんとした説明なしに

---

20) ゾンバルト『ドイツ社会主義』，101頁。
21) ジェフリー・ハーフ『保守革命とモダニズム――ワイマール・第三帝国のテクノロジー・文化・政治』中村幹雄・谷口健治・姫岡とし子訳，岩波書店，2010年，252頁。
22) 『ドイツ社会主義』，328頁。
23) ただしゾンバルトの思想がナチズムの中でそのままのかたちで実現されたわけではなく。両者の間には重大な相違も存在する。ゾンバルトに限らず，保守革命とナチズムの関係は断絶と回収両面に複雑な問題がある。（恒木前掲論文，223-229頁。）そしておそらく，その複雑さは保守革命にも限定されず，ナチズムに先立つあらゆる思想，運動について妥当する。

使用してきたが，アルミン・モーラーによって研究の先鞭がつけられた[24]「保守革命」という潮流は複雑なもので，その全容や，共通する特徴を明らかにするのは困難である。第6章で考察した「学問における革命」は，保守革命と同時期の，内容的にも一部重なり合う思想動向であるが，「保守革命」は「学問における革命」とは違い，後の研究者が分析概念として提示したものなので，典型的に「保守革命」論者だとされる思想家でも自分自身では「保守革命」という言葉を使っていなかったり，「保守革命」という言葉は用いていても現在術語として使われている意味とは異なったりする場合がむしろ普通である。モーラーの研究がすでにかなり包括的なもので，1) フェルキッシュ派，2) 青年保守派，3) 国民革命派，4) ブント派，5) 農村民運動の五つのグループに分けて分析をしているが[25]，この分類も「保守革命」研究において必ずしも共有されているわけではない。そういった具体的な内容上の共通点を挙げるよりもむしろ，シュテファン・ブロイアーが試みたように，想定されている敵の共通性で特徴づける方が有効であろう[26]。ブロイアーによれば，「保守革命」の敵はしばしば誤解されているようにマルクス主義的左派革命ではなく，フランス的（と「保守革命」論者が見なした）リベラリズムであった。「保守革命」論者の多くは自分たちの試みをむしろ，マルクス主義と並ぶ，あるいは修正して乗り越える，正しい社会主義の提案であると考えており，そこでは社会主義とナショナリズムの結びつきが追求された。そこで本章ではさしあたり，蔭山宏の定義[27]も参考にしつつ，1) 第一次世界大戦後のヴェルサイユ体制およびヴァイマール共和国に対する反発に結びついた反西欧的ナショナリズム，2) マルクス主義的社会主義とは区別されたドイツ的社会主義論，の二つを，「保守革命」を特徴づけるものと考えたい。以下ではこの特徴を持つ議論や言説を保守革命論あるいは保守革命的言説と呼ぶ。ブロイアー

---

24) Mohler, A.: *Die Konservative Revoltion in Deutschland 1918-1932. Ein Handbuch (,Zweite,völlig neu bearbeitete und erweitete Fassung)*, Wissenschaftliche Buchgesellschaft, 1972. （初版は1950年に出版されている。）

25) Ibid., S. 130-165.

26) Breuer, S.: *Anatomie der konservativen Revolution*, Wissenschaftliche Buchgesellschaft, 1993, 49ff.

27) 蔭山宏『ワイマール文化とファシズム』，145-146頁。

や蔭山はエルンスト・ユンガーやタート派の言動から以上の特徴づけを導き出しているが，私たちがこれまでに確認したゾンバルトにおいても同様の特徴が明らかに確認できる。

3-2. トレルチにおける「保守革命」の用法

以上確認した通り，ゾンバルトの主張は保守革命的言説の特徴を示しているが，管見の限りゾンバルト自身は「保守革命」という言葉を用いていない。一方でトレルチは，トーマス・マンやホフマンスタールらと並んで，「保守革命」という言葉を早くから用いていた論者の一人に数えられる。ただし，トーマス・マンやホフマンスタールが同時代の保守革命的言説を批判しながら，それぞれのニュアンスをもって真の「保守革命」を希求したのに対して[28]，トレルチは「保守革命」という言葉を自らの思想的立場を表現する確固とした概念として練り上げ積極的に用いているわけではなく，使用例もそれほど多くはない。しかし，「保守革命」という言葉が用いられているテクストは，ゾンバルトによる「ドイツ的なもの」の称揚に対する批判と読める内容を含んでいる。

『歴史主義とその諸問題』においても「保守革命（家）」(die konservative Revolutionäre) という表現が初期ロマン主義の代表者としてのノヴァーリスやF・シュレーゲルに対して用いられているが[29]，この表現の意味がより明確に読み取れるのは，1922年の論考「世界政策における自然法と人間性」における用例[30]である。ここではロマン主義が「西欧的な全き数学的＝機械的な科学精神，功利主義と道徳を融合する自然法の概念，普遍的で平等な人類という空疎な抽象」に対する革命，すなわち「保守革命」であるとされる。そして歴史的伝承の中でも

---

28) トーマス・マンの保守革命論については，以下の文献の第二章を参照。浜田泰弘『トーマス・マン　政治思想研究 [1914-1955]』国際書院，2010年。ホフマンスタールの保守革命論についてはわが国では青地伯水が研究を重ねており，他の保守革命論者との対抗関係については特に以下の論文が参考になる。青地伯水「保守革命論者批判としての「保守革命」」『AZUR』第1号，京都府立大学ドイツ文学会，2009年，1-13頁。また，以下のテクストではトレルチの「現代的文化総合」とホフマンスタールの保守革命論が比較されている。Rudolph, H.: *Kulturkritik und konservative Revolution*, Max Niemeyer Verlag, 1971, S. 226-234.

29) KGA 16-1, S. 496.

30) Troeltsch, E.: Naturrecht und Humanität in der Weltpolitik, in: KGA15, S. 501f.（西村貞二訳「世界政策における自然法と人間性」，『ドイツ精神と西欧』筑摩叢書，1970年。）

「神秘的かつ詩的な方向」と結びつき，「個的なもの，積極的なもの，いつも新しく生産的なもの，創造的なもの，精神的＝有機的なもの」を目指すというのである。先に確認したゾンバルトの議論では，西欧的精神がユダヤ性と結びつけられるというアレンジは加わっているものの，ロマン主義的な歴史理解とドイツの優越性の主張が繰り返されていることは明らかだろう。そしてトレルチの議論において注目されるのは，「今日国内外でとても強調されているドイツ的な理念世界の独自性というものはロマン主義に初めて由来する」と分析されていることである。すなわち，個的で創造的な精神的原理を強調する発想をドイツ的であると考えるのは，あくまでロマン主義が作り出したイメージであって，ゾンバルトが「ドイツ的なもの」として取り出しているものはドイツの伝統の一部でしかない。そうした切り詰められた「ドイツ性」が，「神秘的かつ詩的な」直観によって強調されており，そこには歴史学的な基礎づけが欠けていると，トレルチの立場からは判定することができるように思われる。

　ただし，トレルチはゾンバルトの保守革命的言説を議論の対象とすることはなかった。『歴史主義とその諸問題』でも，ゾンバルトはヴェーバーとならんで社会学的な時代区分の試みの例として挙げられているにすぎない。そこで，トレルチと保守革命論者との違いを明確化するには，トレルチが直接的に保守革命的言説を批判しているテクストへと進むべきだろう。そこで，以下ではゾンバルトと並ぶ初期の保守革命論の代表者であるオズヴァルト・シュペングラーに対するトレルチの議論を検討していきたい。

4．トレルチのシュペングラー批判

4-1．『西洋の没落』第 1 巻への書評（1919 年）

　リュシアン・フェーヴルが当時を振り返って，「ライン河畔の本屋の店先に山と積まれた八折版が飛ぶように売れるさま」は「まるで雪が陽に当たって溶けるようだった」と述懐するほどの売れ行きを見せたシュペングラーの『西洋の没落』は 1918 年に第 1 巻，1922 年に第 2 巻が出

版された[31]。トレルチはそれぞれの巻に対して書評を寄せ,『歴史主義とその諸問題』の序文でも一段落を割いてこの書物に言及するなど,『西洋の没落』という書物の内容とそれが時代に受け入れられたことを意識し,それと自らの著作の内容および著作としての性質の違いを繰り返し強調している。したがって,『西洋の没落』の議論をトレルチがどのように理解していたのかを確認することは,『歴史主義とその諸問題』に対するトレルチの自己理解を考える重要な手がかりとなる。以下では,まず『西洋の没落』第1巻への書評から,トレルチのシュペングラー批判をたどっていきたい。

第1巻に対するトレルチの印象は,概して好意的なものであった。

「この書物は（中略）とても大きなセンセーションを巻き起こしたが,それはもっともなことだ。なぜなら本書は精神的に偉大な独立性と豊かな知識を備えているからである。」[32]

このような全体的な長所に加えて,なによりも『西洋の没落』は,些末な専門主義へと落ち込んでいく学問のあり方に反対する若者たちによる,「学問における革命」を求める精神動向に合致したからこそ多くの読者を獲得したとトレルチは分析する。シュペングラーの書物は「冷徹な批判的合理主義や文献学的な過度の厳密さに対する反感」から生まれたもので,それは時代の要求に合致しているのである（KGA13, S. 446）。

しかし学問の厳密性を蔑視する態度をトレルチは受け入れることはない。第1巻への書評での批判は,本書が歴史学的な正確性を放棄してい

---

31) リュシアン・フェーヴル『歴史のための闘い』長谷川輝夫訳,平凡社ライブラリー,1995年,87頁。なお,この記述は1922年の第二巻発売時についての回想である。このテクスト中でフェーヴルはシュペングラーとトインビーのディレッタント的歴史（哲）学を鋭く批判している。古典的な近代歴史学の限界を克服しようとしつつも,シュペングラーのようなディレッタンティズムに陥ることを回避しようとするフェーヴルらアナール学派第一世代の格闘は,トレルチとは異なる仕方での「歴史による歴史の克服」の試みと言えるものであり,アナール学派の精神とトレルチの思想の比較は今後探究すべき主題であるように思われる。

32) Troeltsch, E.: (Rez.) Osward Spengler: Der Untergang des Abendlandes, Erster Band (1918), in: KGA13, S. 446.

ることに集中していると言える。シュペングラーの構築する歴史理論は「資料に即した歴史研究の知識と実践から」はけっして生まれないという。したがってこの本は「誤った記述や空想的な主張，疑わしい類推で満載」であり，「事実の批判的な保証やそのための要求をほとんどまったく欠いている」のである（KGA13, S. 452）。トレルチの結論はこうである。

「繰り返すと，この本は非常に興味深いものであり，優れた思想によって輝いている。（中略）（しかし）もしも苦労して手に入れた批判的合理主義や文献学的要素，経験的正確性，冷静な因果関係研究といったものを簡単に放棄することを欲し，後でまたそれを苦労して獲得しなくてはならないのならば，それは何よりもひどい損害でしかないだろう。」（KGA13, S. 458）

4-2. 『西洋の没落』第 2 巻への書評（1923 年）

『西洋の没落』第 1 巻はトレルチにとって，歴史的素材を思いつきのままに組み合わせて議論を展開するディレッタント的著作の典型であり，批判はその（非）学問性に向けられている。しかし第 2 巻への書評において，トレルチの批判はシュペングラーの著作に読み取れる政治的な含意へと向かうことになる。この変化はシュペングラーが第 2 巻で扱った主題がより政治的なものになったことにもよるだろうし，ヴァイマール共和国の現実の政治状況に対するトレルチの危機感が反映されてもいるだろう。トレルチは中道が消滅し，左翼と右翼が勢力を競うなかでとりわけ右翼勢力が力を増す動向を目にしていた。『西洋の没落』第 2 巻はこの政治的動向と共鳴するものであると理解されたのである[33]。

「結論部の，国家と経済についての二つの章において，血の信仰とロマン化されたシニシズム，そしてモラルから自由な英雄主義とい

---

33) 佐藤真一は，第二巻の書評を書く少し前に，「トレルチが『西洋の没落』第二巻とラーテナウの暗殺（1922 年 6 月 24 日）を結びつけていること」に注意を促す。（佐藤真一『トレルチとその時代』，330 頁。）

う新たな保守主義が当然のことながらより明確になっている。」[34]
「理論的にはほとんどすべての専門諸学の革命が問題になっており，実践的には新たな保守の反革命が問題になっている。(中略) 第2巻は状況の変化に伴い，本質的に政治へと，すなわちデモクラシーと共和国に対する戦いへと向かったのだ。」(KGA13, S. 645)

「学問における革命」が求められているという理論的側面は第1巻への書評ですでに確認されていたが，ヴァイマール共和国を誕生させたドイツ革命に対する，新たな保守思想による反革命の書，すなわち保守革命の書であると，トレルチは第2巻を見なしたのである。
　第1巻の書評から第2巻の書評へのトレルチの変化について，佐藤真一は以下のようにまとめる。

「ディレッタンティズムのもつ粗雑さにもかかわらず，才気に満ちたシュペングラーの書物は，時代を映し出し学問の革命を告げる記念碑として，トレルチによって受け止められていた。しかし今や，この学問の革命の所産は，時代状況の推移のなかで保守的な政治的反革命と結びつこうとしていたのである。」[35]

このまとめはおおむね適切なものであると思われるが，『西洋の没落』第2巻に保守革命的言説が見出されることは，単に時代状況の推移という外的要因によるものだけではなかった。ディレッタント的な歴史の取り扱いには，保守革命的言説へと向かいうる，内的な要因があったのである。トレルチは学問的姿勢と政治的・実践的態度を無関係なものとは考えなかった。だからこそ，とりわけ歴史の分野において，学問性を固守することを主張したのである。

---

34)　Troeltsch, E.: (Rez.) Osward Spengler: Der Untergang des Abendlandes, Zweiter Band (1922), in: KGA13, S. 644.
35)　佐藤真一『トレルチとその時代』，331 頁。

5. 保守革命に抗するために

5-1. 歴史主義の危機とシュペングラー

　ここで『歴史主義とその諸問題』の序文におけるシュペングラーに対するコメントを確認しておきたい。そこでは次のように言われている。内容的には、「私の根本理念は初めから（シュペングラーと）違う方向、すなわち歴史学的遺産からの現在的文化総合の形成へと向けられて」おり、書物の性格としてそもそも、「私の著書は……今日空想と感情において強力に立ち上がってきた読み物ではなく、意識的に学問に属している」（KGA16-1, S. 165）という。「現在的文化総合」とは、かつての本質論においては「理想としての本質」が担っていた、歴史研究から見出されてくる諸価値のうちから今日において目指されるべきものを規範的価値として設定するという課題を、価値体系の構築として遂行しようとする試みである。ここで注意すべきなのは、シュペングラーへの批判は、彼が現在的文化総合を為していないという主張ではないということである。むしろトレルチの見るところ、シュペングラーの試みは歴史主義の危機の時代における文化総合の典型であった。

　トレルチは1922年の論考「歴史主義の危機」の中で、歴史学が文献学化したことにより、大きな歴史の流れを描く総合的な歴史叙述が困難になってしまったことを指摘した上で、「その結果、歴史家の手のなかでは総合はどんどん稀になっていく。そしてディレッタントの手の中へと運ばれていく」[36]と述べる。ディレッタントとして、厳密さや客観性に拘泥することなく「総合」に従事する者の代表例として挙げられているのがシュペングラーに他ならない。「シュペングラーのような人は根本的に、歴史（Historie）を詩（Dichtung）と呼び、一般的な正確性を要求することを小市民的でペダンティックな幻想として軽蔑する」（KGA15, S. 444）と言われている。したがって、トレルチによるシュペングラー批判は、歴史学的遺産に基づかない、詩として描かれた文化総

---

36) Troeltsch, E.: Die Krisis des Historismus, in: KGA15, S. 443.

合に向けられているものであると理解される。では，なぜ文化総合は詩であってはいけないのだろうか。それはトレルチの歴史主義的な文化総合とどう違うのだろうか。

　シュペングラーの書物も，専門化し生から乖離していく歴史学に対する異議申し立てとして，「歴史主義の危機」を克服する一つの試みであると見なすことができる。トレルチは「歴史主義の危機」を克服しようとする同時代的な試みとしていくつかの類型を挙げるが，その中で，歴史に背を向け超歴史的なものを探究する「反歴史主義」と，歴史的な変化に巻き込まれない合理性を追求する「ラディカルな合理主義」と並ぶ解決策として，「固有の歴史への限定」という発想が挙げられている。

　「（反歴史主義とラディカルな合理主義とは）別の出口は固有の歴史への限定と，この固有な歴史のはなはだ感情的で排他的な取り扱いである。」「（かつてのフランス革命に対する反発と同様に）今日においてもふたたび，ロマン主義的―ゲルマン的歴史理解と歴史の利用が生じている。それは今日《民族的》（völkisch）と呼ばれている。」（KGA15, S. 452）

　「固有の歴史への限定」という第3の解決策においては，「反歴史主義」や「ラディカルな合理主義」とは異なり，歴史の内部に歴史主義の危機を克服する道が求められる。ここで歴史は，現在枯渇しかかっている生の息吹を回復するための特定の素材を提供するものと見なされ，その役に立たないと判断されるその他の歴史的脈絡は無視されることになる。そしてこの発想はしばしば，ロマン主義以降成立してきた「ゲルマン的」なものへの郷愁と結びつき，いわゆるフェルキッシュな性格を帯びることとなったのである。『西洋の没落』第2巻への書評で指摘されていたような「血の神話」に訴えるシュペングラーの主張や，時代は前後するが，先に見たゾンバルトのドイツ社会主義の議論はこの類型に入ると見なして良いだろう。トレルチはディレッタント的な歴史の乱用が，歴史の中の特定の要素の強調に結びつく危険性を感じており，それが「歴史主義の危機」に対する正しい克服手段であると認めることはできなかった。むしろ克服は，歴史的存在者の多元性を捉えることができ

る，正しい意味での歴史主義によってもたらされるというのがトレルチの理解であった。

5-2. 歴史主義と共同体論

「(『歴史主義とその諸問題』の) 根本思想がここでとても短く，通俗的に繰り返されている」[37]とトレルチ自身が言う最晩年の論考「歴史の真理の偶然性」において，歴史主義的思考が多元的な共同体形成を支持するものであることが主張されている。

このタイトルがレッシングに由来することにも暗示されていることだが，トレルチは歴史的な真理を絶対的に根拠づけることはできないことを認める。しかしそれでもなお，ある種の妥当性をもって歴史の中で立場決定をすることを放棄しない。このような主張が可能になるのは，「裸の，孤立した自我」というものをトレルチは考えず，「超個人的な大きな諸連関」の中に人間は置かれている以上，誰もが真摯に歴史に向き合えば「発展の内的な方向性」を自らのうちに認めることができると想定されるからである (KGA15, S. 559)。このような方向性を感じることができる者は，「最終的な世界根拠そのものとか最終的な世界目的を知る必要はない」(KGA15, S. 560)。歴史的時間は究極的な根拠や目的を知ることのない中間時であるが，歴史的諸連関の中に存する方向性を感得することができるものとされる[38]。歴史的存在者を，ある瞬間における多様な歴史的諸連関の総合として理解する考え方をトレルチは「個別性の理念」と呼ぶ。

他方，その都度の瞬間において歴史的存在者は，「人類」という普遍的な概念と個々の個人という2つの極の間にある，それぞれに固有の歴史的背景を持ったさまざまなレベルの共同体の一部として存在している[39]。「個別性の理念」において認められる歴史的多様性は，現在的な観点から見ると人類と個人の間の中間領域における共同体の多元性として

---

37) Troeltsch, E.: Die Zufälligkeit der Geschichtswahrheiten, in: KGA15, S. 557.

38) レッシングからトレルチが受け継いだ中間時における真理探究のモチーフについては以下の文献の特に序章を参照されたい。 安酸敏眞『歴史と探求 レッシング・トレルチ・ニーバー』聖学院大学出版会，2001年。

39) トレルチは，範囲の大きいものから「人類共同体」，「文化圏」，「国家」，種々の「意図的」および「意図をもたない」共同体，「近代的小家族」を挙げる。(KGA15, S. 563ff.)

現れている。歴史的思考と共同体の多元性の結びつきについてトレルチは次のように言っている。少々長くなるが引用しておきたい。

> 「歴史的教養（die historische Bildung）の本質は懐疑や相対主義ではない。それはある状況下での副作用ではあるが、事柄の核心ではない。歴史的教養の核心はむしろ、個別性の理念、すなわち、これまで存在した、そしてこれから存在するすべての歴史的なものの個別性、そして固有の瞬間の、そしてその創造物の個別性である。しかしそれが意味するのは、普遍的な精神的内実はもはや、ぼんやりとした実体として潜在意識にある形態のうちにあるのでもなければ、教義学的・権威的な確実性のうちにあるのでもなく、さらには学問的な種類の普遍妥当性のうちに生きるのでもないということである。そうではなくて、それは個別的な全体が多数あるということのうちに生きている。この個別的な全体は普遍的なものに対してそれぞれの持ち分を持っており、ただ個別的な持ち場において普遍的なものを目指す。そして個別的な共同体形成（Gemeinschaftsbildung）において完遂するのである。このまったき多元主義は統一的な根拠から発し、そこへと帰っていく。しかしこの発出と帰還は学問的には構成されえず、ただ生に即して成し遂げられ、完遂されるだけである。」（KGA15, S. 568）

トレルチにおいて歴史的にものを考えることは、「個別性の理念」に基づいた多元主義的な共同体形成へと向かうものである。「個別性の理念」において認められる、それぞれの歴史的存在者が背景に持つ歴史的な多様性は、現在という時点において、人類と個人の間の中間領域における共同体の多元性として現れている。具体的に言えば、1920年のドイツに生きる個人は、ドイツ人として、なんらかの意味での民族性を帯びているかもしれないが、同時にヨーロッパ人であり、シュヴァーベン出身であり、ベルリン市民であり、ベルリン大学の教員であり、トレルチ一家の一員でありうる。そして、それぞれの共同体もまた1つの歴史的個体としてさまざまな歴史的背景を持つ。逆に、同じ共同体に属していても、全ての歴史的背景が同じ個人は存在しない。この認識に基づ

けば，共同体内部にさまざまな個性を認める多元性も，共同体の外部に他なるたくさんの共同体を認める多元性も，共に承認されるだろう。複雑な歴史の流れを解き明かすために，学問としての歴史研究は力を発揮する。歴史的にものを考える態度は，厳密かつ誠実な歴史研究の成果を受けて，共同体内外の多元性を擁護するものとなるのである。

　以上のように，トレルチの理解では，公正な歴史的思考によって，個別的な歴史的存在者が帯びる多元性が正当に捉えられるのであり，さまざまなレベルの共同体の意味が承認される。そうであるとするならば，厳密な歴史研究の手続きを放棄し，歴史を描くことを詩だと言い放つ態度からは恣意的な共同体理解ないし共同体形成が導かれる危険性が指摘されうるだろう。もちろんこれは可能性であって，例えば同時代のヘルマン・カイザーリンク伯爵はやはり高度に専門化した学問を嫌うディレッタントであったが，コスモポリタンな感覚の持ち主であり，その知的活動は実にさまざまな傾向の思想家を巻き込むことができた[40]。しかしながら，学問的な厳密さが失われたとき，歴史的存在者に流れ込む諸関連のどの流れを強調するのか——あるいは排除するのか——は恣意的なことがらになる。カイザーリンク伯爵のようにコスモポリタニズムと結びつき，歴史的関連の多元性を結果的に保持することもできるが，特定の生活圏や共同体の範囲を限定しようとする態度によって，特定の歴史的文脈だけを排他的に際立たせる事態が起こりうる。その歴史的―空間的な範囲がナショナルな，あるいは民族的（völkisch）なものに結びつくとき，その言説は典型的に保守革命的なものとなるだろう。

6. おわりに

　以上確認してきたようにトレルチは保守革命的な言説を意識しながら

---

40) トレルチは早くからカイザーリンクの活動に協力していたが，カイザーリンクの主催する自由哲学協会の会員には名を連ねていなかったようである。（KGA15 所収の「歴史の真理の偶然性」につけられた編集者解題による。）カイザーリンクと知恵の学園の活動については以下の論文を参照されたい。　クナウプ・ハンス・ヨアヒム「『智慧院』・東西知的融合の実験場――ヨーロッパの伝統的認識にたいするカイザーリングの懐疑と挑戦」，『慶應義塾大学日吉紀要　ドイツ語学・文学』33 号，2001 年，29-50 頁。

第 8 章　保守革命とトレルチ

自身の歴史主義理論を構築していたが，トレルチと保守革命論者には共通する問題意識があったからこそ，そうせざるをえなかったようにも思える。その問題意識とは，歴史の進展とともに従来の社会システムは生気を失い，新たな精神性，あるいは魂を必要としているということであった。「理念的な内実には新たな社会学的身体をつくり，社会学的な身体は新しく新鮮な精神性によって，すなわち偉大な歴史的内実の新たな総括，適応，改造によって魂を吹き込まれるべき」だとトレルチは考える。トレルチにとって歴史的思考の課題とは「歴史的（historisch）に理解された現在から歴史的生（das geschichtliche Leben）の継続形成をする」（KGA16-1, S. 254）ことであり，具体的には，新たに歩みを始めようとしているドイツ社会の形成が喫緊の問題であった。その際，詩的な直観によってドイツの民族性を一つの原理としてその英雄性に訴えたり（ゾンバルト），血の神話にその根拠を求めたりすること（シュペングラー）は，ロマン主義が措定した「ドイツ性」をことさらに称揚する歴史の不当な一元化であるとトレルチには思われたのだった。

　トレルチの考える歴史的思考とはそのようなものではない。本章で明らかにしたように，トレルチは価値の相対化・多様化をもたらした歴史主義の遺産の上で，個々の人間存在や国家などの共同体がさまざまな歴史的文脈の相関の中から生じてきた多元的存在者であることを受け止め，さらなる形成に向かおうとする。ここに，歴史的思考の重要性を守り抜こうとするトレルチの姿勢が，当時の知的状況における保守的な陣営に与するものではないことが明らかになっただろう。

第9章

コンサヴァティヴとリベラル

---

1. はじめに

　本章では「歴史主義とその諸問題複合体」に含まれるテクスト群の中から,「コンサヴァティヴとリベラル」[1]という論考に注目する。この論考に注目するのは第一に,そこに含まれるトレルチの同時代の思想状況の分析自体が興味深いものであるからである。執筆されたのは第一次世界大戦中の1916年であり,第Ⅱ部で扱ったテクストと同時期か,やや遡るものであるが,その内容は,変革が起こりつつある1910年代半ばのドイツ及びヨーロッパの思想状況を広い視野から整理するものとなっている。また第二に,『歴史主義とその諸問題』に「コンサヴァティヴとリベラル」への参照注がある[2]ことが示している通り,「コンサヴァティヴとリベラル」は『歴史主義とその諸問題』の問題意識を検討する際に有意義な内容を含んでいるからである。この論考を通して私たちは,トレルチの歴史哲学が具体的な時代診断に基づいており,トレルチが自らの思想を時代の趨勢の中でとらえていたこと,そして時代診断から窺えるトレルチの政治的態度——それはコンサヴァティヴとリベラル

---

　1) Troeltsch, E.: Konservativ und Liberal, in: *Die Christriche Welt* 30 (1916), Sp. 647-651, Sp. 659-666, Sp. 678-683. 本論のタイトルは,「保守と革新」と訳すことも考えられるが,本章で明らかになる通り,トレルチはかなり広い意味で Konservativ と Liberal という語を用いているので,本章では「コンサヴァティヴとリベラル」とカタカナで表記することとした。
　2) KGA16-2, S.1083.

の総合を目指すことであったのであるが——が歴史主義的思考と密接に関わるものであったことを理解することができるだろう。

この「あまり注目されることのない,学術的ではない場所に発表された文章」[3]に注目し,『歴史主義とその諸問題』の末尾に現れる謎めいた表現（=「歴史により歴史を克服する」[4]）の解釈を試みたのはトルッツ・レントルフである。レントルフは「コンサヴァティヴとリベラル」を,トレルチの歴史哲学と宗教哲学の関連を論じるための傍証として用いており,具体的には全3部から成る「コンサヴァティヴとリベラル」の第3部を重点的に取り上げている。しかし,第1部・第2部にもトレルチの社会主義理解,同時代のユダヤ思想の分析など興味深い論述が含まれており,これらの具体的論述に目を通すことでトレルチの立場がより明確になると期待される。そこで,本章では「コンサヴァティヴとリベラル」の全体を概観したい。その後にレントルフの議論を参照しながら,「コンサヴァティヴとリベラル」が『歴史主義とその諸問題』とどのように関連するのかを検討することとする。

2.「コンサヴァティヴとリベラル」の概要

2-1. 社会主義と共産主義

トレルチは「コンサヴァティヴとリベラル」という定式をユリウス・シュタール（Julius Stahl）から借用している。19世紀の精神的な対立を「コンサヴァティヴとリベラル」と特徴づけたシュタールの見解をトレルチは高く評価する。ただし,その具体的な現れ方は,シュタールの分析の対象である19世紀と,トレルチの生きる20世紀初頭では異なっていた。

シュタールにとっての問題は権威に対する個人のあり方であったが,トレルチの時代に特徴的な議論としては社会主義を巡る議論があった。

---

3) Rendtorff, T.: Geschichte durch Geschichte überwinden. Beobachtungen zur methodischen Struktur des Historismus, in: Graf, F. W. (hrsg.), *Troeltsch-Studien neue Folge 1*, Gütersloh, 2006, S. 314.

4) KGA16-2, S. 1098.

第9章　コンサヴァティヴとリベラル

ここで言う社会主義とはマルクス主義のこと（だけ）を指しているわけではない。当時，社会主義についてはさまざまな立場から，実に幅広い議論が交わされていた。

「社会主義はひとたび宣告されると，自らへとさまざまな力添えを引き寄せる。キリスト教的な愛の共同体の倫理的＝宗教的な助力，有機的な国家観の身分的＝保守的な助力，労働者の労働組合及び階級的＝組合的な運動，国家による生産計画と国家の介入という商業的＝国家社会主義的な新たな理念。」[5]

こういった数ある社会主義の中でマルクス主義は，自然主義的な発展の思想と結びついた1つの形態であるにすぎなかった。トレルチは，さしあたりは個人に対して社会をその上位に置く思想全般を社会主義と呼ぶが，こうした幅の広い概念である社会主義をなんらかの概念の下にまとめるのは困難である。個人主義と社会主義の対立は時代を特徴づけるものではあるが，内容的には曖昧で「コンサヴァティヴとリベラル」の対立を表現するには不十分であった。

「個人主義に対する社会主義というスローガンとして時代の対立は表されたが，そのようにしても対立は十分にも正しくも定式化されなかった。このことは既に次のことにおいて示されていた。それは，社会主義は実にさまざまな解釈を許すのであって，時には保守的な原理として，また時には極端に革命的な原理として現れるということである。」[6]

トレルチの同時代に現れている「コンサヴァティヴとリベラル」の対立を考察するためには社会主義内部での対立に目を向ける必要がある。そのためにトレルチはハインリヒ・ディーツェル（Heinrich Dietzel）の分析を援用し，「共産主義と社会主義」という対立軸を設定する。ここで社会主義という言葉が，共産主義も含む広い意味での社会主義と，共

---

5) Troeltsch: Konservativ und Liberal, Sp. 648.
6) Ibid., Sp. 649.

産主義と対立する狭い意味での（それでも内容的にはまだ多義的であるが）社会主義とに二重化されている。共産主義は合理的な個人概念の延長であり，社会を個人の上位に置く本来の社会主義とは対立するというのである。

> 「彼が示したのは，民主主義的社会主義が根本的には合理的かつ個人主義的，それゆえ自由主義的で民主主義的な思考の継続形成にすぎないということである。それは実際には，徹底的な個人主義の帰結としての"共産主義"である。生産手段の国有化が民主主義的社会主義の理論へと取り入れられたことが意味するのは単に，個人の保証なのである。」[7]

以下で見るように民主主義の内部にもトレルチは「コンサヴァティヴとリベラル」の対立を見るので，単純にディーツェルの見解に同意する訳ではないが，共産主義のうちに合理主義的思考を認める見解はトレルチ自身の見解と一致する[8]。そして，自然主義と結びついたことで共産主義の持つ発展理念が個々人の意志を越えた必然的な経過と見なされたことは「パラドクス」[9]であると言う。

それでは，共産主義に対置される社会主義とはどのようなものなのか。

> 「それとは反対に"社会主義"はその構成員の上位に共同体を置くこと，全体という理念に基づく共同体の組織的な相互関係，本質的な不平等性の原則的な承認，そしてさまざまな能力と業績に応じて個々人を全体へと，あるいは個々人と全体との間に形成される中間的組織へと組み込むことである。しかし同時にそれはそれぞれの場所から全体へと向けて個々人が積極的に参与したり献身したりすることでもある。すると，しかしながら，全体というものはここでは

---

[7] Ibid.
[8] トレルチは『歴史主義とその諸問題』においても，マルクス主義を自然主義的＝合理主義的思想であると批判している。(KGA16-1, S. 556)
[9] Troeltsch: Konservativ und Liberal, Sp. 649.

単に漠然とした全体の利益という意味ではなく，理念や精神的な内実，精神的価値の担い手として理解される．」[10]

ここでも社会主義の内実について具体的に述べられている訳ではないが，同質・平等な個人概念に基づく共産主義の合理主義的思想に対して，本質的な不平等性や，個人を越えた全体が担う精神的価値といった「非合理」な要素が強調されていることが目をひく．トレルチは「共産主義と社会主義」の対立から「合理主義と非合理主義」というより深い思想的対立を取り出そうとするのである．

2-2．ゲゼルシャフトとゲマインシャフト

「合理主義と非合理主義」の対立を取り出すためにトレルチは次に，テンニエス（Tönnies）のゲマインシャフトとゲゼルシャフトの区別を用いる．そして，近代をゲゼルシャフト化として特徴づけたテンニエスとは異なり，近代の合理主義的な経済の進展によって社会集団は非合理的な由来──伝統や宗教理念など──によって結びついたゲマインシャフトから個人主義的なまとまりであるゲゼルシャフトへの転換は確かに起こったが，再びまたゲマインシャフトの形成へと歴史の趨勢は動いていると述べる．「そこで今日ではスローガンはこうなる．ゲゼルシャフトに対するゲマインシャフト．その際，もちろん再びゲゼルシャフト理念の帰結の相対的な破綻が問題となりうる」．ここに至って，ゲゼルシャフトを支えている合理主義的＝個人主義的理念が疑われることになるので，対立は「形而上学的＝認識論的なもの」となるのである．この対立がすなわち「合理主義と非合理主義」の対立に他ならない[11]．ゲマインシャフトとゲゼルシャフトの対立について，トレルチはこう言う．

「ゲゼルシャフトからゲマインシャフトへの世界の後退的変化は，我々においても他の人たちにおいても，戦争心理や政府の圧力の結果としてではなく，なによりも，ヨーロッパ的心情の内的な変化か

---

10) Ibid.
11) Ibid., Sp. 650.

ら生じている。」[12]

　この内的な変化を敏感に感じ，その担い手となったのは「若い世代」であった。ニーチェからの強い影響の下に「学問における革命」[13]を起こそうとする彼らの欲求にトレルチは理解を示し，「ヨーロッパ精神はまた再びその深みにおいて変化しつつある。しかし，公的なドイツの学問はおそらくそのことにほとんど気付いていない」[14]ことを戒める。若い世代を中心として非合理主義への欲求が高まっていることに目を向け，その真理契機を汲み取らねばならないとトレルチは考えていたのである。

　ゲゼルシャフトに対するゲマインシャフトの復興については『歴史主義とその諸問題』においても述べられており，それはまさしく「コンサヴァティヴとリベラル」への参照注が付されている段落に記されている。そこでの記述は，トレルチがゲゼルシャフトとゲマインシャフトの対立を単に現代という一時代に特殊なものではなく，ヨーロッパの歴史を通じて何度も現れる対立であると見なしていたことを明確に物語っている。

　　「歴史的な生は，より実体的，伝統的な「ゲマインシャフト」と，より個人主義的で緩やかな「ゲゼルシャフト」の間のリズムの中で進行する。「ゲマインシャフト」においては全ての力は沈黙において，あるいは無意識に，そしてとりわけ持続的な支配層の指導の下に形成される。「ゲゼルシャフト」においては文化の内実が広められ，個人化され，ヒューマニズム化され，普遍化される。」[15]

　社会的な集団の形成は，ゲマインシャフトの理念を中心とする時代とゲゼルシャフトの理念を中心とする時代を繰り返しており，近代はゲゼルシャフトの極へと進んでいたが，その運動は終焉を迎え，同時代に

---

12) Ibid., Sp. 651.
13) 「学問における革命」については本書第6章を参照のこと。
14) Troeltsch: Konservativ und Liberal, Sp. 651.
15) KGA16-2, S. 1085.

あってはゲマインシャフトの重要性が増しているというのがトレルチの認識であった。

> 「(我々の目の前にあるのは) 実体的なゲマインシャフトを，崩壊し，根拠を失ってしまったゲゼルシャフトから形成するということである。教会の形成は再建であり，農業的・封建的な形態へとゲゼルシャフトの全体を退行させることと手を携えて進行している。おそらく，何かこの種のことを現代の性格として特徴づけて良いだろう。現代はいずれにせよあらゆる種類の社会主義においてなんらかの復興を求めている。」[16]

新たなゲマインシャフトの形成という課題に際して，キリスト教の教会もその担い手の候補として姿を現す。とは言え，単純に中世的な意味での教会を形成することは，近代的なゲゼルシャフトにより一度は解体してしまった組織の再建であるにすぎず，そのような封建主義への文字通りの「退行」をトレルチが望んでいたとは考えにくい。一方でこの文章から明確に読み取れることは，社会主義の持つ，ゲマインシャフト形成のポテンシャルにトレルチが望みを持っているということである。トレルチが当時ベルリンに複数存在した（宗教）社会主義者のサークルに関心を持ち，ティリッヒなど若い世代と接触を持っていたことが知られている[17]。世代の差からか関心の差からか積極的な関与は無かったようであるが，彼らの思想に一定の共感を覚えていたことは確かであろう。本書ではこれ以上論じることはできないが，トレルチにとって社会主義がどのような意味を持っていたのかということはさらに探究すべきテーマである。

2-3. 非合理主義の意味するもの

共産主義と社会主義，ゲゼルシャフトとゲマインシャフトの対立から，合理主義と非合理主義というより根本的な対立図式を導いたトレルチは，次に合理主義と非合理主義という言葉が何を意味するのかを解説

---

16) Ibid., S. 1086.
17) Christophersen: *Kairos*, S. 16ff.

する。まず，合理主義についてトレルチは次のように言う。

「合理主義は以下のような見解を意味する。それは，理性の生得的な概念や秩序原則から，全ての思考に対して完全に強制的でそれゆえに人類的な普遍妥当性において，物体の性質の関連，人間の歴史の経過，社会的＝倫理的文化理念の構成を展開することである。」[18]

この説明は特別なものではない。演繹的な思考方法を自然現象，歴史，倫理などの対象について遂行することである。このような思考方法は，設定されている概念や法則がその対象に妥当する限りでは有効である。しかし逆に言えば，その有効範囲には限界があるということになる。

「意識に対して，経験や，さまざまな主体に共通の経験世界，心理学的な主体との結びつき，あるいは，それぞれの主体をともに含む諸事物の全体性を越えたものがどのように与えられうるのかということは，全く把握不可能である。この経験内容がこの論理法則に従うということ，最終的にはそもそも何かがあるということ，この全てはまったく把握不可能である。すなわち，非合理的である。」[19]

合理主義の限界は，認識論と心理学の境界，認識主体と認識対象の結びつきを考える時，あるいは端的な事実性に目が向けられる時にあらわになる。この限界への気づきが「非合理主義」に他ならない。

トレルチの言う非合理主義はこのように，合理主義の限界の認識という消極的な定義なので，それは「美的なアナーキズムや，徹底的な懐疑主義，根本的な厭世主義，神学的な超自然主義」などさまざまな形態をとって現れうる。しかし，非合理主義が意味するのはそういったさまざまな仕方で表現される内容ではなく，「非合理主義が意味しているのは端的に制約なのであって，純粋な合理主義はそこに突き当たる」という

---

18) Troeltsch: Konservativ und Liberal, Sp. 660.
19) Ibid. Sp. 661.

ことをトレルチは強調する[20]。合理主義が突き当たらざるをえない制約に目を向けることは，合理主義によっては捉えることのできない，より広くより深い現実の存在に目を向けることである。すなわち，非合理主義は「広く深い現実主義」であると言うことができる。

> 「非合理主義は再び力を与えられた，広く深い現実主義，事実に対するより生き生きとした直観的な感覚，未だ合理的に分析されていない生に対するより力のこもった献身，そもそも究極的な根拠や深みにおいてさえも分析や合理的な構成によっては生を把握することは不可能であるという感覚に他ならない。」[21]

　合理主義が解明することのできる現実よりもさらに「広く深い現実」に気づいた時，その現実を把握するのは「直観的な感覚」による他はない。直観的な感覚を重視することで合理主義の限界の外側にある現実に注意を向けたこと，これが非合理主義の真理契機の第一点であると言える。この直観的に感得された現実がここでは「生」とも言われているが，非合理主義は生に対して力を込めて「献身」を行うことで，感得された生の継続的な形成に参与する積極的な原理となる。すでに共産主義に対する社会主義の説明として，「個々人の積極的な参与と献身」[22]が挙げられていたことも思い出される。合理主義が分析的な思考にとどまり，新たなものを産み出す力を欠いているのに対して，さらなる生の形成への活力を持つことは，非合理主義の第二の真理契機である。
　こういった感覚や欲求をトレルチは，学問に対する若い世代の反発として感じていたが，この動向は「ヨーロッパ精神の深み」に根ざすもので，他にもさまざまな分野で合理主義に対する非合理主義の対立が，すなわちリベラルに対するコンサヴァティヴの対立が現れていた。
　トレルチは3つの例を挙げる。それは同時代のユダヤ教の動向，ドイツ的思考のあり方，フランス的民主主義とアングロサクソン的民主主義の差異，の3つである。このうちドイツ的思考と民主主義の二類型に

---

20) Ibid.
21) Ibid.
22) Ibid. Sp. 648.

ついては，トレルチの他の論考と重なる点も多く，本書でもすでに第5章で，『ドイツ精神と西欧』所収の論文「自由のドイツ的理念」におけるトレルチの見解を検討しており，内容として大きく異なるものではないので，後で本章の主旨であるコンサヴァティヴとリベラルの対立とどのように関係するのかという点を確認するにとどめ，以下ではトレルチによる同時代のユダヤ教についての分析を確認したい。

2-4. ユダヤ教におけるコンサヴァティヴとリベラル

　トレルチは『歴史主義とその諸問題』においてヘルマン・コーエンを「現代のフィロン」[23]，「メシア主義的数学主義」[24]と印象深い言葉で特徴づけている。『歴史主義とその諸問題』における文脈としては，新カント派マールブルク学派の歴史哲学を分析する中に置かれており，哲学的見地からその自然主義及び合理主義が批判されることは理解しやすいものの，トレルチがこの箇所で力を込めてコーエン思想のユダヤ性を強調する意義は，『歴史主義とその諸問題』だけを読む限りではそれほど判然としない。しかし，「コンサヴァティヴとリベラル」の記述を読むと，トレルチがコーエンを同時代のユダヤ思想における合理主義の代表者と見なしていたことが明らかになる。トレルチはコーエンとヨナス・コーン（Jonas Cohn）の名前を挙げながら次のように言う。

> 「ユダヤ教の鋭敏で高貴な頭脳はヨーロッパ的国民世界へのつながりを模索しながらも，当然ながらキリスト教的＝ヨーロッパ的世界の固有な国民感情には変化することができない。そのような頭脳は好んで純粋かつ絶対的な合理主義を手にする。この合理主義とは，自然認識，歴史認識，そして倫理的な観念世界そのものを，人間性全体に調和する必然的なものとして組み立て，曖昧な本能とか情熱を消し去るものである。それによって，彼らが"宿主民族"の生活を純粋理性から形成する範囲，そして形成できる範囲で，理性信仰をこの民族に結びつけることを合理主義が可能にする。」[25]

---

23) KGA16-2, S. 819.
24) Ibid., S. 824.
25) Troeltsch: Konservativ und Liberal, Sp. 662.

コーエンらの思想が持つ合理主義は，単に歴史哲学の議論や，新カント派の西南学派とマールブルク学派との間のカント解釈を巡る対立の文脈でのみ理解されるものではなく，ユダヤ教という彼らの宗教的背景の発露の形式でもあるとトレルチは捉えている。コーエンはマールブルク学派の合理主義者であると同時にユダヤ教の中での合理主義を代表する人物であり，その2つの側面は密接な関係にあったのである。
　それでは一方，ユダヤ教の中で非合理主義を代表するものは何であったのだろうか。それは，ユダヤ民族に端的な所与的事実として与えられている土地への結びつきを強調する立場，すなわちシオニズムである。

「シオニズムは，血の繋がり，歴史的運命，民族特有の精神性によって規定される生来の特殊性を，決して合理化されることの無い根本事実だと考える。なぜなら，どんな民族もその民族であり続けざるをえないし，繰り返しその民族にならざるをえないからである。(中略) それゆえパレスチナ移住の計画が現れる。また，ヒューマニズム的自由主義と合理主義への拒絶が生じる。そしてさらに，言語，風習，共有財，伝統的な理念世界に対して比較的コンサヴァティヴな態度が生じる。」[26]

　トレルチが否定的な意味合いでヒューマニズムという時，それは普遍的・理念的な人類概念に根ざす合理的な人間理解を意味している。シオニズムはそのような普遍的人類概念には関心を向けず，自分たちがユダヤ民族であるという事実に集中する。そしてそこにはユダヤ民族であるという事実と同時に，律法により規定された生の形式が存在し，その遵守も求められる。この具体例は，事実性への注目という非合理主義とコンサヴァティヴな態度との関連を明確に示している。
　すでに私たちは，トレルチが合理主義に対する非合理主義の真理契機を認めていたことを確認したが，だからと言ってトレルチは全面的に非合理主義を支持する訳ではない。「もし今日の若い世代が対極へと向かい，学問を軽視しようとするならば，彼らが学ばねばならないことは，

---

26) Ibid.

この状況で重要なのは何かということ，すなわち，合理主義と非合理主義をその真の本質において理解し，その相互限定と相互承認を把握することである。このことは，今後哲学が活発に関わっていく問題となるだろう。しかしすでに今日，事態の基本的な特徴は明らかである」[27]と言い，非合理主義のあまりに学問の合理性を軽視する若い世代に対して，合理主義と非合理主義の関係への問いそれ自体が今後の学問／哲学の課題であると呼びかけ，すでにその動向は明らかになりつつあると言うのである。同時代のユダヤ教についても，トレルチは合理主義的なユダヤ人哲学者たちと比べてシオニズムの運動を全面的に高く評価したわけではない。トレルチ自身の立場に近い発想は，ユダヤ教という歴史的事実に根ざしながらも，合理的な思惟を放棄しない姿勢であった。そしてこのような立場をトレルチは，同時代のユダヤ教の中ではマルティン・ブーバーに認めた。

「マルティン・ブーバーはその著作において，この思考方法の普遍的・哲学的な基礎を展開しており，それには教えられるところがとても多い。すなわちそれは啓蒙の精神からの背離であり，近代的な国民国家的，現実主義的，非合理主義的運動との関連であり，つまりは今日的な思考の一般的な基本方向との一致である。」[28]

ここでトレルチがブーバーのどの著書を念頭に置いて議論しているのかは明らかではないが，ブーバーは1910年代後半から「ヘブライ的人文主義」のプログラムに着手しており，これはトレルチの言う，ユダヤ教という事実性に根ざした哲学的思惟という姿勢に合致するように思われる。トレルチとブーバーはこれまでのところあまり比較の対象とはされてきていないが，少なくともトレルチの理解によれば，1910年代後半の思想状況の中で合理主義と非合理主義の関係について同一の姿勢をもって思索を進めていたことになり，その思想の比較については今後研究を進める余地があるように思われる。また，当時のユダヤ教の動向の観察者としてのトレルチの分析を通じて，ユダヤ教内部での運動を，同

---

27) Ibid., Sp. 659f.
28) Ibid., Sp. 662.

時代のより広い思想動向と結びつけて論じる可能性もあるだろう。

2-5. 合理主義の必要性とその限界

ブーバーについて見たように，合理主義では捉えられない非合理な事実から出発しながらも，可能な限りの普遍性を求める態度にトレルチは共感を寄せるが，そのような態度をトレルチはドイツ的思考とアングロサクソン的民主主義にも見出した。前者については，「ドイツ的思考は，もちろんその強固な基礎においてのみであるが，止揚不可能で合理的に説明されるべきでも基礎づけられるべきでもない諸国民の根本的特徴，すなわち，意識や個人を超越した民族精神を信奉する。この民族精神は，血と土地，歴史と連続性，個別的な運命と個別的な状況に密接に結びついている」[29]としながらも，これがドイツ的思考である限り，それは可能な限りの普遍性を目指すものであって，合理主義の真理契機を内部に含んでいると解釈する。それゆえ「これは純粋にドイツに特有の立場ではない。それはむしろ或る特徴的な思考方法一般について言えることなのである。その本質とはこうである。現実から理念的なものへと向かう方向へと，できる限りの明確化と概念的な練り上げによって突き進むが，純粋理性による世界の救済という思想は断念することである」[30]と言われ，ドイツ的思考も同時代に広まりつつある思考態度が，ドイツという1つの具体的事実に基づいて現れたものであると解される。

ここで，トレルチにとっての合理主義の重要性と限界が明らかになる。非合理主義が生の深い現実に気づき，そこへの献身を促すとしても，その献身は非合理なままに現実への盲目的な服従となってはならず，可能な限り普遍性に則って形成へと向かわねばならない。生の非合理性のみが強調されると，歴史的な生において倫理的な価値・秩序を構築することは不可能になり「価値の無政府主義」に導かれてしまう。そうならないためには，非合理主義が感得した生の流れを，合理主義によって方向づける努力をしなくてはいけない。ここに合理主義と，その担い手である学問の意味がある。合理的な思考の批判能力を信頼し，その必要性を強調するトレルチの姿勢は，ここだけを見ればリベラルであ

---

29) Troeltsch: Konservativ und Liberal, Sp. 663.
30) Ibid.

ると言える。しかし，その批判が向けられる対象は非合理的に直観される生の現実に他ならず，具体的な所与の現実へのこだわりというコンサヴァティヴな態度に，リベラルな思考は根ざさなくてはならない。純粋理性は積極的な献身の対象とはなりえず，リベラルな思考と歴史的現実を結びつけるのは現実そのものの非合理的な力に他ならない。

　民主主義を巡る議論においても，リベラルな思考が現実の重視というコンサヴァティヴな姿勢と結びつかなくてはならないという主張が強調される。普遍的な人類概念に基づいた合理主義的な発想から民主主義を演繹するフランス的発想とは異なり，アングロサクソン的民主主義はキリスト教という非合理な原理からその力を得ていると言う。イギリス人やアメリカ人は神により世界に対して民主主義を広めるように託されたことに感謝し，自分たちがその宣教を実行する際の粗暴さに何の問題も感じない。トレルチによれば，自らの思想を世界に広めようとする粗暴さを宗教的に正当化する，こういった態度をトレルチは，「偽善（Heuchelei）」と呼ぶ。アングロサクソンが実際に遂行する偽善的な態度そのものは全面的に褒められたものではないかもしれない。しかしこの態度は，自分たちの固有の土台という非合理な出発点と信仰という非合理的な動機から，そこに合理的な理念が含まれることを信じ，可能な限りの普遍化を目指すものであって，そこには非合理主義と合理主義の結びつきが現れている。「この偽善において，合理主義と非合理主義，リベラルなものとコンサヴァティヴなもの，力と理性が特別な状況と前提によってとても密接に結びつく」[31]のである。これが偽善と呼ばれうるのは，その普遍化の方法に問題があるからであろう。それは，非合理的な動機を具体的に方向づける合理的思考の内容の問題であって，非合理主義と合理主義が結びついていることは非難されるべきではない。むしろ，偽善というかたちであるにしろ，非合理主義と合理主義が結びついているアングロサクソン的民主主義は，実践の力と理性を兼ね備えており，その実行力の点で，合理主義のみを原理とするフランス的民主主義に対して優位性をもっていると言う。

　以上のようにさまざまな領域で合理主義と非合理主義の対立と，その

---

31) Ibid., Sp. 664.

総合の試みが現れてきているが，それらのさまざまな総合の試みをさらに総合して統一的な世界像を構想することは可能なのだろうか。つまり，さまざまな総合の試みが共通して目指すべき目標は設定できるのだろうか。トレルチは「神の視点」を持たない私たちは全体を把握し，最終的なものを構成することはできないと言う。人間の目には「この方向が目指す究極的な終末は常に隠されたままである。つまり，いかなる理性によっても構成することはできない」[32]のである。これまでの記述から明らかなように，トレルチは合理主義と非合理主義の総合を目指すことが同時代の思想状況に置いて求められることだと考えているし，実際にさまざまな領域でそれが現れてきていると感じている。具体的には，ユダヤ教においてはブーバーがその動向を代表していると，共感を持って語るのである。しかしだからと言って，キリスト教神学から出発して思索を進めるトレルチ自身と，ユダヤ教の土壌から発想するブーバーが同一の目標に進んでいるということを論理的に説明することをトレルチはしない。トレルチにとってそれは不可能なことである。そこで必要になるのは「深い意味での寛容」，「積極的な寛容」であると言う。

> 「まさしくそれゆえに，近代世界は言葉の深い意味での寛容を必要としている。それは忍耐と同情の寛容，あるいは方向性の欠落と懐疑の寛容ではなく，個人の他人に対する，または一つの民族の他の民族に対する積極的な寛容であって，合理性を越えて他者を根本的に受け入れることの尊重から生じてくる。すなわち，完全に素朴で心のこもった寛容か，より深くより真剣な思慮つまり視野を最大限に広げた思慮から生じる寛容かのどちらかである。」[33]

このような意味での積極的な寛容が無いと近代世界は相互の誹謗中傷と信仰無き懐疑主義の地獄になってしまう，と言う。歴史のうちに生きる人間理性の有限性を，究極的な真理に対する限界と捉え，寛容の必要性を説くこのような記述は，レッシングの「3つの指輪の譬喩」を思

---

32) Ibid., Sp. 665.
33) Ibid., Sp. 666.

い起こさせる[34]。「3つの指輪の譬喩」がユダヤ教，キリスト教，イスラムのうちどれが真の宗教か，という問いに対して語られたものであったことと直接的な関係は無いだろうが，トレルチが自らの立場に近いものをブーバーに見たことに加え，「コンサヴァティヴとリベラル」の最後に，トルコのシャリフと会った経験について，「彼もまた彼なりのコンサヴァティヴ主義に基づいてのリベラルであった」[35]との感想を述べ，イスラムの中にも同様の姿勢があることを指摘して論文を閉じていることは興味深い。トレルチはキリスト教，ユダヤ教，イスラムが共通の真理を保持しているとは言わない。それぞれの宗教の伝統に根ざすコンサヴァティヴな前提から一般化を目指してリベラルな思索を進めながら，他の伝統においてなされている同様の試みについて，それぞれの試みの真理性を認めること，それがトレルチの考える積極的な寛容である。

2-6. 神学と宣教

　宗教について考える際にも当然，人は具体的・歴史的な生にその材料を持つ。そしてここでの歴史的な生とは各人にとって異物であるようなどこか見知らぬ土地の歴史ではない。そうではなく，この歴史的な生とは，思索を進める本人が拠って立つ歴史的世界に他ならない。「探究者は，教派性を越えた意味で，この世界から出発したのであり，この世界が個人的かつ継承してきた現実性」であって，具体的に言えばトレルチにとっては，「これは我々全てにとっては西洋の宗教，すなわちもっとも一般的な意味でのキリスト教である」[36]ことになる。このように西洋の宗教としてのキリスト教にその対象を限定した宗教研究がトレルチにとっての神学，もしくは組織神学に他ならない。その営みは西洋世界に対してキリスト教が啓示されたという非合理的な事実，この事実に対する研究者の信仰という，これもまた非合理的な決断に基づき，合理的な概念によって可能な限りの普遍性を求めるものとなる。この観点から，

---

　34)　「三つの指輪の譬喩」に代表されるレッシングの真理探究に関しては以下の文献を参照。安酸敏眞：「レッシングにおける真理探究の問題」『歴史と探究　レッシング・トレルチ・ニーバー』，29 - 49 頁。また，レッシングとトレルチに共通する「真理の多形性」については同書の「序章」を参照のこと。

　35)　Troeltsch: Konservativ und Liberal, Sp. 683.

　36)　Ibid., Sp. 680.

他の宗教に対する態度についても一定の判断が下されうる。トレルチは，「オリエントの諸民族」に対して改宗を求めるような宣教を問題視する。彼らは「偉大かつ内容豊かな宗教体系を持つ」のであって，そのような民族に対して改宗を迫ることは，「見込みが無いばかりか，不当でさえある」[37]とはっきり反対する。ここで「オリエントの諸民族」が具体的に指す内容は明らかではないが，この直後に先に挙げたトルコのシャリフとの対話の例が述べられるので，イスラムが念頭にあると考えて良いだろう。イスラムに限らず，（その判断基準は問題となりうるが）「偉大かつ内容豊かな宗教」を持つ民族に対してキリスト教の宣教を進めることにトレルチの議論は反対する。神学はキリスト教の伝統を共有する西洋社会の中でのみその課題を持つのであって，その外側に対しては，相互の承認と寛容が求められるのみである。

3. 歴史主義との関係

3-1.「3つの重要な認識」と「歴史による歴史の克服」

　以上，「コンサヴァティヴとリベラル」において，トレルチがコンサヴァティヴとリベラルの対立を非合理主義と合理主義との対立という，より一般的な思想的対立の現れとして把握していることが明らかになった。本書ですでに確認してきた（そして時系列的にはトレルチが「コンサヴァティヴとリベラル」を発表後に大きな運動となっていく）「学問における革命」や神学における「前衛」的潮流，「保守革命」などもすべて，行き過ぎた合理主義に対する非合理主義的反動と見なすことができる。そしてまた，「コンサヴァティヴとリベラル」から読み取れることは，合理主義と非合理主義の対立ばかりではなく，両者を総合する試みもまた時代の中に現れてきているとトレルチが認識しており，トレルチ自身の立場もそこにあるということである。この問題はトレルチにとって，具体的な歴史現象から出発して，可能な限りの普遍性を持った理念を追求し，その結果として再び具体的な歴史的状況にある社会の形成に向

---

37) Ibid., Sp. 682.

かうという，歴史哲学の課題として考察が深められることになる。そしてこの課題は，トレルチの歴史哲学のまさしく中心的な課題となった。『歴史主義とその諸問題』の末尾において，私たちはそのことを確認できる。もちろんすでに述べたように，『歴史主義とその諸問題』は未完の書であり，ここで言う「末尾」とは「第1巻：歴史哲学の論理的問題」の末尾であるにすぎない。しかしそれでも，そこには次巻で展開されるはずだった現在的文化総合の前提をなす，歴史哲学の方法論についての「3つの重要な認識」（KGA16-2, S. 1093）が挙げられており，トレルチの歴史哲学の1つの到達点であると見なされうる。そして，その最後の箇所に「歴史によって歴史を克服する」（KGA16-2, S. 1098）という「しばしば引用され，利用され，期待を抱かせる響きを持つけれども謎めいた定式」[38]が現れる。レントルフによれば，この表現はこれまでさまざまな仕方で便利に引用されてきた。そして多くの場合，この定式は書かれることの無かった『歴史主義とその諸問題 第2巻』で展開されるはずだった文化総合のことを意味していると解されてきた。この解釈にレントルフは異議を唱える。この定式はあくまで，文化総合の土台を構成する「3つの重要な認識」の結論として記されているのであって，当然，文化総合と密接に関わるとは言え，文化総合そのものとは区別されねばならない[39]。筆者もこのレントルフの見解に同意する。従来の見解への批判と，この定式の新たな解釈については次章で集中的に論じるので，「3つの重要な認識」の要点を示しておきたい。この「3つの重要な認識」の第1は，歴史に現れる文化的内実が「偶然的―個別的な起源」から離れ，「自立的な精神的あるいは文化的原理へと変化する」ということである（KGA16-2, S. 1093）。この文化的内実を歴史的原理として描き出すことが歴史学の課題の1つである。一般的な理念へと向かうこの傾向は，本章での関心から見れば，歴史学のリベラルな方向性と呼ばれうるだろう。第2の認識は，「第1のものの逆」である。すなわち，現在存続しているものについて重要なのは，「なんらかの《主義》へとまとめられるべき価値や文化の内実ではなく，あまたある数多くの個別的なもの，そして論理的な体系化ではなくて実践的な体系化へと向

---

38) Rendtorf: Geschichte durch Geschichte überwinden, S. 285.
39) Ibid., S. 287f.

かう，それら個別的なものの集合的作用」である（KGA16-2, S. 1096）。第1のものがリベラルな態度に対応していたように，この第2の認識で述べられている歴史学の第2の課題はコンサヴァティヴな態度に対応すると言える。最後に第3として言われるのは，第1と第2の総合である。トレルチは『歴史主義とその諸問題』において，普遍的・理念的なものに対して，現在の具体的な現象の観察として与えられる考察結果を「社会学的」なものと呼ぶ。すなわち，歴史研究のうち，事実的な連関の解明を目指すのが社会学的な考察であり，具体的な現象を越えた普遍的な理念を追究する歴史哲学と明確に区別される。理念的なものを求める第1の課題と，社会学的なものを求める第2の課題は，「現在と未来に対応したやりかたで相互に結びつけられる」。それはつまり，「理念的な内実に対しては新たな社会学的身体を創造し，社会学的身体に対しては新しく新鮮な精神性によって，すなわち偉大な歴史的内実の新たな総括，適応，再編によって魂を吹き込む」ことである（KGA16-2, S. 1097f.）。この課題をトレルチは「歴史によって歴史を克服する」と表現するのである。

　この表現を，コンサヴァティヴとリベラルの総合というトレルチの意図から理解することができる。「コンサヴァティヴとリベラル」においてトレルチが，自分の教説は「二面性」[40]を持つ，と記していることにレントルフは注目する。レントルフは「二面性」という表現の意味を，『歴史主義とその諸問題』における文化総合の基礎となる認識と関連づけて次のように述べる。

「この〈二面性〉から明らかになるのは，〈歴史的リアリズムと概念的理念の総合〉という課題である。この総合の枠組みは事柄に即したものであり，宗教理論の視点においては，〈文化総合〉の理念の基礎にあるものである。」[41]

文化総合の基礎にある認識を表現したものが「歴史によって歴史を克服する」という定式に他ならないから，この定式において「歴史」とい

---

40) Troeltsch: Konservativ und Liberal, Sp. 680.
41) Rendtorf: Geschichte durch Geschichte überwinden, S. 317f.

う語が2回現れることを，歴史研究の持つ相異なる2つの態度の現れとして理解することができる。そしてその克服とは，それら2つの態度，すなわち，個々の具体的な歴史現象に注目する歴史学のコンサヴァティヴな態度と，歴史から普遍的な理念を取り出そうとするリベラルな態度の相互の克服，そしてその総合を求めることに他ならない。

3-2. ヨーロッパ主義

「コンサヴァティヴとリベラル」において同時代の哲学の課題として取り出された合理性と非合理性の総合という課題が，『歴史主義とその諸問題』においてはトレルチ自身により歴史哲学の領域で深められている。「コンサヴァティヴとリベラル」では非合理な事実性から出発し，可能な限りの普遍性を持った理念へと合理的な思索によって進むことが両者の総合を意味していたが，『歴史主義とその諸問題』では2つの要素のより複雑な相互作用に目が向けられている。この相互作用について検討するためには『歴史主義とその諸問題』のより精密な分析が必要になる。それゆえ，本章ではこれ以上は論じられないが，『歴史主義とその諸問題』においてもなお，非合理な事実性から出発して可能な限りの普遍性を目指すという姿勢が基本的な枠組みとして保持されていることを指摘したい。その姿勢が示された用語が「ヨーロッパ主義」である。

トレルチは普遍史という概念をヨーロッパ文化に限定するが，このことが意味しているのは，全世界を包括すべき普遍史がヨーロッパに限定されたということではなく，普遍史という，それ自体歴史性を持った概念が妥当する範囲を最大限に拡張した時，その範囲としてヨーロッパ文化を設定すべきだということである。普遍史を描くことは，トレルチにとっての「我々の歴史学」の問題であった。各人はそれぞれの立脚点を無視することはできない。なぜなら，「各人はその土台から最大の展望を手に入れることができるし，最高の高みを目指すことができる。そして人が考え，議論し，振る舞い，生み出すことができるのはやはりそれぞれの土台からだけである」からである（KGA16-2, S. 1028）。そこで問題になるのはトレルチが「我々」と呼びうる範囲，すなわち土台を同じくしていると見なしうる範囲がどこまでか，ということになる。その答えが「ヘブライの預言者宗教」，「古典的ギリシア文化」，「古

代の帝国主義」,「西洋中世」を根本勢力として保持しているヨーロッパ（KGA16-2, S. 1090ff.）なのである。

　各人に事実として，すなわち非合理的に与えられた土台から可能な限りの展望を得るというヨーロッパ主義の根本にある発想が，「コンサヴァティヴとリベラル」で言われていたコンサヴァティヴとリベラルの総合と同一のものであることは明らかである。したがって，「ヨーロッパ主義」もまたトレルチの立つ土台から可能な限りの一般性を目指して捉えられた，いわば有限性を伴った普遍的概念であることになる。そうであるなら，この概念は一般化の途上にあるのであって，その境界，ここではヨーロッパ／非ヨーロッパの境界は暫定的なものであることになろう。トレルチの「ヨーロッパ主義」は完全に西欧に閉ざされた思想ではなく，さらなる普遍性への開放性を帯びる。

　この開放性を，例えば『歴史主義とその諸問題』におけるロシアに関する記述に読み取ることができる。トレルチの見解では，ロシア民族はかつては独自の世界を形成していた。しかし「ロシア民族は人種的にも，キリスト教によっても，最終的には政治と経済を通じても西欧と深く結びついているので，ロシア民族は西欧の重要な将来的な力の一つと見なされねばならない」（KGA16-2, S. 1047）。この見通しはヨーロッパ主義の拡張の一つの可能性である。ここで注目すべきは，ロシア民族が人種や宗教的な起源によりヨーロッパと結びつきうるというのみならず，現在政治と経済により新たに西欧と結びつきつつあるために西欧の一員となりうると論じられていることである。この議論を拡張すれば，ロシア以外の地域――もちろん東アジアを含めて――についても，政治，経済，宗教などを通じてヨーロッパ主義の4構成要素が共有されれば，そこは（地理的な意味ではなく）西欧の一部と見なされうることになる。それは例えば，ロシア民族にとっては，ロシア民族の歴史を構成する主要要素にヨーロッパ主義の4要素が加わったこととして記述されるだろう。

　翻って，ヨーロッパ主義を構成する4要素もまた，決定的なものとして挙げられているわけではない。それは現時点での主要な要素に過ぎないし，そのうちの3つ（「ヘブライの預言者宗教」，「古典的ギリシア文化」，「古代の帝国主義」）が狭い意味での西欧の外から受容されたものである

ことが示している通りに，ヨーロッパ主義の内実もまた，外部の文化との接触からその内容をより豊かなものにする可能性に開かれている。

このように，「ヨーロッパ主義」と言われているものの内容は決して固定したものではなく，その意味についてはさらなる検討を要する。しかし，ヨーロッパ主義がヨーロッパという自らの土台から遊離することはしないというコンサヴァティヴな傾向と，その範囲と内実はさらに普遍化されうる開放性を持つというリベラルな傾向の両面を持つことは明らかとなった。最後に，この両面性から導かれる，「弱さ」と「強さ」について見ることにしたい。

4. おわりに

トレルチは「コンサヴァティヴとリベラル」において，非合理主義と合理主義の中間に立つ自らの立場が「中途半端」（Halbheit）だと非難されることを覚悟している[42]。しかしトレルチにとってこの中途半端さは恥じるべきものではない。なぜなら，それは歴史の現実に即したあり方であるからである。

> 「この立場は単に宗教哲学にのみ妥当するものではなく，あらゆる人生態度や人生の形成一般に妥当するものである。《中途半端さ》は，常に所与である現実性の本質のうちに存する。また，いつも経験の現実性を前提する知の本質のうちに存する。知が経験の現実性の代わりをしたり，完全かつ変更不可能な仕方で構築したりすることはありえない。そして最後に，理念形成の本質のうちに存する。理念形成はいつも受け継がれてきた財から個人的かつ創造的に形成され，その客観性を，理念において実行される，生の神的な運動に巻き込まれていることに対する確信，すなわち信仰のうちにのみ持っている。」[43]

---

42) Troeltsch: Konservativ und Liberal, Sp. 681.
43) Ibid., Sp. 682.

ここで，トレルチが自らのものとする所与の事実から理念の形成へと向かう立場が，同時代の思想動向において求められているものであるのみならず，現実が，知が，そして理念形成とはそもそもそういうものであるということによって根拠づけられている。そして「中途半端さ」もそこに由来するというのである。理念形成の客観的な正当性は神的な運動への信仰によってのみ示されるのだから，この信仰には「中途半端さ」も同時に含まれることになる。非合理性と合理性，コンサヴァティヴとリベラルの総合を目指すことは信仰の行為であり，それゆえ「中途半端さ」を引き受けざるをえない。逆に言えば，信仰がコンサヴァティヴとリベラルの中道を進む「中途半端さ」に耐える強さを与えるのである。

　ここでトレルチにとってのキリスト教信仰の2つ目の意義が明らかになった。1つ目は，所与の事実として与えられている歴史現象としてのキリスト教であり，そこから可能な限り普遍的な理念が探究されるべき土台である。さらに今明らかになった2つ目の意義は，探究者に探究の勇気を与えることである。しかし，探究によって目指されるべき理念の内容は与えられない。トレルチの議論にあっては，理念は現実から取り出されるものであって，それにより現実を反省的に検討することはできても，現実を追い越し，現実を導くものではない。

　この議論が現実の社会問題に向けられた時，現存する規範を全面的に支持するわけでも，新たな変革のための理念を提示するわけでもないことになる。このことを実践に対する無力として非難することは可能であろう。しかし，トレルチ自身がこの非難を「中途半端さ」として自覚しており，その弱みは信仰によって受け止められている。それゆえにトレルチの議論に対する批判はまず，その実践的な無力さではなく，トレルチが中途半端という非難を覚悟で選びとった，コンサヴァティヴとリベラルの総合，すなわち非合理なものの力を認めつつ合理的に思考するという立場の持つ，歴史的現実に対する批判機能がどれほど効果的に働くか，という点に向けられるべきである。

　歴史的現実から出発する思索がいかにして歴史的現実を批判しうるのか。その理論的基礎づけはまさしく歴史主義の問題であって，歴史哲学の議論となる。こうして，時代診断から導かれた，コンサヴァティヴと

リベラルの総合を目指す立場と，歴史によって歴史を克服するという歴史主義の問題が密接に関連しているということが明らかになった。そこで次章では，「歴史主義とその諸問題複合体」の中心に位置する，『歴史主義とその諸問題』の核心へと論を進めたい。

第 10 章

未来へと向かうための歴史的思考

——トレルチの「構成」の理念[1]——

1. はじめに

　『歴史主義とその諸問題　第 1 巻：歴史哲学の論理的問題』は，ベルリン大学哲学部教授としてのトレルチの主著であるのみならず，トレルチの思想発展の連続性を重視する近年のトレルチ研究の立場に立てば，トレルチ思想全体の——暫定的な——到達点を示すものだと見なされる[2]。本章の目的はこの到達点を見定めることにある。具体的には，本章では『歴史主義とその諸問題　第 1 巻：歴史哲学の論理的問題』の最終章（第 4 章）の中心的な主題である「構成（Aufbau）の理念」を解明する。その際に手引きとなるのは，「構成の理念」の内容を表現している「歴史によって歴史を克服する（Geschichte durch geschichte überwinden）」という印象的な表現である。本章ではこの表現の意味を，本来の文脈に置くことにより再検討する。それにより，トレルチが「構成（Aufbau）」という言葉に，未来へと向かう建設的な意図を込めながらも，直接的には，未来への建設へと向かう前提となる，過去の歴史の

---

　1) 現行の邦訳（近藤勝彦訳『トレルチ著作集　第 4 巻・第 6 巻』ヨルダン社）では Aufbau の語に対して「建設」の語をあてているが，本章では以下の内容に従い「構成」と訳した。また，以下の引用における『歴史主義とその諸問題』からの訳出にあたっては近藤訳を参考にしたが，本章における訳文の責任は論者にある。

　2) トレルチの思想展開に含まれるさまざまなモチーフと，『歴史主義とその諸問題』の関連については，KGA16 の編集者による序文，とりわけ第一節「著作史上のコンテクスト」を参照のこと。Graf, Friedrich W.: Einleitung, in: KGA16(1), SS. 1-32.

反省的な再構成の重要性を考えていたことが明らかになるだろう。

2.「歴史によって歴史を克服する」というスローガン

　前章の終わりに確認したように，エルンスト・トレルチは自らの宗教哲学を「二面性」を持つもの，と特徴づけていた。この二面性とは一方で合理的・反省的な思考の保持を，他方で非合理的な現実の尊重とそこへと参与する意志を表しており，この二面性をトレルチの歴史哲学も保持している。それを表しているのが『歴史主義とその諸問題』の末尾に現れる「歴史によって歴史を克服する」（KGA16-2, S. 1098）という表現である。
　この表現は大著『歴史主義とその諸問題』の最後に置かれたものだが，トレルチの言葉の中でも最も有名なもののうちの１つであると言えるだろう。それゆえこれまでもトレルチの思想，とりわけその歴史哲学を象徴するものとして，この表現は繰り返し研究者たちによって論じられてきた。そしてまた，本章においてもやはり，この表現は重要な導きの糸となる。しかし，これまでこの表現が扱われる際には，本来のテクストの文脈から切り離され，研究者のトレルチ解釈にとって都合の良いように解釈されることがしばしばであった。そこでまず，この表現を表題に持つ３つの論文を検討することで，「歴史によって歴史を克服する」という表現をどのように扱うべきかを考えたい。
　ルッディース（Hartmut Ruddies）は1996年の論文に「歴史によって歴史を克服する」という表題を与えた[3]。この論文でルッディースは『歴史主義とその諸問題』の第１章と第２章から「歴史主義の危機」をめぐるトレルチの問題意識を描き出し，「歴史によって歴史を克服する」という命題がそれに対するトレルチの解決策を表していると議論を展開する。ここでルッディースが強調するのは，歴史の叙述と規範的な思考の間の関係である。トレルチはこの両者を結びつけようとするが，そこ

　　3）　Ruddies, H.: «Geschichte durch Geschichte überwinden» Historismuskonzept und Gegenwartsdeutung bei Ernst Troeltsch, in: Raulet, G. (hrsg.), *Die Historismus Debatte in der Weimarer Republik*, Peter Lang, 1996, S, 198-217.

にトレルチの歴史哲学のプログラムの「破損箇所」があるとルッディースは見なす[4]。そして,「決断と跳躍の教説によってトレルチは歴史研究と歴史哲学的構成の不連続を修復している」[5]と解釈する。「歴史によって歴史を克服する」とはこの修復を可能にし,歴史主義のアポリアを解消しうる新たな歴史理解に向けられた表現であると結論する。しかし,ルッディースは歴史主義の危機という問題意識と「歴史によって歴史を克服する」という表現を結びつけているものの,この結びつきはトレルチのテクスト上の連関とは直接的に裏づけられているわけではなく,トレルチがこの表現に込めた意味は十分に検討されていない。また内容的に見ても,本章の結論を先取りして言うなら,「歴史によって歴史を克服する」というトレルチの試みにおいて決断と跳躍を強調することは,合理的・反省的な歴史的考察の重要性を軽んじることになり,不適当である。

　シュヴェーベル（Christoph Schwöbel）は2000年に「歴史によって歴史を克服する」を表題に含む論文を著した[6]。シュヴェーベルは克服されるべき歴史の内容を「悪しき歴史主義」であると見なし[7],トレルチが取り組んだ課題を「複雑なジレンマ,あるいはクアドリレンマ」として取り出した[8]。その箇所でトレルチが指摘する4重のアポリア（＝クアドリレンマ）のそれぞれの内容[9]が,『歴史主義とその諸問題』のそれぞれの章の内容に対応するとシュヴェーベルは考え,各章の分析へと進

---

4) Ibid., S. 210.
5) Ibid., S. 216.
6) Schwöbel, C.: »Die Idee des Aufbaus heißt Geschichte durch Geschichte überwinden« Theologischer Wahrheitsanspruch und das Problem des sogenannten Historismus, in: Graf, F. W. (hrsg.), *Troeltsch-Studien* Band 11, Gütersloh , 2000, S. 261-284.
7) Ibid., S. 267.
8) Ibid., S. 269.
9) シュヴェーベルがクアドリレンマとして取り出すのは,トレルチの以下の記述である。1つのセンテンスが1つのアポリアを表現し,全体として4重のアポリアが提示される。「理念や基準から出発すると,歴史無き合理主義に落ち込み経験的な歴史叙述とその実践への関連を喪失する。歴史的－個別的なものから出発し,それによって歴史研究との調和に留まるなら,際限ない相対主義と懐疑主義に脅かされる。人工的な発展概念によって両者を相互に接近させようとしても,この3つの構成部分は繰り返し分裂する。現在的な決断と形成に決然と立場を定めても,容易に歴史と理念を同時に喪失するだけである」（KGA16-1, S. 356）。

む。その結果，結論として提示されるのは，私たちがトレルチの歴史哲学から受容すべきことはその理論的な思索ではなくて，「固有の状況の解釈や行為的解決のためにトレルチの歴史哲学からインスピレーションを引き出すこと」[10]である。シュヴェーベルはトレルチの歴史哲学を，「時に応じてその都度の解釈によって完成される開かれた芸術作品」[11]であると見なすのである。そこで，「歴史によって歴史を克服する」という表現もまた，「芸術作品」の一部としてインスピレーションの源となる。もちろん読者がトレルチのテクストから自由なインスピレーションを得ることは何ら非難されるべきことではない。また，解釈者の意図から完全に自由かつ客観的なテクスト解釈など不可能であることは認めざるをえないかもしれない。しかしそれでも，それぞれの読者や研究者自身の思想をトレルチのテクストに読み込むことと，トレルチ自身がテクストに込めた思想や意図を汲み取ることとは区別されなくてはならないだろうし，まずは後者が基礎的な作業として可能な限り遂行されるべきであろう。しかしシュヴェーベルの解釈においては，トレルチがどのような意味で「歴史によって歴史を克服する」と述べたのかということは明らかにされておらず，明らかにすることが目指されてもいない。

　以上のように，ルッディースにおいてもシュヴェーベルにおいても，「歴史によって歴史を克服する」という表現は『歴史主義とその諸問題』に対するそれぞれの解釈を表すのに便利なキャッチフレーズとして用いられてはいるものの，その表現が本来テクストの中で持つ意味は吟味されていない。内容面から見ると，両者ともこの表現により，悪しき歴史主義と対決するトレルチの態度が表現されていると解釈している。このような解釈は珍しいものではない。すなわち，際限ない相対主義や価値のアナーキーをもたらす悪しき歴史主義を克服しようとする意思表明をこの表現に認める見方である。『歴史主義とその諸問題』においてこのような問題意識をトレルチが持っているということは否定できない。しかし，その問題意識とこの表現が直接に結びつくかどうかが十分に検証されてきたとは言い難い。

　　10）Schwöbel: »Die Idee des Aufbaus heißt Geschichte durch Geschichte überwinden« Theologischer Wahrheitsanspruch und das Problem des sogenannten Historismus, S. 282.
　　11）Ibid., S. 284.

前章で紹介したように，トルッツ・レントルフ（Trutz Rendtorff）が，やはり「歴史によって歴史を克服する」と表題に掲げた論文[12]の中で，この表現が「さまざまに利用されうるスローガンの地位を得ている」[13]と指摘するときに念頭に置かれているのはこのような研究状況である。レントルフはそういった恣意的な解釈ではなく，トレルチがこの表現を記した本来の文脈，すなわち『歴史主義とその諸問題』の最終部の分析に集中することで「歴史によって歴史を克服する」ことの意味を検討する。本書の論者も，本来の文脈において考えるというレントルフの姿勢に同調するものである。そこで次に，レントルフと共に，「歴史によって歴史を克服する」という表現の意味を考えたい。この考察を通じて，本来の文脈におくというレントルフの意図をさらに徹底することができるだろう。

3.「3つの重要な認識」と Aufbau の理念

　ここで，問題となっている表現が置かれている位置を確認しよう。これは『歴史主義とその諸問題』の一番最後の段落の中に現れる。この段落はさほど長いものではない。以下に全文引用する。

> 「課題そのものは，意識的にせよ無意識的にせよどの時代にも常に存在して来た。しかし我々が生きているこの瞬間にはまさしく特別に切迫した課題である。構成の理念（die Idee des Aufbaues）とはすなわち，歴史によって歴史を克服すること，そして新たな創造の基盤を平らにすることである。この基盤の上に，歴史哲学の目標である現在的文化総合は基礎づけられなくてはならない。これについては，個人の能力の及ぶ限りで，次の巻で扱われるだろう。」（KGA16-2, S. 1098）

　ここでは『歴史主義とその諸問題　第1巻：歴史哲学の論理的問題』

---

12) Rendtorf: Geschichte durch Geschichte überwinden, S. 285-325.
13) Ibid., S. 285.

の締めくくりとして，実際には書かれることの無かった第2巻への予告がなされている。第2巻では，第1巻で扱われた論理的問題に対して実質的歴史哲学が，具体的には（ヨーロッパ的）現在的文化総合が試みられるはずであった。とは言え，ここで言われている「課題」とは『第1巻』の内容全体を指しているわけではない。この言葉はこの段落の前になされた具体的な記述を受けている。

　前に引用した段落の前にトレルチは，『歴史主義とその諸問題』の第4章（＝最終章）「ヨーロッパ文化史の構成について」の結論として「3つの重要な認識」（KGA16-2, S. 1093）を記す。この3つの重要な認識についての記述，より具体的にはそのうち第3の命題についての記述を受けて，最後の段落は書かれているのである。それゆえ私たちもレントルフに従い，「この"3つの重要な認識"が，そこにおいて"歴史によって歴史を克服する"という謎に満ちた定式が読まれるべき，テクスト上の密接な連関を成している」[14]と見なして良いだろう。

　「3つの重要な認識」については前章で確認したので，ここではその内容を簡単に振り返っておきたい。認識の1つめは，歴史学の課題を提示したものであった。すなわち，歴史の中での偶然的で個別的な出来事の連なりの中から，自立的な文化的原理が現れてくるということである。そういった文化的原理を「〜主義」として描き出すことが歴史学の課題の一つとされた。認識の2つめは，1つめの認識の逆として，現在のありのままの歴史・社会的現実を観察することの重要性の指摘であった。実践的な問題解決のためにはそうした観察が必要とされ，それは社会学的考察と呼ばれる。3つめの認識は1つめと2つめの認識の総合であり，歴史的な考察から獲得される普遍的な理念と，社会学的な考察からもたらされる新たな観察結果を結びつけることが必要とされる。これにより，歴史学的考察にも社会学的考察にも回収されない，歴史哲学独自の課題が示されている。トレルチはこの課題を，「理念的な内実に対しては新たな社会学的身体を創造し，社会学的身体に対しては新しく新鮮な精神性によって，すなわち偉大な歴史的内実の新たな総括，適応，再編によって魂を吹き込む」（KGA16-2, S. 1097f.）ことであると述べて

---

14)　Ibid., S. 288.

いた。まさしくこの課題が「歴史によって歴史を克服する」と表現されるのである。

　ディルタイの「精神科学」，リッカートの「文化科学」に影響を受けつつトレルチが自らの立場を「歴史的 - 倫理的科学」として構想したことをグラーフは強調しているが[15]，「3つの重要な認識」において，この「歴史的 - 倫理的科学」の課題が提示されている。すなわち，過去の歴史から文化的理念を取り出すこと，同時代の社会的＝倫理的問題を考察すること，そしてその両者を結びつけることである。この結びつきにも前者が後者を，後者が前者を要求するという双方向の連関があり，さしあたりここまでの考察からは，「歴史によって歴史を克服する」とはこの連関，すなわち，過去の歴史に含まれる文化的理念を考察し同時代の社会に対して提示することと，社会の明晰な分析によりそれらの理念を同時代の諸問題に適合させることで社会のさらなる形成へと向かうこととの連関に表現を与えたものであると理解される。

　トレルチは「実質的歴史哲学」の2つの主要テーマとして「普遍史」と「現在的文化総合」を提示するが（KGA16-2, S. 1008），この2つが「3つの重要な認識」で言われた課題の前者2つに対応する。この2つの課題と「構成の理念」の関係を検討することで，私たちはレントルフよりもさらに正確に「歴史によって歴史を克服する」という定式が置かれた文脈を確定することが可能になる。

4．現在的文化総合，普遍史，構成の理念

　レントルフは「歴史によって歴史を克服する」へと繋がる文脈に注目したが，この文脈が始まる地点には目を向けなかった。私たちは「構成（Aufbau）の理念とは」「歴史によって歴史を克服することである」というトレルチの記述を受けて，"Aufbau"という語が議論に導入される地点を確認したい。トレルチは鍵となる概念を議論に導入する際にしばしば，拡張体で強調を行うが，"Aufbau"という語もそのように登場す

15）Graf, F. W.: Einleitung, in: KGA 16-1, S. 8. トレルチ自身の言葉としてはKGA 16-1, S. 255 を参照。

る。この箇所も短い段落なので，段落全体を引用する。

　「他の言葉で言うとこうなる。我々の問題の解決にとって直接的に重要なのは，普遍的な発展史そのものでは決して無い。そうではなく，その発展史から明確になってくる，我々の文化圏の偉大な諸層の構成（Aufbau）である。これは発展史を前提とするが，それ自身は発展史と別物である。」（KGA16-2, S. 1017）

　ここで言われる「我々の問題」とは，「実質的歴史哲学」を構成する2つの要素，すなわち「普遍史」と「現在的文化総合」の関係をどのように理解するかということである。これらは循環関係にあって，「ある要素が不確実であるという前提から出発し，何か他の要素の手助けによってこの不確実さを克服しようとする時」（KGA16-2, S. 1011）には避けることができないという。それゆえこの循環関係を解消することではなく，どのように理解するのかが問われることになる。「構成の理念」が「歴史によって歴史を克服する」ことであり，その上に「歴史哲学の目標である現在的文化総合」が基礎づけられるという最終段落の記述は，この問いに対する結論であると理解できる。『歴史主義とその諸問題』の展開から見ると，最終の第4章の冒頭で，「普遍史」と「現在的文化総合」の循環関係について問いが立てられ，「構成」の語が導入される。「歴史によって歴史を克服する」という第4章末尾の命題が章の冒頭の問いに対応すると理解するのは議論の展開としても自然であり，内容から見ても妥当であると思われる。

　以上より，「構成の理念」が，『歴史主義とその諸問題』の第4章の冒頭で立てられた問いに答えるために導入され，章の末尾で結論が与えられている，第4章の中心的な主題であることが明らかになった。「構成」の理論で目指されるのは，「現在的文化総合が基礎づけられうるような客観的契機」を「普遍史の時代区分」から取り出すことである（KGA16-2, S. 1017）。すなわち，歴史を大きな流れとして描き出す普遍史において設定された，時代区分のそれぞれを特徴づける契機，普遍史の構成要素を明確にすることである。そこで別の箇所では「構成の理念」は次のように説明される。

第 10 章　未来へと向かうための歴史的思考

「構成（Aufbau）の思考が求めるのはただ，普遍史的発展全体から偉大で基本的な根本勢力を取り出すことだけである。この根本勢力は単に学問的な歴史的知識やそれに満たされた学校での授業のためのものではなく，直接的で意義深く，有効的かつ具象的なものである。これらの根本勢力をその本来的な意味において，そして歴史的動向からの現出において理解すること，それにより我々の歴史的記憶に決定的な強調点を付け加え，その強調点を現在との関連から区分すること，最終的には，近代世界の中で生じているこれらの根本勢力の相互関係や近代的な生との関係を把握すること——それがヨーロッパ文化史の構成（Aufbau）の理念である。」（KGA16-2, S. 1090）

　トレルチはヨーロッパ文化史の根本勢力として具体的には，ヘプライの預言者宗教，古典的ギリシア文化，古代の帝国主義，西洋中世の 4 つを挙げるが，本章ではその具体的な内容を検討する必要は無いだろう。重要なことはこれら 4 つの勢力が「基本的な支柱として，そして継続的な生産力として近代世界をまだ担っており，織り込まれており，近代に特有なものと見わけられないほどに交差し混ざり合っている」とトレルチが見なし，これをもって「これが我々の求めていた構成（Aufbau）の像である」（KGA16-2, S. 1093）と結論していることである。ここから現在的文化総合へと赴くことが可能になるが，その具体的な内容は（実際には書かれることの無かった）第 2 巻へと委ねられた。

　ここまで確認して来たことで，実質的歴史哲学を構成する「普遍史」ならびに「現在的文化総合」と『歴史主義とその諸問題』第 4 章の主題である「構成の理念」の関係を整理することができる。まず明らかになることは，「構成の理念」は普遍史と現在的文化総合を関係づけるために導入されており，第 4 章ではそれまでの 3 章で扱われた形式的・論理的歴史哲学から実質的歴史哲学へと議論が進んでいるということである。しかし同時に，現在的文化総合についてはあくまで普遍史との関係が問われているのみで，その内容はまだ論じられていないということも明らかになる。「構成の理念」は現在的文化総合を可能とするための準備として普遍史に含まれる歴史の文化的構成要素を取り出し，現代の問

題関心からその諸要素を再構成することであり，それ自身は普遍史の問題圏に属している。トレルチは『歴史主義とその諸問題』の第 2 巻で，彼の歴史哲学の最終目標である現在的文化総合の記述に専念することができるよう，第 1 巻第 4 章では普遍史が現在的文化総合へと最も接近する地点まで議論を進めたと言えるだろう。

5. 歴史哲学における「構成」の意味

　以上で確認したように，『歴史主義とその諸問題』第 4 章では「構成（Aufbau）」が中心的な主題となっている。しかし，「構成（Aufbau）」という語が術語として扱われるのはトレルチの思想全体を見渡してもこの箇所だけであり，彼の生涯にわたる思索において常に重要な位置を占めるとは言い難く，『歴史主義とその諸問題』だけを見た場合でも，全体を通して中心的な概念だとは言えない。また，「構成（Aufbau）」を術語とする発想がどこに由来するのかも明示されていない。"Aufbau" という語は日常的にさまざまな意味で用いられる語であって，そのことが，術語として用いられている時の意味を考察することを難しくしている。また，術語として「構成」概念を検討するならば，新カント派など当時の多様な思想背景を考慮に入れる必要がある。とは言え，私たちはその源泉であろうと思われるものの一つをすぐに思い浮かべることができる。それはディルタイの『精神科学における歴史的世界の構成（*Der Aufbau der geschichtelichen Welt in den Geisteswissenschaften*）』である。『歴史主義とその諸問題』におけるディルタイの重要性——『歴史主義とその諸問題』はディルタイとヴィンデルバントに捧げられている——を考慮すれば，トレルチがディルタイの問題設定を受け止めているということは想定されて然るべきであろう[16]。ただし，ディルタイにおいても "Aufbau" という語は簡単に論じられるものでは無いということを指摘しておかねばならない。定訳となっているかに思えるディルタイの

---

16) Vgl. Kittsteiner, H. D.: Zum Aufbau der europäischen Kulturgeschichte in den Stufen der Moderne, in: Graf, F. W. (hrsg.), *Troeltsch-Studien neue Folge 1*, Gütersloh, 2006, S. 24. ただし，トレルチは "Aufbau" という語とディルタイの関連を直接的には論じていない。

「歴史的世界の構成」であるが，大石学によれば「ここに見られる『構成』という訳語は誤解を招く」ものであって，それは訳語の問題のみに還元されるわけではなく，ディルタイの歴史理解そのものに関わる問題であり，それはなにより「ディルタイが構成（Konstruktion）を嫌悪するから」だと言う[17]。ここにも "Aufbau" という語の意味を，とりわけ日本語で考える際の困難さが示されている。

翻ってトレルチにおいては，ディルタイにおけるような "Konstruktion"（あるいは動詞としての "konstruieren"）と "Aufbau"（あるいは "aufbauen"）の明確な区別は無いように思われる。むしろ，次に指摘するように，『歴史主義とその諸問題』の他の章では "Konstruktion" や "Aufbau" その他の語を用いて論じられていた内容が整理されて，第4章では「構成（Aufbau）の理念」としてまとめられているのである。

『歴史主義とその諸問題』において "konstruieren" という語は冒頭近くにすぐ現れる。それは歴史哲学の危機について説明する一節に現れ，歴史的な思惟の内容として「我々が歴史の連関をそこから考え，構成（konstruieren）すべき歴史的諸価値の把握」が提示される（KGA16-1, S. 172）。歴史哲学において歴史から汲み取られるべき価値を構成するためには，歴史の経過が構成される必要がある。トレルチは歴史哲学の課題を「形式的歴史論理学」と「実質的歴史哲学」に区分するが，後者はすなわち「プロセスの内容的な構成（Konstruktion）の道」（KGA16-1, S. 197）である。そして過去におけるその試みの例としてギリシア人は「哲学的に構成された歴史（eine philosophisch aufgebaute Historie）」を知っていたと述べられる（KGA16-1, S. 180）。ここから，"Konstruktion" という語が歴史哲学において重要な意味を持つ概念として肯定的に用いられていること，そして "Aufbau" という語と厳密な使い分けがなされているわけではないことが理解される。

私たちは先に，実質的歴史哲学の中の2つの課題，すなわち「普遍史」と「現在的文化総合」が相互に循環し合う関係にあることを確認したが，「形式的歴史論理学」と「実質的歴史哲学」もお互いを必要と

---

[17] 大石学「ディルタイおよびドロイゼンにおける「歴史的世界の構築」の論理と倫理——あるいは，歴史における「理念」をめぐって」『ディルタイ研究』第19号，2007年，95頁。

し合うものである。「普遍史的経過の構成（Konstruktion）を欠いた歴史論理学はトルソーであって，経験的歴史学の単なる論理的理論である。論理的に確かなものとされた経験的知識を欠いた構成（Konstruktion）は土台の無い家であり，夢見る魂や専制的な恣意による単なる理想と概観の造形である」（KGA16-1, S. 245）のだ。ここではまだ「実質的歴史哲学」の中の「普遍史」と「現在的文化総合」が明確に区分されておらず，「実質的歴史哲学」の課題を指して「普遍史的経過の構成（Konstruktion）」（KGA16-1, S. 248）とも「現在的な，そして未来の次の方向性を規定する文化体系の構成（Konstruktion）」（KGA16-1, S. 258）とも言われる。この2つの「構成」がどのように結びつくのかということが，第4章では「構成（Aufbau）の理念」として論じられることとなったのである。「構成の理念」は普遍史から現在的文化総合へと進む土台となるものであるが，『歴史主義とその諸問題』全体の関心に照らせば，形式的歴史論理学と実質的歴史哲学の関連においても重要な意味を持つのである。

6. 歴史的思考と未来形成 ──歴史哲学の二面性

　普遍史と現在的文化総合を媒介する「構成の理念」へと議論を戻そう。「構成の理念」により歴史的思考が普遍史から現在的文化総合へと向かうことはすでに確認したが，それがどのようにして可能になるのかはまだ十分に検討できていなかった。「構成の理念」を土台として普遍史から現在的文化総合へと進むと言っても，普遍史と現在的文化総合の間には断絶が存在する。「構成の理念」によって普遍史から重要な文化的意義が再構成されたとしても，それによって現代が理解されるわけではないからである。現代を理解するためにはそれらの主要な文化価値が現代においてはどのように現れているのか，あるいは新たな文化価値が現れてきているのかを検討し，さらには現代の歴史的生に参与している歴史的主体として，未来へと向かってそれらの文化価値を評価し体系づけることが必要になる。それにあたって，「文化総合は，厳密な単一の発展の道筋を仕上げることを必要とはせず，"偉大な主要部分，すなわ

ち特別に意義深い文化像の具体性"のみを必要とする」[18]。つまり，トレルチの考える歴史における発展及びそれを体現している普遍史は唯一のものとして提示されるべきものではないのである。

　この点に関して，「トレルチの歴史主義理論を最も真摯に受けとめ，それを積極的に展開した人であるといえる」[19]カール・マンハイムですら，トレルチの『歴史主義とその諸問題』について，「なぜ彼の著作の既刊の部分で，『発展思想』の代わりに『歴史の構成』という思想，いっそう限定するならば，単なる『時代区分のプラン』が突如として飛びこんでくることになるのか」[20]と疑問を呈する。普遍史から現在的文化総合への移行には歴史主義的な発想とは異質の跳躍があるものと見なすのである。確かに，「過去」の歴史の考察から「未来」の形成へと向かう「現在」には空白があり，歴史の内に探究される発展とは別のものでこの空白は補われなくてはならない。それは歴史の経過には回収されない，現在を生きる歴史の観察者の主体性である。普遍史と現在的文化総合は現在と未来に応じた方法で関係づけられねばならず，その関係づけは「未来を信ずる人の創造的行為であり，敢行」(KGA16-2, S. 1098)とされる。したがって，「構成の理念」が普遍史から現在的文化総合へと接近するための試みである以上，「構成」は未来志向的・創造的契機を持たねばならない。現在的文化総合と，それを通して未来の形成に参与する姿勢は，「構成」の主体的契機を成すのである。

　しかし，普遍史と現在的文化総合の結びつき，すなわち「構成の理念」の主体的・決断的契機だけが強調されてはならない。そこには普遍史的な考察がもたらす客観的契機も表現されているのである。前章で見たように，自らの思想の「二面性」を表明していた論考「コンサヴァティヴとリベラル」においてトレルチは同時代の知的状況を診断している。その中で，トレルチは自分よりも若い世代に広まっていた非合理的態度に対して一定の共感を寄せている。現実をありのままに捉え，現在

---

18) Graf: Einleitung, in: KGA 16-1, S. 53.
19) 安酸敏眞「トレルチと歴史主義の問題（承前）――概念史的・問題史的考察の試み」『年報　新人文学』第参号，北海学園大学大学院文学研究科，2006 年，56 頁。
20) Mannheim, K.: Historismus, in: *Wissenschaftssoziologie, Auswahl aus dem Werk*, eingeleitet und herausgegeben von Wolff, K. H., Luchterband, 1964, S. 275. 引用は「歴史主義」稲上毅訳，『マンハイム全集　一』樺俊雄監修，潮出版社，1975 年，304 頁に従った。

における決断を重視する姿勢を評価するのである。しかし，そのことによって合理的思考が放棄されるわけではない。非合理主義の正しさを認めつつ，可能な限り合理的思考を遂行し，両者を可能な限り総合すること，それがトレルチの考える神学および哲学の課題である。このような態度に対して本書では「後衛」の名を与えたが，この課題は歴史哲学においても同様である。いや，「後衛」的思考態度が基盤とするものが歴史的思考である以上，歴史的思考に積極的な意味を認める歴史哲学は「後衛」にとって必要不可欠なものである。そして，トレルチにとってその中心をなすのが「構成の理念」なのである。「3つの重要な認識」の第2に言われていたように，現在の理解のためには歴史主義は必要無く，現在に対するありのままの観察と未来へと向かう生の形成が問題となる。そのような非合理主義あるいは反歴史主義の真理契機を認めつつも，歴史主義的な思惟を遂行することが「構成の理念」で意味されている。このような意味での「構成」を土台に実行されてこそ，現在的文化総合は歴史主義の成果を尊重しながら未来への形成を目指す行為となり，単なる反歴史主義的決断ではないことが保証される。

　歴史的思考をなす主体の視点が相対的な歴史の流れに回収されるわけでも，歴史から乖離した主体の決断に委ねられているわけでもなく，特定の歴史的視点に立ちながら合理的な歴史的思考が可能になることを，マンハイムは空間的事物の認識の「立場被制約性」に対する歴史認識の「遠近法的性格」[21]と表現したが，トレルチもまた同じような対比を試みていた。彼は歴史的思考のそのような性質を，アインシュタインの相対性理論との比喩で説明する。物理空間における視点設定の相対性が計算の不可能性を意味しないように，歴史における視点設定の相対性は歴史的思考の不可能性を意味しない。個別的な視点に対してそのつど異なった歴史状況と発展の像が立ち現れてくるのである（KGA16-1, S. 413f.）。そこで，普遍史を構成する試み，その普遍史に基づいて現在的文化総合をなす試みはその都度の歴史状況において繰り返し遂行される。現在に対する観察から得られた問題設定から見て不適当な普遍史の像やそれまでの文化総合の試みは，現在の視点に立った新たな歴史的反省により克

---

21)　マンハイム「歴史主義」，325頁。

第10章　未来へと向かうための歴史的思考

服されなければならない[22]。

　こうして，合理性と非合理性両面の尊重と表現されたトレルチの思想の二面性は歴史哲学において，過去への反省的思考と未来への献身の二面性として，すなわち過去の歴史に対する冷静な反省を通した現在に至る歴史の構成要素の再構成と，現実の問題を直視しその問題を解決するために，未来へ向けたさらなる歴史の形成に参与していく決断的態度の二面性として現れてくることになる。「歴史によって歴史を克服する」という表現は悪しき歴史主義の克服の意思表明というよりも，トレルチの考える正しい歴史主義のあり方が定式化されたものであると言える。

　本章の第1節で批判したような解釈がなされる時，つまり悪しき歴史主義の克服として「歴史によって歴史を克服する」という表現が解釈される時には，しばしば決断の契機が強調され，この表現（とこの表現を含む第4章）は本来「文化史」の問題圏で理解されるべきであるにもかかわらず，現在的文化総合に引きつけられて解釈されることが多かった。また，トレルチの歴史哲学について論じる際には現在的文化総合に比して普遍史の意義が軽視される傾向があった[23]。このような解釈はトレルチのテクストの文脈に反し，そしておそらくは時に解釈者自身の意図にも反して，図らずもトレルチの歴史哲学を過度に未来へと向かう方向に歪めてしまっている。トレルチの思想に新たな形成へと向かう決断の契機が含まれていること，その現れである現在的文化総合が歴史哲

---

22) トレルチの議論が要求する視点の拘束性により，普遍史も現在的文化総合もヨーロッパ主義」の範囲内に限定されることになる。さらに，トレルチの言う普遍史は現在までの歴史の範囲に限定されており，将来の歴史の動向を描くことは目指されていない。いわば，その都度の現在から繰り返し描かれるべきものであるという意味も含めて，トレルチの普遍史は「現在的普遍史」とも呼びうる性質のものである。その範囲を超え，歴史の終末までも含む強い意味での普遍史は，トレルチにとって形而上学，あるいは信仰論に関わる事柄である。

23) 『歴史主義とその諸問題』の邦訳において "Aufbau" に対して「建設」という未来志向の訳語が与えられていること，及び訳者解説において本書第4章が「現在的文化総合」の内容が展開されたものだと論じられていることも，このような解釈の一例であると思われる。『トレルチ著作集　6巻（歴史主義とその諸問題・下）』近藤勝彦訳，ヨルダン社，454頁参照。

　また，最近のトレルチ研究でもこの傾向は変わっておらず，例えばピアソンの "Beyond Essence" でも現在的文化総合については集中的に論じられているものの，普遍史についてはほとんど触れられていない。

の最終目標と考えられていることは間違いない。しかし私たちに実際に遺された『歴史主義とその諸問題　第一巻』第4章の解釈としては現在的文化総合そのものではなく，その土台を築くべき歴史的思考の可能性とその論理が主題となっていると理解されるべきである。

　「歴史によって歴史を克服する」という思考態度を理解するために，レントルフは近代的な聖書学を例として挙げる。そこでは時代にそぐわないドグマティックな聖書解釈が，克服されるべき歴史として反発の対象となり，正しい「歴史」の文脈に聖書を置いて解釈することで「現在」における生き生きとした意味を（再）獲得することが目指されたのである[24]。トレルチは「宗教史学派の体系家」としてこの学派の問題意識を歴史哲学的に理論化したとも言えるだろう。さらにレントルフは，1970年代以降の「トレルチ・ルネサンス」，ならびにその成果と言える新しい改訂版全集（Kritische Gesamtausgabe）の刊行もまた，「歴史によって歴史を克服する」ことの試みであると言う[25]。歴史を歴史によって克服し，未来へと向けた形成のための土台を築くことの意義は，思想史においても示されるのである。トレルチの思想から形成への意志を取り出し，そこから解釈者の思想を展開することは批判されるべきことではなく，それはすでにトレルチ思想の解釈史の一部を成している。しかし今後の解釈者がこれまでのトレルチ解釈を無批判に受け入れトレルチ自身の思想と混同すると，その思想は歪められることになる。そこで，トレルチが自らのテクストに込めた意図を，テクストそれ自体と向き合うこと，あるいは当時の歴史的・思想史的文脈に置いて理解し直す必要が繰り返し生じることになる。その作業を通して，現代的問題へとトレルチの思想を適用することが可能となる土台を準備すること，それが思想史研究の一つの意義であるだろう。本書はトレルチ思想に含まれる体系の再構成とその性格の検討に始まり，「神学史」的方法により当時の知的状況におけるトレルチの位置づけを明らかにすることで，最終的にはトレルチの「構成の理念」の新たな解釈にたどり着いた。このような本書の歩みもまた「歴史によって歴史を克服する」試みに連なるものである。そしてまた以上の歩みにより，本書で採用した「神学史」という

---

24) Rendtorf: Geschichte durch Geschichte überwinden, S. 301.
25) Ibid., S. 324.

方法論が，トレルチ自身の思考態度と別のものではない事も示されただろう。したがって，本書がトレルチ思想研究や20世紀初頭ドイツの思想史の解明に少なからず貢献できたならば，それ自体がトレルチ思想の持つアクチュアリティの証左である。

終　章

　ここまでの本書の成果を振り返ってみたい。第 1 章では，世紀転換期のプロテスタント神学界に「前衛」として登場したトレルチの姿を確認した。その前衛性は歴史的方法の徹底的な適用にあった。そこでは，歴史的方法によるキリスト教の研究こそ，危機に瀕している人格性を救出する手段だと考えられていたのである。その際，歴史的方法が従来の教義学的方法に対する批判として機能すると同時に，歴史的方法によって見出される宗教の役割も，他の文化的価値に対する批判的機能にあるとされている。そして，そのような関係にあるのは，歴史的方法による思考態度は，キリスト教的な宗教性に起源を持つ，人格性を前提としているからであることを指摘した。
　第 2 章と第 3 章では，歴史的思考がトレルチの思想において，どのような位置を占めているかを考察するため，トレルチの思想体系の評価と再構成を試みた。第 2 章では「体系」を含むとされた論考「倫理学の根本問題」の分析を行い，このテクストだけから「体系」を再構成することはできないが，経験的＝歴史的世界に開かれた性質をその「体系」は持っており，それがすなわち根本的に倫理的な姿勢だと考えられていることを明らかにした。
　第 3 章ではトレルチにおける「本質」概念の 4 つの側面——「抽象概念」，「批判」，「発展概念」，「理想概念」——と，トレルチの体系を構成する 4 つの学問分野——「宗教心理学」，「宗教認識論」，「宗教の歴史哲学」，「形而上学」——を，基本的には対応しつつも入れ子構造を持つものとして整理した。つまり，トレルチにおいて「本質」は多元的かつ動的な性格を持ち，歴史に対する応答の中で見出され，追究されるものなのである。

第4章では，トレルチの思想体系の中心に位置づけられる「宗教的アプリオリ」という概念が，歴史への応答を可能にし，共同体形成を可能にする役割も担っていることを，当時の論争状況における他の思想家との比較の中から明らかにした。「宗教的アプリオリ」は，直接的にはリッチュル学派による排他的なキリスト教理解に対する批判に理論的根拠を与える役割を果たしたが，既存の教会ではない，新たなキリスト教共同体の形成の基礎論となりうる内容を持っていたのである。
　第Ⅱ部では，第一次世界大戦勃発を契機とする社会の変動や学問の変革のうねりと対峙するトレルチの姿を論じた。第5章では，第一次大戦中のトレルチが展開したナショナリスティックな発言の内容を，そこで重要な意味を持つ「自由」の理解との関連から分析し，トレルチにおいては「ドイツ的自由」が「イギリス的自由」や「フランス的自由」と対置され，「ドイツ的自由」こそが真なる自由であり，その担い手だからこそドイツ性が称揚されるという，「自由」理解にもとづくナショナリズムがあることを明らかにし，その姿勢を「リベラル・ナショナリズム」と特徴づけた。そして，その発想は戦時という時局に迎合した，一時的なものであるわけではなく，彼の『信仰論』から『社会教説』までを貫く，「献身としての自由」という思想に由来するものであることを明らかにした。もちろん，この思想には，献身の対象に対する批判的選択が無ければ容易に全体主義へと滑り落ちる危険性が伴っている。第一次世界大戦開戦当初のトレルチは，その危険性に対する警戒心は低かったと言わざるをえない。しかし1910年代後半になると，トレルチは保守的言説の流行に対して警戒心を露わにする。その考察は第Ⅲ部の課題となった。
　第Ⅱ部の残りの2章では，第一次世界大戦の敗戦を機に巻き起こった，学問の変革を求める声に対してトレルチがどのように応答したのかを検討した。第6章で論じたのは，アカデミズムの幅広い領域を巻き込んだ，「学問における革命」に対するトレルチの診断であった。M・ヴェーバーが『職業としての学問』で示した冷徹な学問観に対して，主としてゲオルゲ・クライスに属する若い学者たちが猛烈な反発を示した。トレルチはこの「革命」の要求に一定の真理契機を認めながら，古き学問の遺産を引き継ぐ必要性を訴える。トレルチが若者たちの要求に

同意するのは，学問と人間の生を結びつけようとする姿勢である。専門化し，細分化していく学問が生の全体性から乖離してしまうなら，生の全体を語りうる「哲学」が必要になる。しかし，生の全体性の中には，これまで学問が担ってきた「合理的思考」も含まれるはずである。生を摑み取るために合理的思考を放棄してしまえば，生の全体性をつかみ損ねることになってしまう。ゲオルゲ・クライスのように，形骸化した学問の中に，詩的なインスピレーションなどによって無理やり生を注入するのではなく，生の多様な営みの中に学問があることを認識し直し，生のさらなる形成にとって学問がどのような貢献ができるのかを考えようとするのが，トレルチの姿勢であった。

　その頃，プロテスタント神学の内部でも，若い世代の神学者から，神学の刷新を求める声が高まりつつあった。トレルチはここでも若い世代に共感を示しつつ，それまでの神学から引き継がれるべきものを擁護しようと試みる。第 7 章ではその様子を確認した。若い神学者たちは，第一次世界大戦の前線で銃をとった「前線世代」であり，当時の芸術などとの精神的つながりも認められるため「神学的前衛」と呼ばれてきたが，それに対して本書では，若い世代から批判される古い世代に属しながらも，若い世代の問題意識を理解するトレルチを，「神学的後衛」と位置づけた。かつてはリッチュル学派や保守的ルター派に対する「前衛」だったトレルチが，いまや後衛戦を戦っているのである。神学的後衛としてのトレルチの戦いもまた，歴史的思考をめぐるものだった。しかし，それは批判の道具としての歴史的思考ではなく，社会と宗教との接点としての歴史的思考，あるいは共同体形成の基盤としての歴史的思考であった。

　第Ⅲ部では，そのような，未来へと向かい共同体を形成してゆく基盤となるべき歴史的思考が，いかにして可能になるとトレルチが考えていたのかを明らかにすることを目指した。第 8 章でそのための参照項としたのが，「保守革命」と呼ばれる知的動向だった。ゾンバルトやシュペングラーらの保守革命論者たちは，恣意的な歴史の利用により「ドイツ性」の意味を「ロマン主義」的なものへと切り詰め，その切り詰めたドイツ的原理の上にドイツ国家を建設することを目指していたのだった。それに対してトレルチの構想は多元的なものだった。歴史的思考

を真摯に遂行すれば，ある歴史現象に流れ込むいくつもの歴史的文脈が見えてくる。そういった複数の歴史的コンテクストの総合として現在はあり，その上に未来は形成される。それぞれに「個別性」を持つ歴史的存在者を結びつけることが，歴史的思考の役割なのである。かくして，トレルチは「歴史的教養（die historische Bildung）」が「共同体形成（Gemeinschaftsbildung）」を可能にすると主張する。

　第9章では，これまで扱ってきた「学問における革命」や「保守革命」などの運動が生み出された同時代の状況について，広い射程からトレルチが論じている論考「コンサヴァティヴとリベラル」の内容を分析した。そこでトレルチが取り出してくる根本的な思想的対立は「合理主義」対「非合理主義」という図式であった。この図式が政治的含意を帯びると，端的な事実性を尊重する「コンサヴァティヴ」と，普遍的な理念を追求する「リベラル」との対立として現れてくるのである。たしかに，「学問における革命」や「保守革命」，あるいは「神学的前衛」においても，西洋近代の合理性に対する異議申し立てとしての「非合理主義」が主張されていたのだった。それに対して，両者の総合がトレルチの歩もうとする道である。その道のりについて，歴史哲学的に思索を深めたのが，大著『歴史主義とその諸問題』であった。

　そこで私たちは第10章で，『歴史主義とその諸問題』の結論部で提示される「構成の理念」について検討した。それはまた，「歴史によって歴史を克服する」という有名なテーゼの解釈をめぐる考察でもあった。その結果として明らかになったことは，「構成の理念」は「普遍史」から「現在的文化総合」へと橋渡しをする役割を果たしているが，それ自身は「普遍史」の問題圏に属しているということだった。このことは，「後衛」としてのトレルチにとっての歴史的思考の意味を考えれば納得のいくことである。なぜなら，「現在的文化総合」は現在の生の要求に従って未来の生の形成を求める，反歴史主義的，あるいは非合理主義的な敢行を核心に持つものだからである。「現在的文化総合」が歴史的に考えて妥当なものであるには，歴史の流れから（トレルチにおいては限定された意味ではあるが）普遍的な理念を取り出す「普遍史」的考察に基づかなければならない。非合理主義と合理主義の総合がトレルチの目指すところであるとは言え，トレルチの足場は合理主義の側，あ

るいは古き学問の側に残っている。歴史がもたらした問題を歴史的思考によって克服したうえで，新たな形成の土台を提供することが「構成の理念」が意味するところである。それは，生に対する新たな要求をもたらす非合理主義的な若い世代＝前衛たちに，合理性を持つ歴史的思考によって引き継ぐべき理念を整理するという，歴史哲学における後衛としてのトレルチの戦いであったと言えるだろう。

　以上の成果に基づき，序章で提起した問題に解答を提示することで本書を閉じたい。それは，トレルチの思想に決定的な転換点はあるのか，という問いであった。本書が主題とした歴史的思考の内容について言えば，そこに大きな変化はない。リッチュル学派や保守的ルター派に対抗して登場したトレルチも，晩年に『歴史主義とその諸問題』を著したトレルチも，同様に徹底した歴史的思考を要求する。しかもその際に，歴史的個物に埋没するのではなく，そこから妥当性を持った価値や理念をもたらそうとする姿勢にも違いはない。トレルチの思想体系が表現されていた多層的な「本質」概念を用いていえば，歴史的思考は抽象としての本質も，批判としての本質も，本質の発展も，理想としての本質も，すべての側面を常に持っている。しかし，どの点に強調点を置いてトレルチが議論を展開するかは，周囲の状況やそれに対するトレルチの診断によって異なってくる。「前衛」として登場したトレルチにとって歴史的思考が役割を果たすべきは，教義学的方法によって提示されているキリスト教理解に対する批判であった。しかし，第一次世界大戦がもたらした知的状況の激変の中で，「後衛」として発言するトレルチにとって大きな問題となったのは，全面的に否定されようとしている近代社会の中から，さらなる発展へと引き継ぐべきものを摑み取り，新たな理念の下での形成の土台を提供することであった。このように，時代状況によって，歴史的思考のどの側面が強調されるかは変わりうるのである。

　もちろん，批判性が強い前衛から，発展に関心のある後衛へ，という単純な図式では収まりきらない点は多々あるはずである。繰り返しになるが，歴史的思考には，いつも全ての側面が含まれている。例えば，第一次世界大戦後の社会において「後衛」として発言するべきであるという判断には，時代に対する批判的な思考が働かなければならないだろ

う。トレルチの盟友ブセットが，社会が疲弊している時だからこそ，ゼクテに進んではいけない，と警告していたように。

　私たちもまた，歴史的思考によってトレルチの思想を対象とすることができる。そこから，批判を展開するか，発展的内容を導き出すかは，私たちの判断に委ねられる。しかし，大切なことは，いずれにせよ私たちの誰にでも可能なものとして，歴史的思考が構想されているということである。トレルチにとって歴史とは，偉人が作るものではない。『歴史主義とその諸問題』において，歴史上の「偉人」について語った箇所がある。

　　「「偉大な人々（die großen Männer）」，あるいは人々がそうした人間を呼ぶ呼び方に従って言えば「傑出した人々（Eminenzen）」は，たしかに集合点であり頂点である。彼らが遂行した創造的総合は，彼らが直接的あるいは間接的に創造したさまざまな制度や精神的勢力の中に造形力としてつきささっている。事実その通りであることは，歴史のあらゆる研究が反駁できない仕方で教えているところである。しかしこれは決して因果関係を止揚しはしない。というのは，これらすべてはまさしくあらゆる種類の条件や原因の衝撃や結合のもとに起こるからである。追感しながら研究する研究者は，因果的経過全体を自ら自分の中に追体験することができる。」（KGA16-1, S. 220f.）

　トレルチは歴史の中に，抜きんでた創造力を持った人物が登場することは否定しないが，そういった人物と私たちは質として異なるわけではないのである。歴史的思考による追体験が可能であることが，それを証ししている。そして，それを可能にしているのは，そういった偉人達も，私たちも，人格性を持っているという理解である。

　　「人格性はただ，さまざまな理念と動機が合流する中から自分自身を生み出す，その程度において人格性である。あらゆる歴史的な法則連関や意味連関は，それらの内部においてさまざまに押し寄せてくる力からこの人格の自己生産をすることが可能になるように，把

握されなければならない。」（KGA16-1, S. 223）

　私たちが自己を，人格性を持った存在として理解するならば，さまざまな理念や動機の流れの上に現在の自分が存在することを理解できる。そして同様に，他の存在者についての追体験も可能になる。人格性に支えられた歴史的思考により，互いを多元的な存在者として認識できるというのである。そして，トレルチにおいては，そうした認識が，共同体形成を導くものとされる。歴史の中に生き，共同体形成を導くために，ヴェーバーの考えるような英雄主義をとる必要はない。あるいは，ゲオルゲ・クライスが夢見たように，天才的なインスピレーションに頼る必要もない。英雄でも天才でもない私たちが他者と共に生きていくことを願うのならば，トレルチの思想から受け取るべきものは少なくないだろう。

あ と が き

　本書のようにテクストを歴史的コンテクストとの対話において読解しようとする際，書物につけられた「序文」や「あとがき」は重要な情報源である。そこには，その著書が生み出された背景，著者の学問的あるいは私的な交友関係，場合によっては自著に権威を与えようとする著者の思惑などが記されている。そうした「あとがき」の機能を自覚しつつも，今こうして私自身が初めての著作の「あとがき」に記したいことは，やはりこれまでの学びを支えてくださった方々への感謝である。

　本書は博士学位論文「神学史的方法によるエルンスト・トレルチ思想研究──歴史的思考の意味を中心に」（京都大学，2014 年 3 月）を改稿したものであり，京都大学文学部および大学院文学研究科・キリスト教学研究室での学びが元になっている。私が学部三回生としてキリスト教学研究室に加わった時の主任教授であった片柳榮一先生（京都大学名誉教授・聖学院大学大学院教授）から直接指導を受けることのできた期間はそれほど長くなく，しかも怠惰な私はその機会を十分に生かすことができたとは言いがたい。しかし，本書において「人格」と「自由」の問いへと関心が向かっていることは，私が根本的な問題意識において片柳先生から決定的な影響を受けていることの現れである。

　私にエルンスト・トレルチ研究という道筋を示し，博士学位論文の完成まで指導にあたってくださったのは芦名定道先生（京都大学教授）であった。芦名先生は研究会などを自ら主催し，未熟な私にさまざまな発表の場を与えてくださった。そこにいつもあやふやな文章を持ち込む私に対して，私以上に私の文章を理解し，明晰なコメントをくださる芦名先生の指導が無ければ本書が完成することはなかった。

　難渋なことで知られるトレルチのテクストに取り組むにあたり，ドイツ語を勉強し始めてすぐの私にテクスト読解の手ほどきをしてくださった大石祐一氏にも感謝を捧げたい。当時「講読」の担当講師だった大石

氏には，授業のための所定のテクストに加えてトレルチの文献も一緒に読んでいただいた。曲がりなりにも今日までトレルチ研究を続けることができたのは，大石氏に鍛えていただいた月日があったからに他ならない。

京都大学キリスト教学研究室の大先輩であり，トレルチ研究に長年携わってきた高野晃兆先生（大阪府立大学工業高等専門学校名誉教授）と安酸敏眞先生（北海学園大学教授）には熱い激励を通して，今日の日本においてトレルチ研究を進める意義を教えていただいた。安酸先生にはさらに京都大学での集中講義において，トレルチを中心とする歴史主義の問題を論じていただいた。講義後のコーヒーの時間を含めたその5日間で安酸先生から受けた示唆は，本書の成立に決定的な意味を持っている。

京都大学キリスト教学研究室での学びにおいて実に多くの方のお世話になった。無学な私に温かな指導をくださった先生方，出来の悪い弟のような私を勉強面でも生活面でも引っ張ってくれた先輩方，あるいは読書会などを通して議論を交わした後輩の皆さんの名前を全て挙げることは残念ながらできない。皆さまへの感謝は，改めて直接申し上げることとしたい。

キリスト教学研究室の外でも様々な出会いがあり，本書にはそうした出会いの中から成長した考察の結晶も含まれている。そのような出会いとしてまず挙げるべきは，ミュンヘン大学に留学し，フリードリヒ・ヴィルヘルム・グラーフ先生（Friedrich Wilhelm Graf）の指導を受けられたことである。「神学史」的方法を標榜し，詳細な歴史研究を遂行しているグラーフ先生が，研究の基本は「1にテクスト，2にテクストだ」と言っていたのは非常に印象的であった。本書の内容について，文化史的な方法論によっていると言うのは羊頭狗肉であると思われる読者もいるかもしれない。グラーフ先生の「神学史」的方法に学びつつ，テクストと真摯に向き合うことと歴史的コンテクストを解明することのバランスをどのように取っていくのかという問題は，これからも取り組んでいかなくてはいけない課題である。

ミュンヘン留学が佐藤貴史氏（北海学園大学准教授）と同じ時期になったのは私にとってこの上ない幸運であった。近代ドイツのユダヤ思想を

あとがき

専門とする佐藤氏の博識から多くの有益な情報を得たのはもちろんのこと，聖学院大学で安酸先生の薫陶を受けた佐藤氏からは，テクストの緻密な読解を旨とする，良い意味での京都大学文学部の伝統の大切さを教えられた。

　留学の前後で参加することになった，京都大学人文科学研究所で開催されていた読書会である「お経の会」と，共同研究プロジェクト「第一次世界大戦の総合的研究」のメンバーの皆さんにもお礼を申し上げる。専門を異にする者が集まり，活発に議論をする風通しの良い場から様々な刺激を受けた。本書で重要な役割を果たしている「後衛」という概念に出会ったのが，「第一次世界大戦の総合的研究」の研究会であったことを感謝とともに明記しておきたい。

　京都大学のキャンパスや喫茶店，あるいは鴨川河畔でたくさんの議論を重ねた友人たちにも感謝したい。全ての名前を挙げることはできないが，乾達也さん，赤嶺宏介さん，橋本周子さん，國司航佑さん，横森大輔さんなどとの忌憚の無い意見交換があったからこそ，本書は多少なりとも一般の読者に開かれた内容を持つことができた。さらに本書で論じた内容に血を通わせてくれたのは，現在の職場である沼津工業高等専門学校の学生たちの存在である。沼津高専での授業において本書の内容を扱っているわけではない。しかし，歴史の形成を論じつつも自分の問題意識にリアリティーが欠けていることを感じていた私にとって，沼津高専の学生に出会えたことが，共に未来を作る仲間が目の前にいるという実感の源となった。こうして，これまでの研究成果を著書としてまとめることができたのは，これまでの歩みにおいて実に多くの方々の助けを受けてきたおかげであると，改めて感謝の念を強くするところである。その中でも，何の将来の保証も無い思想研究の道に進むことに理解を示し，いつも惜しみない援助を与えてくれた両親と妹に心からの感謝と共に，本書を捧げることをお許しいただきたい。

　本書の刊行にあたっては，知泉書館の小山光夫氏に大変お世話になった。小山氏は，初めての著作であるため初歩的な質問を繰り返す私に懇切丁寧なご教示をくださったのみならず，学問，特に人文学的な知が危機に瀕している現代日本だからこそ，書物を著す者には大きな責任があることを，情熱をもって語ってくださった。小山氏の下で，現代日本に

おける知の泉から湧き出る流れに加われたことは私の誇りである。

　本書の内容は，以下の助成を受けた研究の成果であることをここに記し，謝意を表する。京都大学教育研究振興財団 2008-2009 年度若手研究者長期派遣助成「宗教学成立期における『宗教的アプリオリ』概念の思想史的研究」，独立行政法人日本学術振興会 2010-2012 年度科学研究費補助金特別研究員奨励費「エルンスト・トレルチの宗教思想における宗教の自立性と倫理の関係」，同 2012-2014 年度科学研究費補助金研究活動スタート支援「文化プロテスタンティズムに対する第一次世界大戦の影響についての思想史的研究」。また，本書の刊行に際しては同 2015 年度科学研究費補助金「研究成果公開促進費（学術図書）」の助成を受けた。

　　2015 年 7 月

　　　　　　　　　　　　　　　　　　　　　　　　　著　　者

参 考 文 献

A. トレルチの著作

著作集

Gesammelte Schriften (GS)
Die Soziallehren der christlichen Kirchen und Gruppen. Gesammelte Schriften I, J.C.B.Mohr (Paul Siebeck), 1912.
Zur religiöse Lage, Religionsphilosophie und Ethik, Gesammelte Schriften II, J.C.B.Mohr (Paul Siebeck), 1913.
Der Historismus und seine Probleme. Erstes Buch: Das logische Problem der Geschichtsphilosophie, Gesammelte Schriften III, J.C.B.Mohr (Paul Siebeck), 1922.
Aufsätze zur Geistesgeschichte und Religionssoziologie, Gesammelte Schriften IV, Hans Baron (Hrsg.), J.C.B.Mohr (Paul Siebeck), 1925.

Kritische Gesamtausgabe (KGA)
Absolutheit des Chrsitentums und die Religionsgeschichte(1902/ 1912). Kritische Gesamtausgabe 5, de Gruyter, 1998.
Schriften zur Bedeutung des Protestantismus für die moderne Welt(1906- 1913). Kritische Gesamtausgabe 8, de Gruyter, 2001.
Rezensionen und Kritiken(1915- 1923). Kritische Gesamtausgabe 13, de Gruyter, 2010.
Schriften zur Politik und Kulturphilosophie(1918- 1923). Kritische Gesamtausgabe 15, de Gruyter, 2002.
Der Historismus und seine Probleme(1922). Kritische Gesamtausgabe 16(1/2), de Gruyter, 2008.
Fünf Vorträge zu Religion und Geschichtsphilosophie für England und Schottland. Kritische Gesamtausgabe 17, de Gruyter, 2006.

その他の著作

Selbständigkeit der Religion, in: *Zeitschrift für Theologie und Kirche* 5(1895), S. 361-436; 6(1896), S. 71- 110; S. 167- 218.
Das Historische in Kants Religionsphilosophie. Zugleich ein Beitrag zu den Untersuchungen über Kants Philosophie der Geschichte, Reuchter & Reichard, 1904.
Psychologie und Erkenntnistheorie in der Religionswissenschaft. Eine Untersuchung über

die Bedeutung der Kantischen Religionslehre für die heutige Religionswissenschaft, Tübingen, J.C.B.Mohr , 1905.

Augustin, die christliche Antike und das Mittelalter. Im Anschluß an die Schrift »De Civitate Dei«, Oldenbourg, 1915.

Konservativ und Liberal, in: *Die Christriche Welt* 30 (1916), Sp. 647-651, Sp. 659-666, Sp. 678-683.

Zur Religionsphilosophie, in, *Kant-Studien* 23(1919), S. 65- 76.

Die „kleine Göttinger Fakultät" von 1890, in: *Christliche Welt* 34(1920), Sp. 281- 283.

Spektator-Briefe: Aufsätze über die deutsche Revolution und die Weltpolitik 1918/22, J. C. B. Mohr (Paul Siebeck), 1925.

Deutscher Geist und Westeuropa. Gesammelte kulturphilosophische Aufsätze und Reden, hrsg. von H. Baron, J. C.B.Mohr (Paul Siebeck), 1925.

Glaubenslehre. Nach Heiderberger Vorlesungen aus den Jahren 1911 und 1912, herausgegeben von Gertrud von le Fort. Mit einem Vorwort von Marta Troeltsch, Duncker & Humblot, 1925.

Briefe an Friedrich von Hügel 1901-1923, mit einer Einleitung herausgegeben von Karl-Ernst Apfelbacher und Peter Neuner, Bonifacius, 1974.

邦　訳

『トレルチ著作集』ヨルダン社

第 1 巻　『宗教哲学』森田雄三郎・高野晃兆他訳，1981 年。
第 2 巻　『神学の方法』高森昭訳，1986 年。
第 3 巻　『キリスト教倫理』佐々木勝彦訳，1983 年。
第 4 巻　『歴史主義とその諸問題（上）』近藤勝彦訳，1983 年。
第 5 巻　『歴史主義とその諸問題（中）』近藤勝彦訳，1982 年。
第 6 巻　『歴史主義とその諸問題（下）』近藤勝彦訳，1986 年。
第 7 巻　『キリスト教と社会思想』住谷和彦・佐藤敏夫他訳，1981 年。
第 8 巻　『プロテスタンティズムと近代社会』堀孝彦・佐藤敏夫・半田恭雄訳，1984 年。
第 9 巻　『プロテスタンティズムと近代世界』芳賀力・河島幸夫訳，1985 年。
第 10 巻　『近代精神の本質』小林謙一訳，1981 年。

その他の邦訳書

『ルネサンスと宗教改革』内田芳明訳，岩波文庫，1959 年。
『アウグスティヌス　キリスト教的古代と中世』西村貞二訳，新教新書，1965 年。
『歴史主義とその克服』大坪重明訳，理想社，1968 年。
『ドイツ精神と西欧』西村貞二訳，筑摩叢書，1970 年。
「キリスト教の絶対性と宗教史」『現代キリスト教思想叢書　2』高野晃兆訳，白水社，1974 年，7-160 頁。

『私の著書』荒木康彦訳,創元社,1982年。
『信仰論』安酸敏眞訳,教文館,1997年。
『古代キリスト教の社会教説』高野晃兆・帆苅猛訳,教文館,1999年。
『中世キリスト教の社会教説』高野晃兆訳,教文館,2014年。

B. 二次文献

外国語

Apfelbacher, Karl-Ernst: *Frömmigkeit und Wissenschaft. Ernst Troeltsch und sein theologisches Programm*, Schöningh, 1978.

Binding, Karl und Hoche, Alfred: *Die Freigabe der Vernichtung lebensunwerten Lebens. Ihr Maß und ihre Form*, Felix Meiner, 1920.（『「生きるに値しない命」とは誰のことか――ナチス安楽死思想の原典を読む』森下直喜・佐野誠訳,窓社,2001年。）

Bodenstein, Walter: *Neige des Historismus. Ernst Troeltschs Entwicklungsgang*, Gütersloh, 1959.

Bornhausen, Karl: Das religiöse Apriori bei Ernst Troeltsch und Rudolf Otto, in: *Zeitschrift für Philosophie und philosophische Kritik* 139, 1910, S. 193- 206.

ders.: Wider der Neofriesianismus in der Theologie, in: *Zeirschrift für Theologie und Kirche* 20, 1910, S. 341- 405.

Bouquet, Alan C.: *Is Christianity the Final Religion?*, Macmillan, 1921

Bousset, Wilhelm: Kantisch- Friessche Religionsphilosophie und ihre Anwendung auf die Theologie, in: *Theologische Rundschau* 12, 1909, S. 419- 436; S. 471- 488.

ders.: Religion als Kulturmacht, in: *25. Deutscher Protestantentag 4. bis 6. Oktober 1911 in Berlin. Reden und Debatten*, Protestantischer Schriftenvertrieb, 1911, S. 21-34.

ders.: *Religion und Theologie (Vorlesung, gehalten am 20. Juni 1919)*, Münchow, 1919.

Breuer, Stefan: *Anatomie der konservativen Revolution*, Wissenschaftliche Buchgesellschaft, 1993.

Chapman, Mark D.: Ernst Troeltsch and Liberal Theology. Religion and Cultural Synthesis in Wilhelmine Germany, Oxford University Press, 2001.

ders.: *Anglicanism. A Very Short Introduction*, Oxford University Press, 2006.

Christophersen, Alf: *Kairos*, Mohr Siebeck, 2008.

Claussen, Johann H.: *Die Jesus-Deutung von Ernst Troeltsch im Kontext der liberalen Theologie*, Mohr Siebeck, 1997.

Clayton, John P.(ed.): *Ernst Troeltsch and the future of theology*, Cambridge University Press, 1976.

Crouter, Richard/ Graf, Friedrich W./ Meckenstock, Günter: Editorial, in: *Journal for the History of Modern Theology/ Zeitschrift für Neuere Theologiegeschichte* 1 (1994), S. 1-8.

Dietrich, Wendell S.: *Cohen and Troeltsch. Ethical Monotheitic Religion and Theory of*

Culture, Scholars Press, 1986.
Drescher, Hans- Georg: *Ernst Troeltsch. Leben und Werk*, Vandenhoeck, 1991.
Fechtner, Kristian: *Volkskirche im neuzeitlichen Christentum. Die Bedeutung Ernst Troeltschs für eine künftige praktisch- theologische Theorie der Kirche. (Troeltsch-Studien Bd. 8)*, Gütersloh, 1995.
Gayhart, Bryce A.: *The Ethics of Ernst Troeltsch :A Commitment to Relevancy,* The Edwin Mellen Press 1990.
Graf, Friedrich W.: Der »Systematiker« der »Kleinen Göttinger Fakultät«. Ernst Troeltschs Promotionsthesen und ihr Göttinger Kontext, in: Renz, Horst u. Graf, Friedrich W. (Hrsg.), *Troeltsch-Studien Bd. 1: Untersuchungen zur Biographie und Werkgeschichte*, Gütersloh, 1982, S. 235-290. (「《ゲッティンゲンの小学部》の《体系家》──エルンスト・トレルチの学位取得の諸テーゼとこの諸テーゼのゲッティンゲンでの［社会的・文化的］文脈」高野晃兆訳，『トレルチとドイツ文化プロテスタンティズム』深井智朗・安酸敏眞編訳，聖学院大学出版会，2001年，107-192頁。)
ders.: Religion und Individualität. Bemerkung zu einem Grundproblem der Religionstheorie Ernst Troeltschs, in, *Troeltsch-Studien, Bd. 3*, Gütersloh, 1984, S. 207-230. (「宗教と個性」安酸敏眞訳，上記邦訳書，193-228頁。)
ders.: Max Weber und die protestantische Theologie seiner Zeit, in: *Zeitschrift für Religions- und Geistesgeschichte* 39 (1987), S. 122-147. (「マックス・ヴェーバーとその時代のプロテスタント神学」近藤勝彦訳，上記邦訳書，264-303頁。)
ders.: Rettung der Persönlichkeit, in: Bruch, Rüdiger v., Graf, Friedrich W. und Hübinger, Gangolf (hrsg.), *Kultur und Kulturwissenschaften um 1900*, Stuttgart, 1989, S. 104-131.
ders.: Einleitung, in: KGA16-1, S. 1-32.
ders.: Vorwort, in: Graf, Friedrich. W. (hrsg): *Profile des neuzeitlichen Protestantismus*. Band 1, Gütersloh, 1990, S. 7-10.
ders.(hrsg.): *Ernst Troeltsch in Nachrufen. Troeltsch- Studien Bd. 12*, unter Mitarbeit v. C. Nees, Gütersloh, 2002.
ders.: Annihilatio historiae? Theologische Geschichtsdiskurse in der Weimarer Republik, in: *Jahrbuch des Historischen Kollegs*, 2004. S. 49- 81.
ders.: Wertkonflikt oder Kultursynthese?, in: Schluchter, Wolfgang u. Graf, Friedrich W. (hrsg.), *Asketischer Protestantismus und ›Geist‹ des Modernen Kapitalismus. Max Weber und Ernst Troeltsch*, Mohr Siebeck, 2005, S. 257- 279.
ders.: Einleitung, in: KGA13, Walter de Gruyter, 2010, S. 1-27.
ders.: *Der heilige Zeitgeist*, Mohr Siebeck, 2011.
ders.: *Fachmenschenfreundschaft. Studien zu Troeltsch und Weber (Troeltsch-Studien Neue Folge 3)*, Walter de Gruyter, 2014.
Graf, Friedrich W. und Ruddies, Haremut (Hrsg.): *Ernst Troeltsch Bibliographie*, Mohr Siebeck, 1982.

参考文献

Günther, Walter: *Die Grundlagen der Religionsphilosophie Ernst Troeltschs*, Quelle & Meyer, 1914.
Hadley, Mark A.: *Religious Thinking in an Age of Disillusionment: William James and Ernst Troeltsch on the Possibilities of a Science of Religion*, (dissertation) Brown University, 1995.
Hein, Martin: (artik.) Volkskirche. 1. Begriff, in: *Religion in Geschichte und Gegenwart(4. Auflage)*, Mohr Siebeck.
Herrmann, Wilhelm.: *Ethik*, J.C.B.Mohr,1901.
Janssen, Nittert: *Theologie fürs Volk*, Peter Lang, 1999.
Kahler, Erich v.: *Der Beruf der Wissenschaft*, Georg Bondi, 1920.
Köhler, Walther: *Ernst Troeltsch*, J. C. B. Mohr(Paul Siebeck), 1941.
Kittsteiner, Heiz D.: Zum Aufbau der europäischen Kulturgeschichte in den Stufen der Moderne, in: Graf, Friedrich W. (hrsg.), *Troeltsch-Studien neue Folge 1*, Gütersloh, 2006.
Köpf, Ulrich: Dogmengeschichte oder Theologiegeschichte?, in: *Zeitschrift für Theologie und Kirche* 85 (1988), S. 455- 473.
ders: (Artik.) Theologiegeschichte/ Theologiegeschichtsschreibung, in: *Religion in Geschichte und Gegenwart(4. Auflage)*, Mohr Siebeck.
Korsch, Dietrich: (artik.) Apriori, religiöses, in: *Religion in Geschichte und Gegenwart(4. Auflage)*, Mohr Siebeck.
Lessing, Eckhard: *Geschichte der deutschsprachigen evangelischen Theologie von Albrecht Ritschl bis zur Gegenwart. Bd. 1. 1870 bis 1918*, Vandenhoeck & Ruprecht, 2000.
Mannheim, Karl: Historismus, in: *Wissenschaftssoziologie, Auswahl aus dem Werk*, eingeleitet und herausgegeben von Kurt H. Wolff, Luchterband, 1964. (「歴史主義」稲上毅訳『マンハイム全集　1』樺俊雄監修、潮出版社、1975年。)
Marquardt, Manfred: Karl Bornhausen, in: Herms, Eilert/ Ringleben, Joachim (Hrsg.), *Vergessene Theologen des 19. Und frühen 20. Jahrhunderts*, Vandenhoeck & Ruprecht, 1984, S. 104- 126.
Marx, William (edit.): *Les Arrière-gardes au XXe siècle: L'autre face de la modernité esthétique*, Presses Universitaires de France, 2004.
Mayer, Emil. W.: Über den gegenwärtigen Stand der Religionsphilosophie und deren Bedeutung für die Theologie, in: *Zeitschrift für Theologie und Kirche* 22, 1912, S. 41- 71.
Mehlhausen, Joachim: Die Bedeutung der Theologiegeschichte für den Religionsunterricht, in: *Der evangelische Erzieher* 30 (1978), S. 308- 341.
Mohler, Armin: *Die Konservative Revoltion in Deutschland 1918-1932. Ein Handbuch (‚Zweite,völlig neu bearbeitete und erweitete Fassung)*, Wissenschaftliche Buchgesellschaft, 1972.
Mundle, Wilhelm F.: Das religiöse Apriori in der Religionsphilosophie Tröltschs in seinem

Verhältnis zu Kant, in: *Theologische Studien und Kritiken* 89, 1916. S. 427- 470.

Murrmann-Kahl, Michael: *Die entzauberte Heilsgeschichte. Der Historismus erobert die Theologie 1880-1920*, Gütersloh, 1992.

ders.: (Artik.) Theologiegeschichte/ Theologiegeschichtsschreibung, in: *Theologische Realenzyklopädie*, Walter de Gruyter.

ders.: Die Ambivalenz des Historismus bei Ernst Troeltsch, in: *Mitteilungen der Ernst-Troeltsch- Gesellschaft 22*, 2011, S. 43- 72.

Pannenberg, Wolfhart: *Problemgeschichte der neueren evangelischen Theologie in Deutschland*, Vandenhoeck & Ruprecht, 1997.

Pearson, Lori: *Beyond Essence: Ernst Troeltsch as Historian and Theorist of Christianity*, Harvard Theological Studies 58, 2008.

Pohle, Richard: *Max Weber und die Krise der Wissenschaft*, Vandenhoeck & Ruprecht, 2009.

Rendtorff, Trutz: Geschichte durch Geschichte überwinden. Beobachtungen zur methodischen Struktur des Historismus, in: Graf, Friedrich W. (hrsg.), *Troeltsch-Studien neue Folge 1*, Gütersloh, 2006, S. 285-325.

ders.: Hat der Sauerteig der historischen Methode alles verwandelt? Ein Rückblick auf Ernst Troeltsch: Über historische und dogmatische Methode, in: *Mitteilungen der Ernst- Troeltsch- Gesellschaft 20/21*, 2008, S. 2- 23.

Renz, Horst u. Graf Friedrich W. (hrsg.): *Troeltsch-Studien 1*, Gütersloh, 1982.

Ruddies, Hartmut:《Geschichte durch Geschichte überwinden》Historismuskonzept und Gegenwartsdeutung bei Emst Troeltsch, in: Raulet, G. (hrsg.) *Die Historismus Debatte in der Weimarer Republik*, Peter Lang, l996, S, 198-217.

Rudolph, Harmann: *Kulturkritik und konservative Revolution*, Max Niemeyer Verlag, 1971.

Salz, Arthur.: *Für die Wissenschaft: Gegen die Gebildeten unter ihren Verächtern*, Drei Masken Verlag, 1921.

Schröer, Henning: Zur diesem Heft, in: *Der evangelische Erzieher* 30 (1978), S. 307.

Schwöbel, Christoph:》Die Idee des Aufbaus heißt Geschichte durch Geschichte überwinden《 Theologischer Wahrheitsanspruch und das Problem des sogenannten Historismus, in: Graf, Friedrich. W. (hrsg.), *Troeltsch-Studien* Band 11, Gütersloh , 2000, S. 261-284.

Sockness Brent W.: *Against False Apologetics. Wilhelm Herrmann and Ernst Troeltsch in Conflict*, J. C. B. Mohr, 1998.

Sombart, Werner: *Der Moderne Kapitalismus, Bd. 1, Die Genesis des Kapitalismus*, Duncker und Humblot, 1902.

ders.: *Der Bourgeois, Zur Geistesgeschichte des modernen Wirtschaftmenschen*, 1913, Duncker und Humblot, 1913.（『ブルジョワ——近代経済人の精神史』金森誠也訳、中央公論社、1990年。）

ders.: *Händler und Helden. Patriotische Gesinnungen*, Duncker und Humblot, 1915.

参考文献 231

ders.: *Deutscher Sozialismus*, Buchholz und Weisswange, 1934.(『ドイツ社会主義』難波田春夫訳,早稲田大学出版部,1982年。)

Spieß, Emil: *Die Religionstheorie von Ernst Troeltsch*, Schöningh, 1927.

Süskind, Hermann: Zur Theologie Troeltsch', in: *Theologische Rundschau* 17,1914, S. 1-13, S. 53-62.

Tamir, Yael: *Liberal Nationalism*, Princeton University Press, 1993.(『リベラルなナショナリズムとは』押村高・高橋愛子・森分大輔,森達也訳,夏目書房,2006年。)

Traub, Friedrich: Zur Frage des religiösen Apriori, in: *Zeitschrift für Theologie und Kirche* 24, 1914, S. 181-199.

Troeltsch Hermann A.: *Beiträge zur Geschichte der Familien Troeltsch*, Privatdruck Passau, 1973.

Wagner, Falk: Zur Theologiegeschichte des 19. und 20. Jahrhunderts, in: *Theologische Rundschau* 53 (1988), S. 113-200.

Weber, Max: Die protestantische Ethik und der Geist des Kapitalismus, in: *Gesammelte Aufsätze zur Religionssoziologie I*, J. C. B. Mohr (Paul Siebeck), 1920.

ders.: Vorbemerkung, in: *Gesammelte Aufsätze zur Religionssoziologie,* Bd. 1, 1920-1921.

ders.: *Gesamtausgabe* I/17, hg. von Wolfgang J. Mommsen und Wolfgang Schluchter, Tübingen, 1922.(『職業としての学問』尾高邦雄訳,岩波文庫,1936年(1980年改訳))

Wobbermin, Georg: Psychologie und Erkenntniskritik der religiösen Erfahrung, in: Frischeisen-Köhler, M. u. Dilthey, W. (hrsg.), *Weltanschauung*, Reichl & Co., 1911, S. 343-363.

Wünsche, Konrad: *Bauhaus: Versuche, das Leben zu ordnen (Kleine kulturwissenschaftliche Bibliothek 17)*, Wagenbach, 1989.

Will, Herbert: Ethik als allgemeine Theorie des geistigen Lebens: Troeltschs Erlanger Lehrer Gustav Claß, in: *Troeltsch Studien: Untersuchungen zur Biographie und Werkgeschichte*, Gütersloh 1982.S.175-202.

Yasukata, Toshimasa: *Ernst Troeltsch: Systematic Theologian of Radical Historicality*, Scholars Press, 1986.

Zimmermann, Hans-Joachim (hrsg.), *Die Wirkung Stefan Georges auf die Wissenschaft. Ein Symposium*, Carl Winter Universitätsverlag, 1985.

邦語・邦訳

青地伯水「保守革命論者批判としての「保守革命」」,『AZUR』第1号,京都府立大学ドイツ文学会,2009年,1-13頁。

芦名定道『ティリッヒと弁証神学の挑戦』創文社,1995年。

荒川敏彦「殻の中に住むものは誰か 「鉄の檻」的ヴェーバー像からの解放」『現代思想11月臨時増刊 総特集マックス・ウェーバー』青土社,2007年,78-97頁。

有賀鐵太郎「トレルチに於ける基督教本質論」,『基督教研究』第二巻第二号,1925

年，265-279 頁；第三巻第三号，1926 年，375-416 頁。
上山安敏『神話と科学』岩波書店，1984 年。
大林浩『トレルチと現代神学　歴史主義的神学とその現代的意義』日本基督教団出
　　　版局，1972 年。
大石学「ディルタイおよびドロイゼンにおける「歴史的世界の構築」の論理と倫理
　　　――あるいは，歴史における「理念」をめぐって」『ディルタイ研究』第 19 号，
　　　2007 年，94-113 頁。
金井新二『ウェーバーの宗教理論』東京大学出版会，1991 年。
蔭山宏『ワイマール文化とファシズム』みすず書房，1986 年。
姜尚中『マックス・ヴェーバーと近代――合理化論のプロブレマティーク』お茶の
　　　水書房，1986 年。
熊野義孝『トレルチ』鮎書房，1944 年。
近藤勝彦『トレルチ研究　上・下』教文館，1996 年。
アントワーヌ・コンパニョン『近代芸術の五つのパラドックス』中地義和訳，水声
　　　社，1999 年。
同『アンチモダン　反近代の精神史』松澤和宏監訳，名古屋大学出版会，2012 年。
佐々木勝彦「キリスト教倫理学における「主体性と客観性」の相剋――W.Herrmann
　　　と E.Troeltsch」『東北学院大学論集』第 10 号，1978 年。
佐藤真一『トレルチとその時代』創文社，1997 年。
佐藤貴史「越境する歴史叙述――方法論をめぐる一断片」，『聖学院大学総合研究所
　　　newsletter』第 19 号，2009 年，22-25 頁。
高野晃兆「E・トレルチの『キリスト教の諸教会と諸集団の社会教説』について：
　　　《社会学的基本図式》から見て』（博士学位論文：京都大学（文学）），京都大学
　　　大学院文学研究科，2008 年。
高森昭「近代神学史への視座」，『神学研究』第 40 号，関西学院大学神学研究会，
　　　1993 年，143-167 頁。
竹中亨『帰依する世紀末　ドイツ近代の原理主義者群像』ミネルヴァ書房，2004 年。
塚本昌則・鈴木雅雄編『〈前衛〉とは何か？〈後衛〉とは何か？　文学史の虚構と近
　　　代性の時間』平凡社，2010 年。
恒木健太郎「ヴェルナー・ゾンバルトの保守革命」『ドイツ保守革命 ホフマンスター
　　　ル／トーマス・マン／ハイデッガー／ゾンバルトの場合』青地伯水編，松籟社，
　　　2010 年。
富沢克編著『「リベラル・ナショナリズム」の再検討――国際比較の観点から見た新
　　　しい秩序像』ミネルヴァ書房，2012 年。
内藤幹子『エルンスト・トレルチにおける「キリスト教共同体」論』（博士学位論文：
　　　立教大学 (神学))，立教大学文学研究科，2008 年。
ジェフリー・ハーフ『保守革命とモダニズム――ワイマール・第三帝国のテクノロ
　　　ジー・文化・政治』中村幹雄・谷口健治・姫岡とし子訳，岩波書店，2010 年。
浜田泰弘『トーマス・マン　政治思想研究［1914-1955］』国際書院，2010 年。
リュシアン・フェーヴル『歴史のための闘い』長谷川輝夫訳，平凡社ライブラリー，

1995 年。
深井智朗「「教養市民層」の宗教としてのルター派のリベラリズム」,『聖学院大学総合研究所紀要』No.37, 2006 年, 175-217 頁。
同『十九世紀のドイツ・プロテスタンティズム』教文館, 2009 年。
同『ヴァイマールの聖なる政治的精神　ドイツ・ナショナリズムとプロテスタンティズム』岩波書店, 2012 年。
デートレフ・ポイカート『ワイマル文化――古典的近代の危機』小野清美・田村栄子・原田一美訳, 名古屋大学出版会, 1993 年。
前田良三「神話・学問・メディア――ゲオルゲ・クライスをめぐる議論の現在」『立教大学ドイツ文化論集　ASPEKT』32, 1998 年, 179-192 頁。
松尾博史,「ゲオルゲ・クライスの「精神運動年鑑」（１）」『言語文化研究』第 25 巻第 2 号, 松山大学総合研究所, 2006 年, 113-143 頁。
馬原潤二「普遍主義とナショナリズム――「ドイツ・ナショナリズム」の系譜とその思想的可能性」, 富沢克編著『「リベラル・ナショナリズム」の再検討――国際比較の観点から見た新しい秩序像』ミネルヴァ書房, 2012 年, 79-99 頁。
水垣渉「宗教史学派の根本思想」『途上』第 8 号, 思想とキリスト教研究会編, 1977 年, 1-22 頁；『途上』第 9 号, 1978 年, 27-48 頁。
村上宏昭『世代の歴史社会学』昭和堂, 2012 年。
森田雄三郎『キリスト教の近代性』創文社, 1792 年。
柳父圀近『ウェーバーとトレルチ――宗教と支配についての試論』みすず書房, 1983 年。
安酸敏眞『歴史と探求　レッシング・トレルチ・ニーバー』聖学院大学出版会, 2001 年。
同「トレルチと「キリスト教学」の理念」『基督教学研究』第 25 号, 京都大学基督教学会, 2005 年, 191-212 頁。
同「トレルチの神学論――再評価のための一考察」,『北海学園大学人文論集』第 33 号, 2006 年, 1-37 頁。
同「トレルチと「歴史主義の問題」――概念史的・問題史的考察の試み」『年報　新人文学』第弍号, 北海学園大学大学院文学研究科, 2005 年, 6-83 頁；『年報　新人文学』第参号, 北海学園大学大学院文学研究科, 2006 年, 36-111 頁。
同「ニーバー[2]と「エルンスト・トレルチの影」」『聖学院大学総合研究所紀要』No. 48, 2010 年, 137-199 頁。
クナウプ・ハンス・ヨアヒム「『智慧院』・東西知的融合の実験場――ヨーロッパの伝統的認識にたいするカイザーリングの懐疑と挑戦」『慶應義塾大学日吉紀要ドイツ語学・文学』33 号, 2001 年, 29-50 頁。
ウォルター・ラカー『ワイマル文化を生きた人びと』脇圭平・八田恭昌・初宿正典訳, ミネルヴァ書房, 1980 年。
ゲルトルート・フォン・ル・フォール『ヴェロニカの手巾』（ル・フォール著作集 1）人見宏・磯見昭太郎訳, 教友社, 2009 年。

人名索引

アインシュタイン (Einstein, Albert) 4, 209
青地伯水 151, 159
芦名定道 29, 85
アプフェルバッハー (Apfelbacher, Karl-Ernst) 10, 52
荒川敏彦 152
有賀鐵太郎 13
ヴァイス (Weiß, Johannes) 40
ヴァーグナー (Wagner, Falk) 22–26, 28, 30
ヴェーバー (Weber, Max) 7, 8, 32, 41, 96, 101, 111–18, 120, 123–26, 150–55, 160, 214, 219
上山安敏 114
ヴォッバーミン (Wobbermin, Georg) 83–85
大石学 205
大林浩 13
オットー (Otto, Rudolf) 72, 83–85, 139

カイザーリンク (Keyserling, Hermann) 168
藤山宏 149, 158, 159
カフタン (Kaftan, Julius) 41, 83
カーラー (Kahler, Erich) 117–20
姜尚中 112, 114
カント (Kant, Immanuel) 55, 57, 58, 80, 83, 181
ギュンター (Günther, Walter) 9
熊野義孝 13
グラーフ (Graf, Friedrich W.) 3, 7, 11, 12, 17, 19, 23, 25–31, 39–42, 44, 70, 77, 99, 129, 137, 146, 153, 172, 195, 197, 201, 205, 207
クラウセン (Claussen, Johann H.) 12

クリストファーゼン (Christophersen, Alf) 123, 127, 177
クレイトン (Clayton, John P.) 11
クローチェ (Croce, Benedetto) 118
クーン (Kuhn, Tomas) 28
グンドルフ (Gundolf, Friedrich) 119, 123, 124
ゲイ (Gay, Peter) 131
ケープフ (Köpf, Ulrich) 21–23, 26, 30
ケーラー (Köhler, Walther) 10, 41, 85
ゲオルゲ (George, Stefan) 113, 116, 118, 119, 122, 123
コーエン (Cohen, Hermann) 12, 180, 181
コゼレック (Koselleck, Reinhart) 20
近藤勝彦 14, 41, 71, 80, 92, 146, 195, 210
コンパニョン (Compagnon, Antoine) 132, 133

佐藤真一 15, 162, 163
佐藤貴史 19
ザルツ (Salz, Arthur) 117
ジェームズ (James, William) 12, 80
シェーラー (Scheler, Max) 4
シュヴェーベル (Schwöbel, Christoph) 197, 198
シュタール (Stahl, Friedrich J.) 172
シュペングラー (Spengler, Oswald) 150, 160–65, 169, 215
シュライアマハー (Schleiermacher, Friedrich D. E.) 55, –59, 71, 85, 87, 91
シュレーアー (Schröer, Henning) 20
ジンメル (Simmel, Georg) 118, 153
ズースキント (Süskind, Hermann)

9, 84
ソックネス (Sockness, Brent W.) 12, 54
ゾンバルト (Sombart, Werner) 150, 151, 154-57, 159, 160, 165, 169, 215

高野晃兆 15, 40, 47, 137
高森昭 19, 135
竹中亨 113
タミール (Tamir, Yael) 100
ダンテ (Dante Alighieri) 123
チャップマン (Chapman, Mark D.) 91
塚本昌則 132, 133, 134
恒木健太郎 151, 156
デ・ヴェッテ (De Wette, Wilhelm M. L.) 55
ディーツェル (Dietzel, Heinrich) 173, 174
ディートリヒ (Dietrich, Wendell) 12
ティリッヒ (Tillich, Paul) 4, 29, 85, 127, 177
ディルタイ (Dilthey, Wilhelm) 113, 118, 201, 205
テンニエス (Tönnies, Ferdinand) 175
トラウプ (Traub, Friedrich) 83-85
ドレッシャー (Drescher, Hans-Georg) 5, 12

内藤幹子 15
ニーチェ (Nietzsche, Friedrich W.) 118, 123, 124, 153, 176
ニーバー兄弟 (Niebuhr, Reinhold and Niebuhr, Helmut R.) 10
ノヴァーリス (Novalis) 159

パイ (Pye, Michael) 11
ハードリイ (Hadley, Mark A.) 12
パネンベルク (Pannenberg, Wolfhart) 19, 29, 30
ハーフ (Herf, Jeffrey) 157
K・バルト (Barth, Karl) 129, 135, 142
R・バルト (Barthes, Roland) 133
ハルナック (Harnack, Adolf von) 4, 100
ピアソン (Pearson, Lori) 66, 73-75, 210
ヒュービンガー (Hübinger, Gangolf) 99, 129
フェーヴル (Febvre, Lucien) 160
フェヒトナー (Fechtner, Kristian) 91
フォン・ヒューゲル (Von Hügel, Friedrich) 51-53
深井智朗 12, 13, 19, 99, 130, 135, 142
ブーケ (Bouquet, Alan C.) 4
ブセット (Bousset, Wilhelm) 5-8, 43, 83, 84, 85, 99, 136, 137, 138, 139, 140, 141, 142, 218
フッサール (Husserl, Edmund) 118
ブーバー (Buber, Martin) 182, 183, 185, 186
プラトン (Platon) 123
フリース (Fries, Jakob F.) 83, 84
ブロイアー (Breuer, Stefan) 158
ヘーゲル (Hegel, Georg W. F.) 4, 55
ヘーリンク (Häring, Theodor) 83
ベルクソン (Bergson, Henri) 118
ヘルマン (Herrmann, Wilhelm) 12, 23, 44, 54, 57-59, 62, 63, 83, 84
ポイカート (Peukert, Detlev) 129, 131
ボーデンシュタイン (Bodenstein, Walter) 10
ホフマンスタール (Hofmannsthal, Hugo v.) 151, 159
ボルンハウゼン (Bornhausen, Karl) 83, 84, 92

マイアー (Mayer, Emil W.) 82, 83, 84
マイネッケ (Meinecke, Friedrich) 4, 8
前田良三 122, 123
松尾博史 116

馬原潤二　　100
マルクス (Marx, William)　　132, 134
マン (Mann, Paul T.)　　151, 159
マンハイム (Mannheim, Karl)　　207, 208, 209
水垣渉　　122
ムアマン＝カール (Murrmann-Kahl, Michael)　　20, 28-30, 142
村上宏昭　　131
メールハウゼン (Mehlhausen, Joachim)　　21, 22, 23, 30
モーラー (Mohler, Armin)　　158

安酸敏眞（Yasukata, Toshimasa）　　10, 13, 14, 31, 36, 51, 86, 105, 166, 186, 207
柳父圀近　　92, 100, 101

ユンガー (Jünger, Ernst)　　159

ラカー (Laqueur, Walter)　　129, 131
リッチュル (Ritschl, Albrecht)　　6, 40, 58
ル・フォール (Le Fort, Gertrud v.)　　92, 105, 136
ルッディース (Ruddies, Hartmut)　　11, 196-98
E・レッシング (Lessing, Eckhard)　　40
G・レッシング (Lessing, Gotthold E.)　　166, 185, 186
レントルフ (Rendtorff, Trutz)　　28, 41, 135, 172, 188, 189, 199, 200, 201, 202, 210
ローテ (Rothe, Richard)　　56, 57

事項索引

ア 行

新しいこと　72, 86, 107, 108
イスラム　106, 186, 187
ヴァイマール共和国　8, 158, 162, 163
ヴィルヘルム世代　130, 131

カ 行

学問における革命　32, 96, 111, 113, 116, 117, 119, 121, 122, 124, 127, 136, 141, 158, 161, 163, 176, 187, 214, 216
学問の革命　111, 112, 121, 136, 163
学問の危機　111, 112
カトリック　5, 10, 60, 124
神の意志　86, 87, 106-08
感得　48, 166, 179, 183
寛容　5, 89, 185-87
教会　14, 22, 27, 39-41, 56, 60, 66, 79, 88-92, 100, 109, 126, 137, 153, 177, 214
教会史　20, 22, 25, 26, 135
教義学　42, 49, 54, 55, 135, 153, 167, 213, 217
教義史　20-22, 25
共産主義　172-75, 177, 179
共同体　15, 18, 21, 45, 56, 79, 80, 90-92, 140, 146, 166-69, 173, 174, 214, 215
　──形成　18, 37, 41, 93, 96, 110, 146, 166-68, 214-16, 219
『キリスト教会と諸集団の社会教説』、『社会教説』　8, 15, 16, 36, 51, 60, 66, 68, 73, 74, 79, 87-89, 91, 109, 140, 146, 153, 214

『キリスト教の絶対性と宗教史』　6, 36, 47, 49, 51, 52, 66
「近代世界の成立にたいするプロテスタンティズムの意義」　45, 46, 90
形而上学　46, 49, 53, 57, 60, 61, 63, 66, 68, 69, 71, 72, 74, 76, 85, 86, 90, 91, 93, 102, 104, 105, 126, 147, 175, 209, 213
形成　14, 16, 40, 42, 48, 67, 74, 75, 77, 84, 85, 87, 88, 100, 104, 126, 139-41, 164, 169, 174-77, 179, 180, 183, 187, 191-93, 197, 201, 206-10, 215-17, 219
啓蒙、啓蒙主義　55, 56, 182
ゲオルゲ・クライス　113, 114, 116-19, 121-26, 214, 215, 219
ゲゼルシャフト　175-77
ゲマインシャフト　175-77
献身　87, 92, 93, 104, 108, 174, 179, 183, 184, 209, 214
後衛　18, 32, 97, 129, 132-37, 142, 143, 146, 147, 208, 215-17
構成の理念　32, 195, 199, 201-04, 206-08, 211, 216, 217
合理主義　102, 114, 123, 125, 161, 162, 165, 174, 175, 177-85, 187, 192, 197, 216
国民教会　15, 40, 41, 91, 92, 140
国民社会主義　109
国家社会主義　104, 109, 173
国教会　91
コンサヴァティヴ　32, 147, 171-74, 176, 179-81, 184, 186, 187, 189-93, 208, 216

サ 行

祭儀　88-90
シオニズム　181, 182
実証主義　118-20
資本主義　8, 123, 150-52, 154-57
社会学的3類型　60, 79, 80, 88, 140
社会史　12, 19, 22, 26-28, 30, 31
社会主義　99, 104, 109, 113, 127, 157, 158, 172-75, 177, 179
　ドイツ——　154-57, 165
自由　40, 41, 45-47, 86-92, 96, 101-09, 151, 154, 162, 180, 181, 214,
　イギリス的——　102-04, 214
　ドイツ的——　92, 101-04, 108, 109, 214
　フランス的——　102-04, 214
　——の宗教的‐形而上学的根拠　46, 102
自由意志教会　91
自由キリスト教　89-92
自由主義神学　99, 129, 130
宗教改革　60
宗教史学派　6, 31, 37, 39-45, 84, 91, 122, 135, 140, 210
宗教心理学　53, 66, 67, 70, 72, 80, 81, 84, 85, 88, 213
宗教的アプリオリ　6, 32, 37, 44, 77, 79-93, 96, 139, 214
宗教哲学　3, 4, 6, 36, 53, 62, 67, 69, 70, 72, 74, 76, 77, 79, 84, 88, 105, 147, 172, 192, 196
「宗教の自立性」　6, 70, 71, 72, 76
宗教の認識論　53, 70, 80
『職業としての学問』　32, 96, 111-14, 115, 116, 118, 214
自律　45, 87, 108, 124
人格　39, 41-49, 87, 88, 90, 91, 93, 102-07, 112, 113, 118-20, 125, 139, 156, 213, 218, 219
　——性の危機　42, 44-47, 49

神学史　12, 13, 17-31, 97, 100, 122, 130, 211
『信仰論』　86, 104-06, 108, 214
神秘主義　58, 81, 88, 89, 140, 153
新フリース主義　83
神律　87, 108
『西洋の没落』　150, 160-63, 165
ゼクテ　139-41, 218
前衛　18, 37, 39-42, 96, 99, 127, 129-36, 142, 143, 146, 147, 187, 213, 215-17
前線　129-32, 138, 215

タ 行

タート派　159
第一次世界大戦、第一次大戦　4, 8, 17, 32, 36, 47, 92, 95, 96, 101, 111, 112, 113, 129-131, 136, 137, 142, 143, 146, 155, 158, 171, 214, 215, 217
多元性　165-68
ディレッタント　161-65, 168
『ドイツ精神と西欧』　102, 159, 180, 226
ドイツ帝国　8, 40

ナ・ハ 行

ナショナリズム　96, 99-101, 104, 109, 110, 130, 135, 142, 158, 214
ナチズム　157
万有在神論　107, 108
反歴史主義　165, 208, 216
非合理主義　114, 175-79, 181-85, 187, 192, 208, 216, 217
表現主義　129, 130
普遍史　75, 76, 190, 201-04, 206-10, 216
文化史　12, 17, 22, 26, 27, 30, 31, 200, 203, 209

文化総合　75, 76, 159, 164, 165, 188, 189, 199-204, 206-10, 216
分派　88, 89, 153
弁証法神学　10, 129
保守革命　32, 147, 149-51, 156-60, 163, 164, 168, 169, 187, 215, 216
保守的ルター派　39, 40, 41, 215, 217
本質　32, 37, 44, 48, 57, 59, 65-77, 105-08, 118, 146, 164, 167, 182, 183, 192, 213, 217
　永遠的——　86, 106, 107
　キリスト教の——　13, 60, 67, 69, 70, 73, 74
　宗教の——　44, 66-68, 71, 79, 83

マ・ヤ 行

民主主義　109, 113, 174, 179, 183, 184

ユダヤ教　106, 179-82, 185, 186
ユダヤ民族　181
容器　89, 109, 152-54
ヨーロッパ主義　190-92, 209

ラ・ワ 行

理性　6, 44, 56, 59, 67, 69, 72, 79-81, 84-87, 102, 113, 125, 178, 180, 183-85
リッチュル学派　6, 39-41, 43, 46, 54, 84, 90, 127, 136, 137, 214, 215, 217
リベラリズム　99-101, 104, 158
リベラル　32, 40, 96, 99, 100, 130, 147, 171-74, 176, 179, 180, 183, 184, 186-94, 208, 216
リベラル・ナショナリズム　100, 109, 110, 214
「倫理学の根本問題」　37, 51-54, 61-64, 66, 213
類比　48, 49, 80, 105
歴史主義　13, 14, 28, 32, 49, 109, 118, 123, 135, 143, 146, 149, 150, 165, 166, 169, 172, 187, 193, 197, 198, 207-09
『歴史主義とその諸問題』　8, 32, 51, 73-77, 126, 142, 146, 147, 153, 159-61, 164, 166, 171, 172, 174, 176, 180, 188-91, 194-200, 202-07, 210, 216-18
歴史主義とその諸問題複合体　146, 147, 171, 194
歴史主義の危機　49, 164, 165, 196, 197
歴史相対主義　83
歴史的思考　14, 17, 18, 28, 32, 33, 37, 44, 47-49, 135, 136, 143, 145-47, 167-69, 195, 206, 208-10, 213, 215-19
歴史的方法　27, 31, 42, 48, 49, 122, 135, 136, 213
歴史哲学　4, 8, 32, 53, 60, 62, 63, 65-69, 72-76, 87, 96, 146, 147, 149, 171, 172, 180, 181, 188-90, 193, 195-202, 204-06, 208-10, 213, 216, 217
ロマン主義　124, 133, 159, 160, 165, 169, 215

『私の著書』　5, 9, 39, 52, 99

Geschichte und Gemeinschaft bei Ernst Troeltsch

Atsushi Koyanagi

CHISENSHOKAN, Tokyo
2015

Inhalt

Abkürzungsverzeichnis	v
Einleitung	3
1. Ein kurzes Bild Ernst Troeltschs	3
2. Forschungsgeschichte und Ziel dieses Buches	9
3. Methode der Untersuchung –Theologiegeschichte –	18
4. Aufbau dieses Buches	32

Erster Teil: Untersuchung des Wesens der historischen Denkweise – System und Entwicklung des Denkens Troeltschs –

1. Kapitel: Um die Persönlichkeit zu retten – Deutscher Protestantismus um die Jahrhundertwende –	39
2. Kapitel: „Grundproblem der Ethik" und das System des Denkens Troeltschs	51
3. Kapitel: Die Bedeutung des „Wesen"-Begriffs in der Entwicklung des Denkens Troeltschs	65
4. Kapitel: Religiöses Apriori als Grundlage der Gemeinschaftstheorie	79

Zweiter Teil: Der Erste Weltkrieg und Ernst Troeltsch

5. Kapitel: Troeltsch als liberaler Nationalist	99
6. Kapitel: Erwartung und Besorgnis mit Blick auf die „Revolution in der Wissenschaft"	111
7. Kapitel: Der Erste Weltkrieg und die neue Bewegung der Theologie – „Avant-garde" und „Arrière-garde" in den christlichen Gedanken	129

Dritter Teil: Historisches Denken als Boden für die Zukunft

8. Kapitel: Die konservative Revolution und Troeltsch	149
9. Kapitel: „Konservativ und Liberal"	171
10. Kapitel: Historisches Denken als Boden für die Zukunft – die „Idee des Aufbaues" von Ernst Troeltsch	195
Schlusswort	213

Nachwort 221
Literaturverzeichnis 225
Register 235

Zusammenfassung

Ernst Troeltsch (1865-1923) ist ein ausgezeichneter deutscher Denker, der in Deutschland in bewegten Zeiten viele bedeutungsvolle Werke schrieb. In diesem Buch wird Troeltschs Werk theologiegeschichtlich – und zwar im Zusammenhang mit den geschichtlichen Umständen – betrachtet. Es geht insbesondere um die Bedeutung des historischen Denkens bei Troeltsch. Der Grund dafür ist nicht nur, dass das historische Denken im Mittelpunkt des Systems des Denkens Troeltschs stand, sondern auch dass sich der Schwerpunkt im historischen Denken Troeltschs mit der Veränderung der geschichtlichen Situation wandelte. Es ist das Ziel des Buches, die Entwicklung des historischen Denkens Troeltschs als Übergang von „Avant-garde" zu „Arrière-garde" zu charakterisieren und die Bedeutung des Denkens Troeltschs als „Arrièr-garde" zu erörtern.

Im ersten Teil wird das System des Denkens Troeltschs betrachtet, und im ersten Kapitel wird Troeltsch als „Avant-garde" in der evangelischen Theologie der Jahrhundertwende beschrieben. Ein Merkmal Troeltschs ist die gründliche Anwendung der historischen Methode. Er war der Auffassung, die kritische Fähigkeit der historischen Methode könne die sich in einer Krise befindliche Persönlichkeit retten.

Das zweite Kapitel und das dritte Kapitel behandeln das System des Denkens Troeltschs. Im zweiten Kapitel analysiere ich das System des Denkens in Troeltschs Aufsatz „Grundproblem der Ethik" Daraus ergibt sich, dass das System einen für die historische Welt offenen Charakter besitzt. Im dritten Kapitel geht es um das Verhältnis zwischen dem System der vier Wissenschaften der Religionsforschung (d. h. Religionspsychologie, Erkenntnistheorie der Religion, Geschichtsphilosophie der Religion und Metaphysik der Religion) und der vier „Wesen"Begriffe bei Troeltsch (Wesen als Abstraktion, Wesen als Kritik, Wesen als Entwicklungsbegriff und Wesen als Idealbegriff). Hier zeigt sich der pluralistische und dynamische Charakter der historischen Denkweise Troeltschs.

Das vierte Kapitel handelt von dem »religiösen Apriori«, das im System des Denkens Troeltschs eine wichtige Rolle spielt. Meine Intention ist es, das religiöse Apriori bei Troeltsch nicht nur als Grundbegriff für die Erkenntnistheorie der Religion, sondern auch als die Basis für die Gestaltung der Gemeinschaft auszulegen. Dieser Entwurf der Gestaltung der religiösen Gemeinschaft galt in der damaligen theologischen Debatte als Widerspruch gegen die sogenannte Ritschl-Schule.

Im zweiten Teil stelle ich Troeltsch in und nach dem ersten Weltkrieg dar. Ich untersuche im fünften Kapitel den Freiheitsbegriff bei Troeltsch im Zusammenhang mit dem Nationalismus. Daraus wird ersichtlich, dass Troeltsch die deutsche Freiheit als Hingabe an ein Ganzes wichtig nahm. Dieses Verständnis von Freiheit ist in verschiedenen Texten Troeltschs impliziert, z. B. in „Deutscher Geist und Westeuropa", „Sozialllehren" und „Glaubenslehre".

Nach dem ersten Weltkrieg entstand der Anspruch auf die „Revolution in der Wissenschaft". Die Vertreter dieser Revolution waren die zum George-Kreis gehörenden jungen Wissenschaftler und Studenten. Sie stellten die von Max Weber in „Wissenschaft als Beruf" erörterte Vorstellung von Wissenschaft in Frage. Troeltsch suchte nach einem dritten Weg, auf dem weder die poetische Intuition noch die heroische Entscheidung für Wissenschaftler notwendig ist. Der Vorschlag Troeltschs lautet, mittels historischen Denkens die Wissenschaft in das Leben zu integrieren. Er fand wichtig, wie die Wissenschaft zur Fortbildung des einzelnen und des gemeinschaftlichen Lebens beitragen kann. Dies ist der Inhalt des sechsten Kapitels.

Zu jener Zeit wurde auch die Erneuerung der Theologie von der jungen Generation gefordert. Die heutige theologiegeschichtliche Forschung bezeichnet diese Generation als theologische „Avant-garde". Im siebenten Kapitel versuche ich, Troeltsch als theologische „Arrière-garde" zu charakterisieren.»„Arrière-garde" bedeutet kein konservativer Standpunkt, der eine „Avant-garde" ablehnt. Troeltsch schätzte sowohl die Erbschaft der älteren Theologie mit der historischen Methode als auch den revolutionären Ruf der jüngeren Theologen.

Der dritte Teil behandelt die Bedeutung des historischen Denkens bei Troeltsch als einer theologischer „Arrière-garde". Im achten Kapitel wird Troeltsch mit den zur „konservativen Revolution" gehörenden Gelehrten verglichen. Die konservativen Revolutionäre forderten aufgrund des willkürlichen Missbrauchs der historischen Forschung eine exklusive völkische Gemeinschaft. Dagegen vertrat Troeltsch die Ansicht, dass eine echte historische Denkweise eine offene pluralistische Gemeinschaft bilden kann.

Im neunten Kapitel betrachte ich die Zeitdiagnose Troeltschs in seinem Aufsatz „Konservativ und Liberal". Daraus wird klar, dass es auf vielen Gebieten einen Konflikt zwischen konservativ und liberal, d. h. Irrationalismus und Rationalismus, gab. Troeltsch suchte mit dem historischen Denken die Überwindung dieses Konflikts. Das ist das Hauptthema von „Historismus und seine Probleme".

Das zehnte Kapitel beschäftigt sich mit der „Idee des Aufbaues", die Hauptgegenstand des vierten Kapitels seines letzten Hauptwerks „Historismus und seine Probleme" ist. Durch die Betrachtung dieser Idee soll das „Doppelgesicht" seines historischen Denkens aufgeklärt werden. Der Leitfaden dafür ist die rätselhafte Formel „Geschichte durch Geschichte überwinden", die sich auf der letzten Seite des „Historismus"-Bandes findet. Daraus ergibt sich, dass Troeltsch mit der „Idee des Aufbaues" die zwei Schlüsselbegriffe „Universalgeschichte" und „gegenwärtige Kultursynthese" verbinden wollte. Die „Idee des Aufbaues" bedeutet nämlich die universalgeschichtliche Rekonstruktion der vergangenen Geschichte, auf der anhand der gegenwärtigen Kultursynthese die Zukunft aufgebaut wird.

Zusammenfassend wird ersichtlich, dass Troeltsch als „Arrière-garde" die Gestaltungsmacht des historischen Denkens als wichtig ansah. Troeltschs zufolge sind weder poetische Intuition noch heroische Entscheidungen notwendig, um eine Gemeinschaft zu gestalten. Wir können also das Denken Troeltschs zu Rate ziehen, wenn wir mit verschiedenen anderen Personen zusammenleben möchten.

小柳 敦史（こやなぎ・あつし）

1981年生まれ。京都大学大学院文学研究科博士後期課程修了。京都大学博士（文学）。現在，沼津工業高等専門学校教養科准教授。
〔主要業績〕『21世紀の信と知のために』（共著，新教出版社，2015年），『近代日本の大学と宗教』（共著，法藏館，2014年），「エルンスト・トレルチと保守革命」（『哲学研究』第594号，京都哲学会，2012年），「未来へと向かうための歴史的思考──エルンスト・トレルチの構成の理念」（『日本の神学』第49号，日本基督教学会，2010年），パネンベルク『学問論と神学』（共訳，教文館，2014年），深井智朗監修『ティリッヒとフランクフルト学派』（共訳，法政大学出版局，2014年）ほか。

〔トレルチにおける歴史と共同体〕　ISBN978-4-86285-218-2

2015年9月25日　第1刷印刷
2015年9月30日　第1刷発行

著 者　小 柳 敦 史
発行者　小 山 光 夫
製 版　ジ ャ ッ ト

発行所　〒113-0033 東京都文京区本郷1-13-2
　　　　電話03(3814)6161 振替00120-6-117170
　　　　http://www.chisen.co.jp
　　　　株式会社 知泉書館

Printed in Japan

印刷・製本／藤原印刷